Adolf Lorenz

Die Führungsaufgabe

Adolf Lorenz

Die Führungsaufgabe

Ein Navigationskonzept
für Führungskräfte

Bibliografische Information der Deutschen Nationalbibliothek
Die Deutsche Nationalbibliothek verzeichnet diese Publikation in der
Deutschen Nationalbibliografie; detaillierte bibliografische Daten sind im Internet über
<http://dnb.d-nb.de> abrufbar.

1. Auflage 2009

Alle Rechte vorbehalten
© Gabler | GWV Fachverlage GmbH, Wiesbaden 2009

Lektorat: Stefanie A. Winter

Gabler ist Teil der Fachverlagsgruppe Springer Science+Business Media
www.gabler.de

Das Werk einschließlich aller seiner Teile ist urheberrechtlich geschützt. Jede Verwertung außerhalb der engen Grenzen des Urheberrechtsgesetzes ist ohne Zustimmung des Verlags unzulässig und strafbar. Das gilt insbesondere für Vervielfältigungen, Übersetzungen, Mikroverfilmungen und die Einspeicherung und Verarbeitung in elektronischen Systemen.

Die Wiedergabe von Gebrauchsnamen, Handelsnamen, Warenbezeichnungen usw. in diesem Werk berechtigt auch ohne besondere Kennzeichnung nicht zu der Annahme, dass solche Namen im Sinne der Warenzeichen- und Markenschutz-Gesetzgebung als frei zu betrachten wären und daher von jedermann benutzt werden dürften.

Umschlaggestaltung: Nina Faber de.sign, Wiesbaden
Druck und buchbinderische Verarbeitung: Krips b.v., Meppel
Gedruckt auf säurefreiem und chlorfrei gebleichtem Papier
Printed in the Netherlands

ISBN 978-3-8349-1029-5

Für meine Frau Barbara
und meine Söhne Leon und Nathaniel,
die mich immer wieder daran erinnern,
was das Wichtigste ist.

Vorwort

"The key to success is not information. It`s people."

[Lee Iacocca]

Dieses Buch verfolgt drei Anliegen: Es unterstützt junge, noch unerfahrene Führungskräfte darin, sich in ihren Aufgaben, ihrer Rolle und in der dazugehörigen Verantwortung zu orientieren. Es liefert erfahrenen „alten Hasen" Anstöße zur Weiterentwicklung. Und es möchte Führungskräfte auf Coachingprozesse vorbereiten, damit sie in diesen wichtigen Lernprozessen effektiv und effizient an ihren individuellen „Entwicklungsknoten" arbeiten können, ohne wertvolle Zeit durch die Erklärung von Grundlagen zu verlieren.

Seit über fünfzehn Jahren unterstütze ich Führungskräfte in der Entwicklung ihrer persönlichen Führungsqualität. Die „Settings", in denen wir dabei arbeiten, sind unterschiedlich. Ein Teil der Führungskräfte beschäftigt sich mit der persönlichen Führungsqualität in spezifischen, coachingorientierten Workshops, die aufeinander aufbauen und so eine längerfristige Unterstützung und Begleitung des Lernprozesses ermöglichen. Andere Führungskräfte arbeiten in Einzelcoachingprogrammen an ihrer individuellen Führungskompetenz. Mal sind die Anlässe gebunden an konkrete Problemsituationen und mal möchten Führungskräfte grundsätzlich und unabhängig von ihrem aktuellen Führungsalltag die eigene Führungskompetenz erhöhen oder erweitern. Manchmal sind unsere Kontakte kurzfristiger Natur. Manchmal erwächst daraus eine langjährige Zusammenarbeit. Es sind Führungsnachwuchskräfte, die gerade damit begonnen haben sich in ihren Aufgaben zu orientieren, erfahrene Führungskräfte, die ihre Kompetenzen überprüfen und optimieren wollen und Vorstände und Geschäftsführer, die große Systeme steuern und vor dem Hintergrund dieser Verantwortung ihre Organisationssteuerungskompetenz einer regelmäßigen Überprüfung unterziehen.

Als ich damit anfing, Führungskräfte zu „unterrichten", glaubte ich, dass spezifisches Fachwissen sie in die Lage versetzt, mit der komplexen Führungssituation kompetent umgehen zu können. Ich stellte ihnen verschiedene Führungsinstrumente vor und vermittelte Wissen zu Kommunikation, Interaktion und Organisation. In konkreten Simulationen (z. B. Rollenspielen) übten sie eine „zielorientierte Gesprächsführung", probierten ihre Möglichkeiten in verschiedenen „gestellten" Konfliktsituationen aus und bereiteten sich theoretisch darauf vor, „typische" Führungsanforderungen zu handhaben.

Da ich als interner Managemententwickler eines großen international tätigen Medienkonzerns ihre „Fortschritte" weiter „beobachten" konnte, merkte ich schnell, dass dies nur wenig dazu beitrug, sie in ihrer Handlungskompetenz als Führungskräfte *nachhaltig* zu entwickeln. Was am Ende fehlte, waren nicht Wissen und Erfahrung, sondern Sozialkompetenz und Persönlichkeit. Das zeigten die trotz der intensiven Vorbereitung immer wieder entstandenen und „chronifizierten" Konflikte. Hinsichtlich der Sozialkompetenz ging es im Wesentlichen darum, Führungskräfte in die Lage zu versetzen andere Menschen – ihre Mitarbeiter – zu verstehen. Bei dem Versuch diese „Empathie" zu entwickeln, wurde Folgendes klar: die Voraussetzung für Empathie sind Selbstwahrnehmung und die Fähigkeit, über sich selbst nachdenken zu können – also Selbstreflexion. Aber es musste kein oberflächliches Verstehen nach dem Prinzip „So manage ich mich selbst" sein, sondern tiefgreifender und mit langfristigem Nutzen. Ich entwickelte Coachingseminare und Einzelcoachingprozesse, in denen Führungskräfte lernten, dass viele ihrer Denk- und Emotionsprozesse unbewusst sind, sie aber die Möglichkeit haben, sich diese bewusst zu machen. Die Führungskräfte machten sich mit der Tatsache vertraut, dass der Kern ihrer Sozialkompetenz in frühen Phasen ihres Lebens entstanden ist und auch heute noch ihr Verhalten steuert. Sie analysierten ihre Beziehungsmuster und die Grenzen ihrer Kommunikationskompetenz. Dies zusammen bildete die Grundlage dafür, die eigene Wahrnehmung zu erweitern, die individuelle Kommunikationskompetenz zu erhöhen und sich in Beziehungen bewusster, flexibler und authentischer „bewegen" zu können.

Ich erwartete Abwehr und erheblichen Widerstand. Denn meist stellte sich während des Prozesses der Selbstreflexion heraus, dass das Selbstbild der jeweiligen Führungskraft nicht mit dem übereinstimmte, wie sie sich wirklich verhielt, wie sie wirklich dachte und fühlte – wie sie als Mensch im Kontakt wirkte. Das ist für die meisten Menschen ein verwirrender und schmerzlicher Zustand. Deshalb werden Selbstbilder oft leidenschaftlich verteidigt. Um dem erwarteten Widerstand zuvorzukommen, gestaltete ich die Prozesse so, dass die Teilnehmer meiner Coachingseminare die Tragweite des Zusammenhangs zwischen Persönlichkeit und Führungskompetenz erst langsam erfassten. Ich traute ihnen nicht zu, sich auf die Wahrheit einlassen zu können, obwohl die Wahrheit auch bedeutete: je besser sie sich und die eigene Geschichte verstanden, desto besser konnten sie ihre Mitarbeiter verstehen und sich selbst in schwierigen Führungssituationen unabhängig und flexibel verhalten.

Irgendwann begriff ich, dass die meisten Führungskräfte den Zusammenhang zwischen ihrer Kompetenz und ihrer Persönlichkeitsentwicklung für selbstverständlich hielten, weil er ihnen klar war, sie ihn erahnten oder ihn schon schmerzlich erfahren hatten. Also entschied ich mich dazu, die Sache offen und gezielt anzugehen und mit Führungskräften relativ direkt, an den jeweiligen „Einschränkungen" und „Entwicklungsknoten" zu arbeiten.

Nach geraumer Zeit entstand die Frage, wie sich diese Art des intensiven Lernens besser vorbereiten lässt. Führungsseminare und Coachings bieten nicht viel Zeit, um wesentliche Entwicklungsprozesse wirklich „durchzuarbeiten". Denn die Voraussetzung für diese Arbeit an den entscheidenden Themen ist der *Aufbau* eines Selbstreflexionsprozesses, mit dessen Hilfe dann erst gearbeitet werden kann. Bedingung hierfür ist wiederum ein spezifisches Wissen über den Menschen und seine Entwicklung und über Kommunikation und Beziehungen. Auch zum Verständnisses der Rolle, die man als Führungskraft übernommen hat und die damit verbundene Orientierung in dieser Rolle müssen zunächst einige Bedingungen und Zusammenhänge „Realität werden" und ein spezifisches Verständnis von „Organisation" erarbeitet werden.

Dieses Buch versucht deshalb, die wesentlichen Annahmen, Erkenntnisse und Theorien darzulegen. Mit diesem Wissen können die wirklichen Anforderungen an Führungskräfte (Rolle) besser erfasst und der notwendige Selbstreflexionsprozess leichter etabliert werden. So ist eine fortführende Arbeit an der persönlichen Führungsqualität in Coachingprozessen, in Führungsseminaren oder im manchmal notwendigen „autodidaktischen Modus" möglich.

Fünf Kapitel strukturieren den Text. Der erste Teil führt ein in die Realität der Anforderungen an Führungskräfte und erläutert die Parameter für ein erfolgreiches eigenständiges Lernen sowie die damit verbundenen Widerstände und Risiken. Das zweite Kapitel beschreibt die konkreten Rollen- und Funktionsanforderungen und gibt Hinweise, wie diese zu meistern sind. Vielleicht ist dieses Wissen für erfahrene Führungskräfte, die schon verschiedene Hierarchieebenen durchlaufen haben, nicht neu. Dennoch ist es lohnend: erstens zur eigenen Überprüfung und zweitens, um es als kompakte „Jobdescription" an junge Führungskräfte weiterzugeben. Für unerfahrene Führungskräfte ist es die unabdingbare Basis. Im dritten Kapitel werden „Selbstreflexion", „Empathie" und „Authentizität" erläutert. Die dort beschriebenen Zusammenhänge sind für alle Führungskräfte gleichermaßen bedeutsam, unabhängig von Erfahrung und Hierarchie. Die Erklärungen der psychischen Natur des Menschen sowie der zwischenmenschlichen Kommunikation zielen darauf ab, einschränkende „Wirklichkeitsmodelle" zu korrigieren und „fehlende Wirklichkeitsmodelle" aufzuzeigen. Das vierte Kapitel widmet sich spezifischen „Anwendungsgebieten" der „Selbstreflexion" sowie der „Empathie" und beschäftigt sich mit den Konsequenzen für die Organisation und die Struktur des persönlichen Lernprozesses. Der fünfte Teil versucht eine kurze Zusammenfassung. Der Anhang enthält Abbildungen und einige vertiefende Erklärungen.

„Die Führungsaufgabe: Eine Navigationskonzept für Führungskräfte" richtet sich an Praktiker und ist daher keine theoretische Abhandlung über die verschiedenen Führungstheorien und alle, notwendigen Führungsinstrumente. Es geht vielmehr um das Selbstverständnis als Führungskraft, die wirkliche Aufgabe und die erfolgreichen Haltungen sich selbst und den Mitarbeitern gegenüber. Es soll Führungskräfte darin unterstützen, bewusst und zielorientiert zu handeln und dabei authentisch zu bleiben.

Dortmund, im April 2009   Adolf Lorenz

Inhaltsverzeichnis

Vorwort 7

Einführungsmetalog: Gute Führung 15

Die Ausgangslage – Führen lernen 21

    Führen lernen – „nebenbei" 21

    Das Kompetenzprofil für die Führungsarbeit 23

    Über „Haltungen", „Fähigkeiten", „Verhalten" und „Lernen" 24

    Kompetentes Führen ist authentisches Führen 29

    Drei Orientierungsbereiche 31

    Über die Schwierigkeiten das Einfache zu tun 32

    Drei Modi des Seins und die (Unannehmlichkeits-)Felder der Selbstreflexion 36

Die Rolle als Führungskraft 39

    Führen ist das Entwickeln und zielorientierte „Bewegen" von Organisationen 39

    Die „Funktion" der Führungskraft 40

    Das Delegieren von Verantwortung 42

    Die Eitelkeit – eine schwierige Behinderung 44

    Informationsprozesse managen 46

    Unternehmer im Unternehmen 47

    „Kulturen" gestalten 47

    Die mitarbeiterbezogenen „Funktionen" einer Führungskraft 49

    Die Schnittstellen 52

    Die zwei Haltungen 53

    Die Beziehungsfähigkeit von Führungskräften und die pädagogische Aufgabe 54

Väter, Mütter und Geschwister 56
Muss man Mitarbeiter mögen oder reicht „schätzen"? 61
Wie genau funktioniert das „Entwickeln von Mitarbeitern"? 63
Führungswirkung und Führungsautorität 65
Motivieren – aber richtig? 67
Die Einsamkeit der Führungskraft 70
Das 36-Punkte-Arbeitsprogramm für Führungskräfte 71
Die authentische Führungskraft 72
Sechs Räume, vier Etagen, verschiedene Bünde und drei Häuser 74

Selbstreflexion und Empathie – das Eine geht nur durch das andere 81

Einführung 81
Selbstreflexion, was ist das eigentlich genau? 83
Ein kurzer Ausflug zu den Spiegelneuronen 86
Der Mühe Lohn – oder: Die Vorteile der Selbstreflexion 87
Aber halt, ist Selbstreflexion eigentlich gefährlich? 88
Der Mensch als kindheitsgeprägtes Wesen – oder:
Leider begann alles viel früher als wir es gerne hätten 90
Der Mensch als unbewusst handelndes Wesen – oder:
Was ich genau weiß ist, dass ich nichts weiß 97
Die verlorene Unabhängigkeit – oder: Der Mensch als leicht kränkbares Wesen 101
Sozialkompetenz und emotionale Intelligenz – oder: Erst fühlen dann denken 105
Über das Leben im Scheinbaren – oder: Wann ist der Film zu Ende? 111
Selbstwert – oder:
Der geheime Grund für viele Konflikte und komplizierte Beziehungen 113
Wie geht verändern? Oder: Ihr Gehirn arbeitet so, wie Sie es benutzen 118
Der „innere Dialog" – oder: Wie sprechen Sie eigentlich mit sich selbst? ... 120
„Bilder sind eben Bilder!" – oder: Wie man die Selbstreflexion und
das differenzierte Verstehen am sichersten verhindert 121
„Alles im Griff" 123
Dürfen Führungskräfte Probleme haben? 123

Inhaltsverzeichnis

    Dürfen Führungskräfte Angst haben? 125

Einige „dringliche" Betätigungsfelder für die Selbstreflexion **133**

    Konflikte – oder: Alles wiederholt sich wie von selbst 133

    Kommunikation und Interaktion – oder: „Wenn ich die Antwort
    noch nicht gehört habe, weiß ich noch nicht, was ich gesagt habe" 140

    Zeit, Zeit, Zeit ... – oder: Das Lieblingsthema von Führungskräften 146

    Netzwerke und Beziehungen – oder: Die Grundausstattung fürs Leben 150

    Von Jägern und Farmern – oder: Von Ackerjägern und Dschungelbauern 152

    Teams führen – oder: Viel Glück! 154

Zusammenfassung und Ausblick **163**

    Zusammenfassung 163

    Geht das eigentlich alles alleine – oder:
    „Der eigene Virusscanner findet nur die Viren, die er kennt" 165

    Coachingprozesse 166

Metalog: „Abschließende Überlegungen" **169**

Anhang **171**

    Text 1 171

    Text 2 172

Literatur **175**

Danksagung **179**

Über den Autor **181**

Einführungsmetalog: Gute Führung

(F = Führungskraft, B = Berater)

F: Was ist gute Führung?

B: Ein strategischer Erfolgsfaktor.

F: Ein was?

B: Ein strategischer Erfolgsfaktor. Es gibt verschiedene Faktoren, die entscheidend dazu beitragen, ob ein Unternehmen wirtschaftlich erfolgreich agieren kann oder nicht. Die meisten Erfolgsfaktoren sind „käuflich". Das Wissen über geeignete Markstrategien mit den zugrunde liegenden Daten kann ich z. B. über eine Beratungsdienstleistung kaufen. Geeignete Technik, Patente, Know-how, optimierte Prozesse, Produktideen, Controllingauswertungen zur wirtschaftlichen Steuerung, IT, alles das kann ich entweder direkt oder über eine Dienstleistung gegen eine entsprechende Bezahlung erwerben. Gute Führung ist leider nicht käuflich.

F: Warum nicht?

B: Ganz einfach: „Führen" ist keine Dienstleistung, es ist eine Eigenschaft, oder besser eine Fähigkeit, über die das Unternehmen selbst verfügen muss. So etwa wie „Sprechen," oder mehr noch „Kommunizieren," eine Fähigkeit ist, die im Unternehmen vorhanden sein sollte. Es wäre sicher kurios diese Fähigkeit grundsätzlich als Dienstleistung von außen anzufordern.

F: Aber ich kann doch erfahrene, kompetente Führungskräfte ins Unternehmen reinholen.

B: Ja, aber dafür müsste erstens das Unternehmen glauben, dass Führungsqualität tatsächlich ein entscheidender Wettbewerbsvorteil ist. Zweitens wollen sich viele Unternehmen erfahrene Führungskräfte nicht leisten, weil sie teuer sind und drittens weil sie einen erheblichen Integrationsaufwand verursachen. Viertens nützt Führungskompetenz alleine nicht viel. Es muss die passende Fachkompetenz und Markt- bzw. Branchenkenntnis vorhanden sein. Fünftens muss die erfahrene, fachkompetente Führungskraft auch über ein angemessenes Netzwerk verfügen. Diese fünf Bedingungen müssen also zusammenpassen, sonst macht die Sache keinen Sinn. Solche „passenden" Leute sind aber schwer zu finden. Daher sollte man sich diese Mühe nur bei wichtigen, herausragenden Positionen, wenn niemand im Unternehmen vorhanden ist, der diese Funktion übernehmen kann, machen. Darüber hinaus ist Erfahrung nicht gleich Kompetenz. Die Lösung ist, junge Nachwuchskräfte einzustellen und diese dann auszubilden und zu entwickeln. Durch die Sozialisation im eigenen Unternehmen ist die Integration weniger das Problem. Allerdings besteht die Kunst zum einen darin Menschen zu finden, die das Potenzial haben, gute Führungskräfte zu werden. Und zum anderen, diese effektiv, in kurzer Zeit und bestmöglich zu entwickeln.

F: Moment, in dem was du da sagst sind zunächst zwei Unterstellungen enthalten, die man nicht teilen muss:

Erfahrung ist nicht gleich gut, kompetent und erfolgreich und außerdem: Ist denn gute Führung lernbar? Und lässt sich das Potenzial für gute Führung überhaupt sichtbar machen?

B: Ja, es ist richtig, dass Erfahrung allein kein Garant für Führungsqualität ist. Nicht nur, weil die anderen wichtigen Faktoren fehlen – Erfahrung ist nicht gleich Kompetenz. Damit Erfahrung zu Kompetenz wird, muss die betreffende Führungskraft die Erfahrungen reflektierend und lernend, benutzt haben – das ist nicht selbstverständlich. Es ist wie im Verkehr: Ein Autofahrer, der unfallfrei von A nach B gefahren ist, hatte vielleicht das Glück, zufällig keinen schwierigen Verkehrsanforderungen begegnen zu müssen und vielleicht hatte er auch das Glück mit kompetenten Verkehrsteilnehmern zu fahren, die, um sich selbst zu schützen, auf ihn aufgepasst haben und damit potenzielle Unfälle verhindert haben.

F: Kann man feststellen, ob jemand aus seinen Erfahrungen gelernt hat?

B: Ja, aber nicht messbar und genau. Vor allen Dingen kann man es nur sehr eingeschränkt an den Ergebnissen seiner bisherigen Arbeit festmachen – es sei denn, man kennt haargenau die entsprechenden Anforderungen, Ressourcen und den Kontext. Man kann es vielleicht eher aus seinem aktuellen Verhalten und vor allen Dingen aus seinem Reflexionsvermögen schließen.

F: Oje – „Reflexionsvermögen" – das hört sich ziemlich unfassbar und weich an. Aber wir kommen vom Thema ab. Kann man denn überhaupt Führungsqualität, wenn sie nicht vorhanden ist, entwickeln?

B: Wenn das Potenzial dazu vorhanden ist, braucht es nur noch ein geeignetes, persönliches Wertesystem, welches es als wichtig erachtet, für sich selbst diese Potenziale in konkrete Kompetenz zu entwickeln und es braucht natürlich die Bereitschaft diese Arbeit, denn Lernen ist mit Disziplin und Anstrengung verbunden, auf sich zu nehmen.

F: Also braucht es ziemlich viel?

B: Schon, aber vor allen Dingen braucht es ein Unternehmen, welches wiederum die Kompetenzen hat oder zur Verfügung stellt, Führungskräfte darin zu unterstützen diese Potenziale in Fähigkeiten umzuwandeln.

Einführungsmetalog: Gute Führung

F: Ich nehme an, das ist schwieriger als Potenziale zu finden.

B: Sehr richtig, weil dafür ein Bewusstsein im Unternehmen vorhanden sein muss, das Führung tatsächlich als entscheidenden Erfolgsfaktor ausweist und das Unternehmen muss zudem wissen, was genau Führungsqualität ist.

F: Tja, schwierig in der Realität.

B: Welche Realität?

F: Die bestehende Praxis in vielen Unternehmen.

B: Ja, aber eine bestehende Praxis ist eine zwar aktuell vorhandene aber variable Realität – man kann sie verändern.

F: An welcher „Schraube" muss man dann drehen?

B: An der eigenen. Wenn einzelne Führungskräfte in ihrem Bereich eine hohe Führungsqualität sichern, dann hat das sozusagen evolutionäre Auswirkungen auf das gesamte Unternehmen.

F: Hm, hört sich schwierig, ein bisschen idealistisch und langfristig an.

B: Kommt darauf an – kennst du eine andere Stellschraube?

F: Es wäre schon effektiver, wenn die Entwicklung der Führungsqualität von oben nach unten geschehen würde bzw. die Führungsqualität im Unternehmen überhaupt oberste Chefsache wäre.

B: Ja, aber wie war das jetzt mit der Realität?

F: Die, so habe ich gelernt, ist veränderbar.

B: Richtig, und einer muss damit anfangen. Sicher gibt es mehr oder weniger effektive Startpositionen für diesen Anfang – aber die Alternative ist: gar nichts.

F: O.K., gewonnen – also was muss ich jetzt tun, um Führungsqualität zu entwickeln?

B: Moment, hast Du denn das Potenzial dazu?

F: Hör auf!

B: Also gut. Wieso fragst du eigentlich nicht, *warum* die Führungsqualität ein entscheidender Erfolgsfaktor ist?

F: Weil das viele berühmte Konzernlenker auch schon gesagt haben.

B: Na, wenn dir das reicht. Es birgt allerdings die Gefahr – wie immer bei schnell übernommenen Überzeugungen – dass es dann wenig Relevanz für die Führungspraxis hat. Denn die Frage ist: Was heißt das konkret für dich und deinen Führungsalltag? Also, ein paar sachlich inhaltliche Begründungen wären schon angemessen.

F: Ja, das sehe ich ein.

Gesprächspause

F: Wenn ich es aber recht überlege, hast du meine Eingangsfrage nicht richtig beantwortet. Ich wollte nicht wissen, was die Funktion guter Führung ist, sondern was genau dazu führt, dass man es „gute Führung" nennt – oder, wie du sie definierst.

B: Gute Führung organisiert die Prozesse und Beziehungen in einer Organisation so, dass erstens die anvisierten Ergebnisse erarbeitet und die Ziele erreicht werden und das zweitens auf der Mitarbeiterseite die größtmögliche Leistungsbereitschaft und Kreativität entsteht und auch langfristig sicher gestellt ist.

F: Aber beides und besonders letzteres ist doch je nach Organisation, Zielen, Aufgaben, und abhängig von den jeweiligen Menschen, die dann dort zusammen arbeiten, völlig unterschiedlich.

B: Ja, du hast es erfasst, denn das ist genau das Problem. Die meisten Führungskräfte suchen nach Patentrezepten für gute Führung. Und diese unterstellen, dass die Menschen, die geführt werden sollen, gleich oder zumindest ähnlich sind. Und dass die Organisationen in denen sie arbeiten mit den dazugehörigen Kulturen ebenfalls ähnlich sind. Beides geht natürlich an der Realität vorbei.

F: Also kann man „gute Führung" nur auf den jeweiligen Führungskontext bezogen definieren.

B: Exakt!

F: Und es gibt nichts, was den Zustand „gute Führung" oder das Ergebnis „gute Führung" allgemein begünstigt oder, ich werde ja schon ganz vorsichtig, wahrscheinlich macht?

B: Doch sicher, vielleicht kann man sogar von „Rezepten" sprechen. Aber das sind keine Verhaltensrezepte, sondern eher Denk-, Wahrnehmungs- und Selbstreflexionsrezepte.

F: Oje, hört sich wieder ziemlich abstrakt an.

B: Es hat mit dem Problem „Anfänger" und „Fortgeschrittener" zu tun. Am „Motorradfahren" kann man es gut deutlich machen. Selbstverständlich bekommt jeder Motorradkäufer eine Gebrauchsanweisung für seine Maschine. Gleichzeitig hat er irgendwann einmal einen Führerschein gemacht. Das bedeutet, er kennt die Verkehrsregeln. Beides zusammen setzt ihn vielleicht in die Lage, sein nicht ungefährliches Transportmittel zu bewegen. Aber vom Motorradfahren kann man da sicher noch nicht sprechen. Es funktioniert gut, wenn Mensch und Maschine sozusagen „zusammenwachsen". Also wenn das System steuernder, individueller Mensch und spezifische Maschine funktioniert. Das wiederum ist ein sehr komplexer, individueller und kontextbezogener Prozess.

F: Aber geht es nicht auch einfach nur um Wissen?

Einführungsmetalog: Gute Führung

B: Ja, aber das Wissen alleine nützt nichts. Die Konsequenzen dieses Wissens müssen – und jetzt wechseln wir wieder zum Führen – in die jeweilige Persönlichkeit der Führungskraft integriert werden. Das unterscheidet einen Anfänger von einem Fortgeschrittenen. Viele Führungskräfte bleiben, was die Faktoren des „Führens" angeht, zu lange Anfänger. Das heißt, sie haben sich Wissen und Methoden angeeignet, die nichts mehr mit ihrer Person zu tun haben – mit dem, was sie wirklich wahrnehmen, denken und fühlen. Sie können dann nicht mehr authentisch agieren und ihr Verhalten wirkt aufgesetzt und „blutleer".

F: „Zombi-Führungskräfte"!

B: Na ja, nicht ganz, aber „wenig menschlich" passt bestimmt.

F: Mir wird deutlich, dass du zwei außerordentlich hohe Ansprüche gleichzeitig verfolgst: hohe Führungsqualität und ein Höchstmaß an Authentizität.

B: Ja, aber um es noch deutlicher zu sagen: Authentizität ist ein Faktor, der hohe Führungsqualität auszeichnet.

F: Was ist aber dann Führen – eine Kunst, ein Handwerk oder eine Wissenschaft?

B: Gute Frage! Im Grunde genommen alles. Aber hauptsächlich ist es eine Haltung.

F: Eine Haltung? Wem oder was gegenüber?

B: Der Aufgabe und Rolle gegenüber, der Komplexität dieser Anforderungen gegenüber, sich selbst gegenüber, der eigenen Kompetenz gegenüber, den Mitarbeitern gegenüber, der Verstehbarkeit der Prozesse gegenüber –, selbstverständlich auch dem Unternehmen gegenüber und vieles mehr.

F: Das verstehe ich nicht.

B: Na, vielleicht sollten wir uns nach dem Lesen des Buchs noch einmal unterhalten.

F: Ja gerne.

B: Halt, einen kleinen Moment noch. Ich habe vergessen dich vorher noch etwas zu fragen.

F: Was denn?

B: Warum bist du eigentlich Führungskraft geworden?

F: Na ja, zunächst einmal war diese Funktion einfach mit dem beabsichtigten Karriereschritt verbunden.

B: Also hattest du das Gehalt, den Status und die Macht im Sinne – nicht aber die eigentliche Führungsarbeit.

F: Nun, ich hatte schon Freude daran, Verantwortung zu übernehmen und mich herausfordernden Aufgaben zu stellen. Aber über das Führen von Mitarbeitern habe ich, muss ich zugeben, nicht sehr viel nachgedacht. Ist das ungewöhnlich?

B: Leider nicht. Aber o. k. … lass uns mit dem Buch beginnen.

F: Gut.

Die Ausgangslage – Führen lernen

*„Alles sollte so einfach wie möglich gemacht werden,
aber nicht einfacher."*

[Albert Einstein zugeschrieben]

Führen lernen – „nebenbei"

Führungskräfte stehen heute besonderen Ansprüchen gegenüber. Sie werden „schneller" als in früheren Zeiten mit dieser Position, Aufgabe und Verantwortung betraut. Dies bezieht sich erstens auf den Einstieg in die Führungsarbeit, der nicht mehr ein bestimmtes Lebensalter oder spezifische Erfahrungen voraussetzt. Zweitens bezieht es sich auf die Entscheidung zu dieser Aufgabe. Viele Führungskräfte wissen nicht genau, worauf sie sich einlassen, übernehmen diese Verantwortung aber oft mit der Haltung: „das Unternehmen wird sich schon etwas dabei gedacht haben" und konzentrieren sich zunächst auf den damit verbundenen Karriereschritt. Drittens ist die Vorbereitungszeit für diese Aufgabe meist gleich Null. Leitende Positionen ergeben sich manchmal, zumindest für die Gruppenleiter- oder Abteilungsleiterebene, „zwischen Tür und Angel". Denn oft ist der Strukturdruck durch das schnelle Wachstum oder der Veränderungsprozess eines Unternehmens ausschlaggebend dafür, „hektisch" nach vorhandenem Führungspotenzial zu suchen und manchmal ist die hohe Fachkompetenz, als aktuelles Alleinstellungsmerkmal eines Mitarbeiters, Grund genug, ihm die Führungsaufgabe quasi nebenbei oder zusätzlich zu übergeben. Auch der Mitarbeiter vertraut dabei auf seine Fachkompetenz und versteht seine Führungsaufgabe in der Hauptsache zunächst als „Koordination" seiner Mitarbeiter und/oder lediglich als „Ergebnis- und Qualitätskontrolle" bezogen auf die Aufgaben oder Aufträge, „gespickt" mit gelegentlichen disziplinarischen Aktionen – zumindest nach seiner/ihrer Vorstellung.

Dieser eher leichtfertigen Vergabe und Übernahme von Führungspositionen steht aber ein unangemessen hoher Erwartungsdruck des Unternehmens gegenüber. „Unausgesprochen" soll sich die neue Führungskraft reibungslos in die neue Rolle integrieren, ein Team führen und entwickeln, die Organisation in ihren Prozessen optimieren, vielleicht neue Instrumente einführen, visionäre, konzeptionelle Zukunftsideen erarbeiten, einzelne Mitarbeiter unterstützen, neue Mitarbeiter integrieren und einarbeiten, die Kultur der Abteilung hinsichtlich der strategischen Zielvorstellungen verändern, Kundenorientierung und Qualität sichern, die wirtschaftliche Ergebnisverantwortung übernehmen, unternehmerisch denken und handeln und für alle persönlichen Belange der Mitarbeiter – so weit sie in das Arbeitsgebiet hinein wirken – zuständig sein. Ein völlig eigenständiger, aufwendiger Arbeitsbereich für den man, möchte man erfolgreich sein, ganz spezifische Kompetenzen benötigt. Und vor allen Dingen Zeit.

Zusätzlich werden von der Führungskraft fachliche Aufgaben eingefordert. Die Führungsarbeit rutscht dann in die zweite oder – wenn vertriebliche Aktivitäten (Kundenkontakte) noch „on top" dazu kommen – in die dritte Priorität. Sie kann so nicht angemessen wahrgenommen werden, was zu vielen Problemen führt, die sich mit der Zeit zu die Organisation behindernden Konflikten aufbauen und zu lähmenden Problemchronifizierungen führen. Letztere erhöhen die Anforderungen an die Führungskraft und setzen wieder Zeit und spezifischere Kompetenzen (z. B. Konfliktmanagement) voraus. Ein Teufelskreis, der Energie kostet und demotiviert.

Gar nicht so selten stoße ich in Führungsworkshops auf diese Führungskräfte, die – so wie oben beschrieben – für ihre eigentliche Führungsarbeit viel zu wenig oder schlicht weg gar keine Zeit zur Verfügung haben. Und auch die spezifischen Kompetenzen, die für die erfolgreiche Arbeit als Führungskraft notwendig sind, sollen „on the job" erarbeitet und entwickelt werden. Also auch wieder, so quasi nebenbei – ein Ding der Unmöglichkeit.

Abhängig von der jeweiligen „Führungskultur" oder dem „Selbstverständnis" unterscheiden sich die Unternehmen bezogen auf die Führungsarbeit und die Entwicklung derselben sehr. In manchen Unternehmen findet eine ernsthafte und gründliche Auswahl sowie Vorbereitung und „Begleitung" der Führungskräfte statt. Die Anzahl der Unternehmen, die zu dieser Gruppe gehören, wächst zum Glück stetig. Aber, ich wage zu behaupten, dass in den meisten Unternehmen die hierfür notwendigen Prozesse und Instrumente benutzt werden. Sie fußen aber weder auf einer definierten und „gelebten" „Führungskultur" noch liegt die Zielsetzung wirklich in einem langfristigen, und auf die Praxis bezogenen Aufbau von *individueller* Kompetenz. „Placebo-Prozesse und Placebo-Instrumente", die nur sehr eingeschränkt zur Führungskräfteentwicklung dienen, sondern hinsichtlich einer PR-Strategie nach „innen" und „außen", so tun, als sei man „state of the art" unterwegs. Sie dienen also mehr der Beruhigung. Die dritte Kategorie von Unternehmen kümmert sich überhaupt nicht um eine Professionalisierung der Auswahl, Vorbereitung und Begleitung ihrer Führungskräfte. Jegliche Kompetenzentwicklung ist in das Belieben der einzelnen Mitarbeiter gelegt. Meist muss die Führungskraft dann um jede Weiterbildungsmaßnahme hart kämpfen und alle Fortbildungen werden hinsichtlich ihrer Notwendigkeit und Effizienz sehr kritisch „beäugt". Bis hin zu einer lern- und entwicklungsfeindlichen Kultur, die jeden formalisierten Lernschritt als Zeichen der Überforderung deutet – unter dem Motto: „wenn er/sie das nötig hat, kann er/sie nicht geeignet sein".

Als Führungskraft ist man also, wenn man in einem Unternehmen der zweiten und dritten Kategorie arbeitet, auf sich alleine gestellt. Und da dies größtenteils die Realität ist, geht es nun in diesem Buch darum, herauszufinden, wie sich die persönliche Führungskompetenz selbstständig und effizient entwickeln lässt, um aus der Not eine Tugend zu machen.

Das Kompetenzprofil für die Führungsarbeit

Das bisher Gesagte macht deutlich, dass die Führungsaufgabe ganz spezielle Kompetenzen erfordert. Diese Kompetenzen oder Fähigkeiten betreffen folgende Bereiche:

- Strategisch und konzeptionell denken und handeln,
- in Strukturen und Prozessen denken und diese wirksam gestalten, verändern bzw. optimieren,
- Verantwortung delegieren, und damit Ziele und Ergebnisse definieren, vereinbaren und überprüfen,
- Mitarbeiter rekrutieren, anleiten, coachen und entwickeln,
- Arbeitsbedingungen und Kulturen gestalten und optimieren,
- Teams führen, begeistern und entwickeln,
- Konflikte managen,
- Schnittstellen optimieren,
- Informationsprozesse steuern,
- den Verantwortungsbereich im Unternehmen vertreten,
- für Kundenorientierung, Innovation und Qualität sorgen,
- und flexible, verbindliche Beziehungen zu Menschen (Mitarbeitern) aufbauen, die von optimaler Nähe und notwendiger Distanz geprägt sind.

Weitere Kompetenzbereiche sind:

- eine effektive persönliche Arbeitsorganisation mit effizienter Priorisierung, effektiven Prozessen und klarer Ergebnisorientierung,
- die Fähigkeit, Komplexität und Geschwindigkeit beherrschen zu können,
- Menschen begeistern und motivieren zu können,
- Performance beurteilen zu können,
- klares und strukturiertes Feedback geben zu können,
- klar und offen kommunizieren können,
- eine zielorientierte Gesprächsführung beherrschen und vermitteln zu können,
- sich diplomatisch in der Gesamtorganisation bewegen zu können,
- die eigene Entwicklung und Karriere fördern und gestalten zu können,
- eine sinnvolle Balance zwischen Arbeit und Privatleben finden zu können.
- Und: gesund bleiben, falls man die Absicht hat, dies alles etwas länger zu betreiben oder es sogar Vorstellungen und Ideen für ein Leben nach der Arbeitszeit gibt – bezogen auf den einzelnen Tag wie auch auf das Leben insgesamt.

Im Anhang finden Sie zum Ausklappen eine Mindmap. Sie zeigt die Themenbereiche, für die Führungskräfte Kompetenzen erwerben und weiterentwickeln sollten. Ich benutze diese Darstellung normalerweise, um Führungskräften zu Beginn eines Coachingprozesses die Komplexität der Thematik deutlich zu machen und sie in der Suche und Auswahl von Optimierungsthemen zu unterstützen. Auch der Leser dieses Buches kann sich an dieser Stelle fragen, welche Themen er/sie zwecks Erweiterung seiner Führungsqualität „bearbeiten" möchte und welche „Lernfelder" damit bestimmt sind.

Über „Haltungen", „Fähigkeiten", „Verhalten" und „Lernen"

Genau so bedeutsam (wenn nicht bedeutsamer) wie die vorhandenen Fähigkeiten einer Führungskraft sind ihre Haltungen, Einstellungen und Werte. Ihnen liegen die Konzepte und Vorstellungen zugrunde, an denen sich das Interaktionsverhalten – und damit das konkrete Führungshandeln – orientiert: das Menschenbild, das Selbstbild, das Selbstverständnis als Führungskraft, Vorstellungen zu Bedingungen für eine erfolgreiche Zusammenarbeit, Annahmen über die Bedeutung der eigenen Person für eine erfolgreiche Unternehmenskultur, Ansichten darüber, wie Mitarbeiter motiviert werden müssen, Auffassungen über die Relevanz von Zielorientierung, Führungsinstrumenten, der Wirkung des persönlichen Kommunikationsverhaltens und vieles mehr.

Betrachtet man die Haltungen und Einstellungen (Werte sind ebenfalls bestimmte Einstellungen), die relevant sind für das Verhalten hinsichtlich der Organisationssteuerung und der Menschenführung, wird deutlich, dass sie sich auf Annahmen über die Wesensart des Menschen und die Wesensart zwischenmenschlicher Beziehung und Interaktion gründen. Und diesen Haltungen und Einstellungen, von denen der größte Teil unbewusst ist, liegen Annahmen über die Realität zugrunde, die nur partiell auf wirklichen Erfahrungen beruhen. Sie sind oft übernommen aus Medien (vergleichen Sie das Bild des „Managers" in den Wirtschaftszeitschriften) oder orientieren sich an Vorbildern (z. B. Chefs, die auf irgendeine Art beeindruckend waren).

Der größte Teil dieser grundsätzlichen Vorstellungen über den Menschen und seine Interaktion basieren aber als Verallgemeinerungen auf den Annahmen, welche die Führungskraft im Rahmen der Entwicklung ihrer Sozialkompetenz gebildet hat. In Kapitel 3 werden wir sehen, dass die „Realitätskonzepte" und das „Setting der Beziehungs- und Interaktionsstrategien" unserer Sozialkompetenz erstens in unserer Herkunftsfamilie „gebildet" wurden und zweitens im zeitlichen Verlauf unserer persönlichen Geschichte sehr viel früher als vielen Führungskräften lieb ist, nämlich in der frühen Kindheit. Diese ersten Annahmen über Menschen und zwischenmenschliche Beziehungen beruhen zwar auf persönlichen Erfahrungen. Aber diese Erfahrungen wurden in einem sehr spezifischen Kontext (Familie) gesammelt und ausgewertet und darüber hinaus zu einem Zeitpunkt „erlebt" (frühe Kindheit), an dem wir noch nicht viele Fähigkeiten ausgebildet hatten. Deshalb haben diese Annahmen hinsichtlich ihrer Übertragbarkeit oder ihrer Verallgemeinerung nur sehr begrenzte Gültigkeit – zumindest objektiv betrachtet. Ich werde diesen Zusammenhang später näher erläutern.

Haltungen und Einstellungen stehen zum Verhalten wie ein Steuerungsrelais zu einer Maschine. Zwar bilden die physikalische Beschaffenheit, die Mechanik, die Elektronik und die spezifischen Umfeldbedingungen der Maschine Festlegungen für die Funktion, jedoch das Steuerungsrelais bestimmt, was mit diesen Gegebenheiten gemacht wird d. h. wie sich die Maschine hinsichtlich eines beabsichtigten Ergebnisses und der so bestimmten Funktion und Qualität „bewegt". Sie können sich einen Roboter vorstellen, der über die verschiedensten Funktionen – und um noch weiter in die Zukunft zu schauen – über Lernprozesse die eigene Kompetenzentwicklung „voranzutreiben", verfügt. Sein konkretes Verhalten steuert er dann auf der Grundlage seiner Realitätsbetrachtung und seiner Analyse und Interpretation dieser

Realität. Dieser Prozess wiederum bestimmt sich durch die Regeln und Interpretationsmodelle, die man in ihm programmiert hat. Haltungen und Einstellungen sind zum einen Interpretationsmodelle zur Orientierung in der Realität und zum anderen Regeln für Aktion und Reaktion in dieser Realität. Es geht dabei um drei Ebenen: Erstens die Bedingungen aus denen sich die „Realität" zusammensetzt. Diese werden von unterschiedlichen Menschen unterschiedlich wahrgenommen und unterschiedlich in Beziehung gesetzt. Zweitens variiert die Bedeutung, die diese Gegebenheiten und deren Beziehung für den einzelnen Menschen haben von Individuum zu Individuum. Drittens kann jeder Mensch, selbst wenn diese beiden Ebenen gleich wären, auf dieser Grundlage andere, spezifische Bedürfnisse, Absichten und Ziele leben und verfolgen. Wir haben es also mit einer Variationsbreite zu tun, die Individualität garantiert, aber auch das Verstehen von Menschen drastisch erschwert.

An dieser Stelle geht es uns aber zunächst nur um die Unterscheidung zwischen Einstellung und Verhalten. Viele Führungsseminare und eine große Anzahl von Managementratgebern sind deshalb nicht hilfreich, weil sie sich auf Verhalten beziehen. Hinzu kommt, dass sie in ihrer Verallgemeinerung die individuelle Realität der Führungskraft unberücksichtigt lassen und damit reduzieren und die Führungskraft mit dem doppelten Transferproblem alleine lassen. Doppelt, denn erstens, müssen die neuen Betrachtungen auf die persönliche Führungsrealität „angepasst" werden und zweitens müssen die neuen Verhaltensstrategien und das damit einhergehende konkrete Verhalten, um authentisch zu sein, in die Persönlichkeit der Führungskraft – bzw. ihr Selbstbild – integriert werden. Für letzteres ergeben sich logischerweise zwei Möglichkeiten. Entweder ändert sich das Selbstbild oder die Verhaltensweisen werden abgewandelt um dem Selbstbild zu entsprechen. Wegen dieser komplexen und sehr individuellen Zusammenhänge, auf die viele Führungsseminare ohne Coachingansatz nicht angemessen eingehen können, ergibt sich eine nachhaltige Veränderung von meist nur < 10 Prozent.

Das heißt aber nicht, dass man eine kognitive Auseinandersetzung mit Theorien, Konzepten und Modellen nicht braucht oder gar Literatur (weil unnötig) meiden sollte – im Gegenteil. Selbstverständlich muss eine Führungskraft die aktuellen Überlegungen zu Führungstheorien kennen, muss sich mit Kommunikationstheorie, der Anwendung von Führungsinstrumenten und einigen Techniken zur Steuerung von schwierigen Führungskontexten auch theoretisch auseinandergesetzt haben. Führen ist ein eigenes Wissensgebiet – wie jedes andere Fachgebiet auch. Leider behandeln viele Führungskräfte dieses Wissensgebiet sehr nachlässig. Sie glauben, dass Führungswissen mehr etwas für Psychologen und Pädagogen ist. Und da sie niemand zwingt, sich ein bestimmtes theoretisches Wissen über Kommunikation, Interaktion, Organisationspsychologie, Managementtheorien und vieles mehr anzueignen, belassen sie es dabei, mehr oder weniger zufällig etwas über das Führen in der Theorie zu lernen.

Dennoch: womit man sich, ob in Seminaren oder im Rahmen eines Literaturstudiums kognitiv (d. h. denkend) beschäftigt, nutzt wenig, wenn es nicht auf einen vorbereiteten, „fruchtbaren Boden" fällt.

Die Auflistung in Abbildung 1 zeigt zusammengefasst, was Führungskräfte „wissen" müssen, damit sie erfolgreich eine Organisation „bewegen" können. Dabei ist der Begriff „Wissen" nicht bezogen auf faktisches Wissen, sondern meint genau diese Haltungen, Einstellungen, Bewertungen und „Realitätsbedingungen", die dem erfolgreichen Führungshandeln zugrunde liegen.

- Wissen, dass man als eine Art „Treuhänder" persönlich die Verantwortung für einen wichtigen Unternehmensbereich übernommen hat.
- Wissen, dass man für das Ergebnis, die Effizienz und die Kultur eines „lebendigen" Systems (Organisation) verantwortlich ist.
- Wissen, dass diese Organisation und die darin ablaufenden Prozesse gestaltet, gesteuert und kontinuierlich optimiert werden müssen.
- Wissen, dass man zur erfolgreichen Steuerung einer Organisation geeignete Kenndaten und Kontroll- bzw. Korrekturinstrumente braucht.
- Wissen, dass eine Organisation hauptsächlich aus Menschen besteht und die Ergebnisse von deren Kreativität und Leistungsbereitschaft abhängen.
- Wissen, dass das Schaffen und Optimieren von effektiven und effizienten Arbeitsbedingungen eine Kernaufgabe der Führung ist.
- Wissen, dass Teams (und andere Gruppen) anders „funktionieren" als einzelne Menschen.
- Wissen, dass man, neben der Struktur- und Prozessoptimierung, für die Gestaltung von menschlichen „Lebenswelten" verantwortlich ist.
- Wissen, dass man sich entscheiden muss, ob man wirklich mit selbstständig arbeitenden Mitarbeitern zusammenarbeiten möchte.
- Wissen, dass dann nicht nur Aufgaben, sondern Verantwortung delegiert werden muss.
- Wissen, dass selbstständig arbeitende Mitarbeiter Freiräume, Unterstützung und einen Orientierungsrahmen brauchen (Funktionsbeschreibungen, Ziele, Selbstverständnisse, Imagebestimmungen, Leitbilder, Aufgabendefinitionen, etc.) und dass dieser „Rahmen" – im Konsens – erarbeitet werden muss.
- Wissen, dass selbstständig arbeitende Mitarbeiter ehrliches Feedback brauchen und dass eine differenzierte, gemeinsame Leistungsbeurteilung mindestens einmal pro Jahr notwendig ist.
- Wissen, dass man nicht nur für die Entwicklung der Fähigkeiten, sondern auch für die Entwicklung der Haltungen und Einstellungen seiner Mitarbeiter zuständig ist.
- Wissen, dass nur gut informierte und involvierte Mitarbeiter selbstständig arbeiten können.
- Wissen, dass die Beziehung zum Vorgesetzten, geprägt von gegenseitigem Respekt und gegenseitiger Wertschätzung, für den/die Mitarbeiter/in ein wichtiger Motivationsfaktor ist, dass das eigene Verhalten der Führungskraft immer entscheidende Auswirkungen auf die Kreativität und Leistungsbereitschaft der Mitarbeiter hat und dass man die meisten Demotivationen bei Mitarbeitern selbst bewirkt.
- Wissen, dass ein ehrlicher, partnerschaftlicher Umgang und authentisches Verhalten die Kreativität und Leistungsbereitschaft der Mitarbeiter sichert.
- Wissen, dass die persönlichen Kommunikationsmöglichkeiten das wesentliche „Führungsinstrument" einer Führungskraft darstellen und dass diese oft begrenzt, aber erweiterbar sind.

Wissen, dass man, um eine Organisation führen zu können, Selbstständigkeit, Mut, Selbstbewusstsein und Konfliktbereitschaft benötigt.

Wissen, dass es immer Konfliktfelder, Unzufriedenheiten und Ungerechtigkeiten gibt, die gelöst oder bearbeitet werden müssen und dass die Zusammenarbeit oft von vielen auszuräumenden Missverständnissen und Widersprüchlichkeiten geprägt ist.

Wissen, dass hohe Ansprüche und Spaß an Leistungen etwas anderes sind als Angst.

Wissen, dass man als Führungskraft ständig weiterlernt, Lernen keine Schande und Führungswirkung (Führungsautorität) keine angeborene Fähigkeit ist.

Wissen, dass man trotz (oder gerade wegen) der eigenen, persönlichen Entwicklung mit den vielen Führungsdefiziten seines Vorgesetzten umgehen können muss.

Abbildung 1: *Führungswissen*

Selbstverständlich muss dann auch die Kompetenz vorhanden sein, diese Haltungen umzusetzen. Aber oft sind vorhandene Kompetenzen, die von den „falschen" Haltungen eingesetzt werden, weniger nützlich als Haltungen, für die Kompetenzen zunächst nur rudimentär vorhanden sind, dann aber im Laufe des beruflichen Lebens sukzessive gelernt und optimiert werden.

Gleichzeitig kann man anhand dieser Zusammenfassung auch eine Unterscheidung zwischen Anspruch und realer Handlungskompetenz, die wiederum wichtige persönliche Lernfelder bestimmt, vornehmen.

Travis Bradberry und Jean Greaves haben in einer aufwendigen Untersuchung herausgefunden, dass das Ausmaß an „Emotionaler Intelligenz" – ein wichtiger Baustein der „Sozialkompetenz" und damit auch der „Führungskompetenz" – hierarchieabhängig ist:

„Während der vergangenen fünf Jahre haben wir branchenübergreifend auf sechs Kontinenten die emotionale Intelligenz von mehr als 100.000 Managern verschiedener Ebenen (darunter 1.000 CEOs) und Linienmitarbeitern untersucht.

Wir haben bei jedem Befragten das Bewusstsein hinsichtlich der eigenen Fähigkeiten und Stärken sowie die Aufmerksamkeit gegenüber der sozialen Umwelt, die Fähigkeiten zum Selbst- und zum Beziehungsmanagement gemessen. Als Ergebnis erhielten wir einen kumulierten EQ (Emotionaler Intelligenzquotient), der einem Wert auf einer 100 Punkte-Skala entsprach.

Wie (das Ergebnis) zeigt, steigt der Emotionale Intelligenzquotient, wenn Mitarbeiter in Führungsfunktionen die Karriereleiter erklimmen. Er erreicht seinen Höhepunkt auf der Ebene des mittleren Managements und sinkt danach wieder, um auf der Ebene der Geschäftsführung an einen Besorgnis erregenden Tiefpunkt zu gelangen. Wie kann es sein, dass gerade diejenigen Menschen, die emotionale Intelligenz am meisten benötigen, anscheinend am wenigsten davon besitzen?"[1]

---

[1] Harvard Business Manager, März 2006, Seite 15

Das Ergebnis bedeutet aber nicht, dass es um die betroffenen Unternehmen hinsichtlich ihrer Führung dramatisch schlecht steht. Gerade in größeren Systemen werden oft die eigentlichen Führungsaufgaben von den Ebenen unterhalb des Vorstandes wahrgenommen und etwaige Führungsfehler ausgeglichen.

Ich glaube überdies, dass „Emotionale Intelligenz" entwickelbar ist. Und natürlich sind auch erfahrene Geschäftsführer und Vorstände in der Lage zu erkennen, dass sie nicht alles können und dass Führungslernen ein „lebenslanger" Prozess ist. Sie haben es nur auf Grund ihres „Hochgeschwindigkeitslebens" (dazu später) und der mit der großen Verantwortung verbundenen Komplexität schwerer, defizitorientiert auf die eigene Person zu schauen, um Entwicklungs- und Lernfelder auszumachen. Darüber hinaus erhalten sie kaum ehrliches Feedback, welches sie mit wirklichen Veränderungsanforderungen konfrontiert. Auch verunsichert es manche Mitarbeiter, wenn der „Kapitän des Schiffes" lernt. Man erwartet, dass er sein Metier „vollständig" beherrscht.

Die Bereitschaft, weiter zu lernen, ist grundsätzlich abhängig von den *wahrgenommenen* Anforderungen und den *wahrgenommenen*, persönlichen Kompetenzdiskrepanzen. Das eigentliche Problem des Lernens ist also zunächst ein Wahrnehmungsproblem (genauer ein Verstehensproblem): Nur *die* Anforderungen und Kompetenzdefizite sind für mich echte Anforderungen und Kompetenzdefizite, die ich als solche erkenne und annehme. Es gibt zum Beispiel Menschen, die sind in einer kleinen Stadt aufgewachsen und ihr Job bringt sie später in viele Länder dieser Erde, wo sie dann einige Jahre in verantwortlicher Position arbeiten und mit ihrer Familie (Frau und Kindern) leben. Theoretisch könnten sie durch die Konfrontation mit unterschiedlichsten und oft fremden Kulturen und Menschen Erfahrungen machen, die ihre Persönlichkeit, ihre Wertvorstellungen und vor allen Dingen ihre Interaktionsfähigkeit entscheidend prägen bzw. erweitern. Aber unterhält man sich mit ihnen nach vielen Jahren und vielen Auslandsaufenthalten, so gewinnt man den Eindruck, als wären sie nie aus ihrer kleinen Stadt hinausgekommen. Erfahrungen sind leider kein Garant für Lernen und persönliches Wachstum.

Neben den von außen kommenden Anforderungen sind die vorhandenen Potenziale eines Menschen – zu lernen und Fähigkeiten zu entwickeln – zunächst nur „Möglichkeiten". Erst wenn aus den Potenzialen Fähigkeiten werden, haben wir es mit einer tatsächlichen Erweiterung und mit einem tatsächlichen Zuwachs an Kompetenz zu tun. Um aber aus Potenzialen Fähigkeiten zu machen, braucht es Mühe und damit eine entsprechende Motivation – einen nachvollziehbaren Grund sich dieser Mühe zu unterziehen.

Führungskräfte „mühen" sich oder lernen grundsätzlich aus drei Gründen: Erstens, das Lernen und „sich entwickeln" an sich macht ihnen Spaß – vor allem verbunden mit den erarbeiteten Kompetenzerweiterungen im Hinblick auf mehr Qualität, Effektivität, Leichtigkeit und bessere Ergebnisse. Eine Lernmotivation, die ich, bezogen auf die sozialen Kompetenzen, nur selten finden konnte. Zweitens, die Führungskraft stellt fest, dass die anstehenden Anforderungen die aktuellen Kompetenzen deutlich übersteigen, woraus sich – meist viel zu spät – ein Problembewusstsein entwickelt. In der Regel haben dieses Problembewusstsein erst die Mitarbeiter und Kollegen, dann der Vorgesetzte und zuletzt die Führungskraft selbst. Und drittens, die Führungskraft wird von einem klugen Vorgesetzten geführt, der an der Entwicklung seiner Führungskräfte interessiert ist und deshalb persönliche Defizite deutlich benennt und diesbezügliche Lernmöglichkeiten zur Verfügung stellt. Auch dieser Kontext ist leider zu selten.

Im Folgenden gehe ich davon aus, dass meine Leser und Leserinnen sehr an der Entwicklung ihrer Führungskompetenz, -qualität und emotionalen Intelligenz interessiert sind. Sie werden sich deshalb die Frage stellen, wie man jetzt diese Haltungen und Kompetenzen, über die wir nun schon so viel gesprochen haben, erarbeiten und entwickeln kann? Und das noch während man sie schon benötigt, also „on the job"?

Kompetentes Führen ist authentisches Führen

Aber zuvor noch: was ist das Ziel?

Führungskompetenz ist nur wirkliche Kompetenz, wenn sie sich in „authentischem" Verhalten zeigt. Das ist ein hoher Anspruch, der die Sache verkompliziert aber im Grunde genommen erst ermöglicht.

Man kann „Authentizität" übersetzen mit Echtheit, Glaubwürdigkeit, Glaubhaftigkeit. „Der meint, was er sagt und sagt was er meint. Ich weiß, woran ich bei ihm bin. Er steht zu dem, was er denkt." Das würden Mitarbeiter über einen authentisch führenden Vorgesetzten sagen. Authentizität meint die Übereinstimmung des Verhaltens einer Person mit den Werten, Denkprozessen und Emotionen derselben Person. Also, das „Außen" (Verhalten, Beziehung) stimmt mit dem „Innen" (Wahrnehmen, Denken, Fühlen, Werten) überein.

Menschen – aber auch viele Tiere – haben die Fähigkeit, sich in der Kommunikation mit anderen zu verstellen. Sie sind in der Lage, sich in Beziehungen strategisch zu bewegen, um ein bestimmtes Ziel zu erreichen. Und das, was sie sagen und tun ist nicht das, was sie wirklich denken und empfinden. Eine ganz nützliche Fähigkeit z. B. für das Jagen oder Kämpfen. Oder für falsch verstandene PR. Aber diese Fähigkeit ist schier völlig unbrauchbar für Beziehungen, die auf Kooperation und Vertrauen angewiesen sind.

Nun kann es aber sein, dass es gar nicht so einfach ist, zu wissen, wann „man selbst" ist. Mal abgesehen von dem Mut, den es braucht, „man selbst" zu sein und seine Individualität zu zeigen, können viele Menschen oft nicht unterscheiden, ob das, was sie denken, fühlen und wollen, wirklich das ist, was sie denken, fühlen und wollen oder das ist, was sie denken, fühlen und wollen *sollten* oder gerne *möchten*. Agiere ich als „Bild von mir" oder als „ich" wirklich? Über viele Jahre wird den meisten von uns ein „Identitäts-Ideal" verbunden mit einer spezifischen Selbstwahrnehmung antrainiert. Im Berufsleben helfen dann die Medien, die anderen Kollegen und Vorgesetzten, die Unternehmenskultur und vieles mehr dabei, festzulegen, was wir sein sollten.² Wir werden uns mit diesem Zusammenhang im nächsten Kapitel noch etwas strukturierter beschäftigen.

Authentische Führungskräfte sind echte Menschen und kein „Abbild" eines Wirtschaftsmagazins. Dies widerspricht nicht der Tatsache, dass es in einem großen Unternehmen nützlich ist, bezogen auf die eigene Person und mit Blick auf die potenziellen Karriereschritte, ein persönliches Marketing zu betreiben. Aber das, was man über sich selbst herausstellt sollte tatsächlich vorhanden sein – zumindest als Potenzial. Alles andere ist eine „Mogelpackung", die meistens schnell auffliegt. So wirkt dann auch die „antrainierte Führungskraft" unecht, aufgesetzt und falsch. Nicht echte zwischenmenschliche Begegnungen sind im Fokus ihres Verhaltens, sondern das „Steuern" von „biologischen Einheiten" unabhängig von den jeweiligen Persönlichkeiten auf der Mitarbeiterseite und völlig unabhängig vom spezifischen Kontext. Das Unauthentische neigt zum Beziehungslosen. Die Mitarbeiter merken schnell, dass sie es mit einer „Maskerade" zu tun haben, mit einem Vorgesetzten, der sich als Mensch nicht wirklich auf sie einlässt und stellen sich darauf ein. Fehlende Authentizität ist fühlbar, da auf der Beziehungsebene keine wirkliche Begegnung stattfindet.

Bei all dem geht es nicht um Individualität um jeden Preis oder das Ausleben der individuellen Persönlichkeit in der Führungsrolle. Natürlich ist die Führungsrolle verbunden mit spezifischen Aufgaben, Anforderungen und Erwartungen an die Führungskraft. Aber der Kern der Authentizität ist das auch emotionale „Sich Einlassen" auf diese Aufgabe und insbesondere die Menschen verbunden mit dem „Echt Sein" in den Beziehungen.

Authentizität bedeutet auch nicht, immer das mitzuteilen, was man denkt und fühlt unabhängig davon, ob es zum Kontext passt oder gewünscht ist. Wenn Sie als Zuhörer eines interessanten Vortrages das dringende Bedürfnis haben hinaus an die frische Luft zu gehen, Sie aber bleiben, weil Sie wissen wollen, wie es weiter geht, ist das authentisch. Weil Sie sich zwischen echten Bedürfnissen oder Anliegen entschieden haben und *Sie* etwas wollen. Wenn Sie aber aus Angst, durch Ihr Hinausgehen aufzufallen, so tun, als wollten Sie gar nicht hinaus, ist das nicht authentisch.

Authentizität ist aber nicht nur ein Anspruch. Es ist auch ein menschliches Bedürfnis. Das Bedürfnis, in Übereinstimmung mit sich selbst zu sein und anderen Menschen in dieser Übereinstimmung mit sich selbst, zu begegnen. Es ist echte Freiheit. Auf der anderen Seite fühlen sich andere Menschen, in unserem Fall Mitarbeiter, Kollegen und Vorgesetzte, ebenfalls wohler im Kontakt mit authentischen Menschen. Sie sind weniger unsicher, können sich orientieren und es gibt ihnen die Möglichkeit ebenfalls authentisch zu sein. Diese Suche nach Authentizität ist, wie oben schon erläutert, der Grund dafür, dass Trainings zur Führungskräfteentwicklung nur eine geringe „Nachhaltigkeit" – bezogen auf die Verhaltensänderung – verzeichnen können. Eine neue Erkenntnis und neues Verhalten muss, um nicht nur „aufgesetzt" zu sein in die bestehende Persönlichkeit der Führungskraft integriert werden und hat

---

2   Manche Führungskräfte haben diesbezüglich eine besonders schwierige Situation: sie leben in einer Partnerschaft, in der auch der Partner an dem Bild „mitbaut" und wenig Interesse am wirklichen „Ich" der Führungskraft hat. Aber, sie tragen selbst Schuld, sie haben den Lebenspartner, vielleicht auch hauptsächlich aus diesem Grund, selbst ausgesucht.

damit immer entweder einen „kleinen Umbau" des (Persönlichkeits-) Systems zur Folge. Oder das neue Verhalten, die neuen Erkenntnisse, müssen „mit Feinschliff" dem System (also der Persönlichkeit) angepasst werden. Wie gesagt, diese individuelle Arbeit können Trainings nicht leisten und Führungskräfte sind damit alleine oft überfordert.

Drei Orientierungsbereiche

Kommen wir zurück zum selbstständigen Lernen. Das bisher Gesagte macht zwei Dinge deutlich: Erstens, die Führungsarbeit ist ein selbstständiger, anspruchsvoller und komplexer Fachbereich. Zweitens, es erfordert eine Reihe von Kompetenzen, einiges an Erfahrung, spezifisches Wissen und „persönliche Reife", um auf diesem Gebiet zu einer ansehnlichen Qualität zu gelangen. Daher stellt sich die Frage, wie lässt sich dieser Lernprozess hin zu hoher Führungsqualität überhaupt eigenständig und vor allen Dingen effektiv und effizient bewerkstelligen?

Tatsächlich existieren drei „Lern- oder Entwicklungsfelder", die den gesamten Lernprozess erst ermöglichen und ihn bei erhöhter Konzentration auf die damit verbundenen Qualifikationen erheblich beschleunigen. Gleichzeitig stellen sie die notwendige Authentizität sicher. Im eigentlichen Sinne handelt es sich um drei Orientierungsbereiche oder „Navigationskompetenzen":

1. Eine ernsthafte und intensive Auseinandersetzung mit der *Rolle als Führungskraft*. Was genau sind die Anforderungen, die Erwartungen, die Möglichkeiten, Freiheiten, Pflichten und Ziele, die mit dieser Rolle verbunden sind? Wie kann ich in dieser Rolle meinen persönlichen Stil finden, wie kann ich mich in dieser Rolle authentisch bewegen?

2. Die Etablierung eines *Selbstreflexionsprozesses*, der das persönliche Handeln besonders in Interaktionsprozessen reflektiert und optimiert. Denn die Interaktionsprozesse sind vereinfacht ausgedrückt, das „Arbeitsfeld" der Führungskraft. Geführt wird immer in der Interaktion mit einem oder mehreren anderen Menschen (Mitarbeiter). Gleichzeitig sind die Interaktionen auch die Werkzeuge um die zu steuernde Organisation zielorientiert zu bewegen. Damit eine Organisation etwas hervorbringt, müssen die in ihr arbeitenden Menschen etwas miteinander tun – und zwar das Richtige. Damit eine Organisation sich verändert oder optimiert, müssen die Menschen in ihr sich anders als bisher miteinander verhalten. Steuern, optimieren oder überhaupt „eine Organisation bewegen" ist hauptsächlich zum einen das Steuern oder Gestalten von Interaktionsprozessen und zum anderen selbst ein Interaktionsprozess.

    Die Etablierung eines „Selbstreflexionsprozesses" ist notwendig, weil erstens die Qualität von Selbstreflexion, die wir für einen Optimierungsprozess benötigen, nicht normal oder selbstverständlich ist. Es geht also mehr um eine Selbstreflexion auf „höherem Niveau". Und zweitens, weil – wie wir später sehen werden – es für einen Menschen nicht selbstverständlich ist, zu wissen, was er/sie wann und warum tut. Ein Gedanke, mit dem wir uns im nächsten Kapitel erst vertraut machen müssen.

3. Der Versuch andere Menschen und damit auch die komplexen Interaktionsprozesse zwischen den Menschen in einer vielleicht „neuen", offenen Art und Weise zu verstehen. Bei Letzterem stellt sich die Frage, ob man Menschen überhaupt verstehen kann. Oder wie man der Tatsache Rechnung trägt, dass Menschen (oder besser: deren Persönlichkeiten) „undurchdringliche, fremde Universen" sind. Vielleicht reicht es auch zu akzeptieren, dass diese Persönlichkeiten ganz schön anders sind als die eigene Persönlichkeit und damit nach ganz anderen Gesetzmäßigkeiten „funktionieren." Gemeint ist *„Empathie"*: die Fähigkeit, die internen kognitiven und emotionalen Prozesse anderer Menschen nachvollziehen zu können.

Wie schon gesagt geht es in allen drei Bereichen um *„Orientierungsansprüche"*. Es geht um die Orientierung in der Rolle, um die Orientierung „in sich selbst", in der eigenen Person, und um die Orientierung bezüglich des Gegenübers und dessen Persönlichkeit. Eine angemessene Orientierung in diesen drei Feldern und eine Verknüpfung der Informationen aus diesen drei Bereichen ermöglicht erst eine Orientierung in der Interaktion mit anderen Menschen und damit in der Beziehung zu anderen Menschen.

Über die Schwierigkeiten das Einfache zu tun

Warum sind aber nun Führungskräfte hinsichtlich der Erkundung dieser drei Bereiche und der damit zu entwickelnden Fähigkeiten (Orientierung in der Rolle, Selbstreflexion, Empathie) häufig so zurückhaltend?

Eine weit verbreitete Haltung verführt sie zu der Vernachlässigung dieser drei Kompetenz- und Orientierungsbereiche. Denn, sich mit der Rolle als Führungskraft auseinanderzusetzen bedeutet, den Anforderungen wirklich „ins Auge zu blicken". Vor allen Dingen, den Anforderungen hinsichtlich der so genannten „weichen Faktoren". Ein Bereich, von dem viele Führungskräfte irrtümlich glauben, sie könnten ihn mit dem gesunden Menschenverstand und dem allgemeinen Ausmaß an Sozialkompetenz managen. Viele Führungskräfte denken folgendermaßen: „Man hat eine Lernentwicklung in der Herkunftsfamilie gemacht, die immerhin zu diesem Karriereniveau führte. Das Unternehmen traut einem verantwortungsvolle Aufgaben zu und hat bisher die vollbrachten Leistungen geachtet und belohnt. Als „Privatmensch" hat man, nach einigen aufregenden Versuchen, eine stabile Beziehung zu einer Frau oder zu einem Mann aufgebaut, aus der sogar Kinder, die sich anständig entwickeln, hervorgegangen sind. Man hat Freunde, die einen schätzen, bekleidet vielleicht wichtige gesellschaftliche Funktionen, kommt mit den Nachbarn gut zurecht und sammelt sogar Kunst oder besucht regelmäßig ein Theater. Was soll da an Sozialkompetenz noch fehlen?"

Dennoch ahnt man vielleicht, dass es Bereiche im privaten Interaktionsleben gibt, die man nicht befriedigend „managt": bestimmte Konfliktsituationen, vielleicht das Thema „Nähe und Distanz", den Grad der „psychischen Anwesenheit" in Beziehungen zu Menschen, vielleicht die Fähigkeit sich auf andere Menschen einzulassen oder sich zu binden, der Umgang mit den eigenen Gefühlen und Bedürfnissen oder den Emotionen anderer, Beziehungen so zu gestalten, wie man sie leben möchte, die Dinge zu tun, die einem wichtig sind, die eigenen Werte zu leben und vieles mehr.

Gleichzeitig ahnt man auch – oder stellt sogar fest –, dass diese „Einschränkungen" doch auch berufsrelevant sind und dass die Vermeidungsstrategien, die helfen die notwendigen Auseinandersetzungen in den privaten Kontexten zu umgehen, im beruflichen Kontext nur schwer zu benutzen sind. Die Auswirkungen dieser Vermeidungen lassen sich zumindest beruflich langfristig nicht verbergen und spiegeln sich dann in Leistungsergebnissen der Mitarbeiter und in der Unternehmenskultur des Subsystems, für das man verantwortlich ist, wider.

Um sich nicht verunsichern zu lassen, schaut man kurzfristig lieber nicht so genau auf die Erwartungen und Anforderungen, die mit dieser Rolle verbunden sind. So führen viele Führungskräfte ihre Mitarbeiter in dem Glauben, dass das, was sie sagen, wirklich verständlich ist, dass die Beziehungen wirklich konstruktiv und tragfähig sind, dass sie hinsichtlich der Ziele, des Selbstverständnisses und der Strategien wirklich Konsens haben, dass die Mitarbeiter wissen, was sie langfristig vorhaben, dass ihre Qualitätsanforderungen transparent sind, dass ihre Mitarbeiter die gleichen Prozessoptimierungsansprüche haben und dass diese Mitarbeiter, vielleicht bis auf ein wenig Know-how und einige Erfahrungen, in ihren Kompetenzen und Haltungen bestens ausgerüstet sind.

So lange sich die Führungsanforderungen auf einem bestimmten Niveau bewegen, weil keine Krisen oder Veränderungsprozesse das Anforderungsniveau drastisch erhöhen, lässt sich dieses Selbstbild aufrechterhalten. Aber je geringer die Sozialkompetenz ist und damit die Fähigkeit, die Qualität von Kommunikationsprozessen und die Qualität von Beziehungen beurteilen zu können, desto weniger sind die Defizite wahrnehmbar. Es verhält sich eine Weile wie im Verkehr: es passieren nicht deshalb keine Unfälle, weil man ein guter Autofahrer ist, sondern weil die anderen so gut aufpassen oder weil die Verkehrsanforderungen im Moment nicht so hoch sind.

Doch zum nachhaltig erfolgreichen Führen benötigt man eine erweiterte Sozialkompetenz, mit der man leider weder auf die Welt kommt, noch die „gute Kinderstube" verlässt, noch ein Hochschulstudium bewältigt. Diese Sozialkompetenz ist spezifischer und an manchen Stellen ausgedehnter. Wir werden sie hinsichtlich der damit verbundenen Anforderungen, im folgenden Kapitel definieren.

Möchte man nun die persönliche Sozialkompetenz weiterentwickeln, benötigt man ein „Werkzeug": eben die besagte „Selbstreflexion". Um in dem „weichen", kommunikativen und emotionalen Bereich an Kompetenz zuzunehmen, muss zunächst eine erhöhte Selbstwahrnehmung und eine qualitativ höherwertige Selbstreflexion aufgebaut werden. Denn wenn ich mein Verhalten in Beziehungen zu anderen Menschen „optimieren" möchte, muss ich zunächst einmal wissen, wie ich mich verhalte und warum. Das hört sich verrückt an und einfach ist es leider auch nicht. Denn, wie oben schon einmal angesprochen, ich weiß nur zu einem Bruchteil, was ich wirklich tue. Das hat damit zu tun, dass ein großer Bereich des menschlichen Handelns unbewusst geschieht und sich damit der Wahrnehmung und der bewussten Reflexion entzieht. Wenn ich aber glaube und damit weiß, dass ich viele Aspekte der Interaktion zwischen mir und einem anderen Menschen nicht selbstverständlich wahrnehme und schon gar nicht reflektiere, kann ich mir genau dieses vornehmen bzw. dieses intensivieren. Dazu benötige ich zunächst neue oder besser zusätzliche „Verstehensmodelle". Denn dummerweise können wir nur das wahrnehmen und reflektieren, was Relevanz für uns besitzt. Um zu entscheiden, ob bestimmte Daten Relevanz haben, brauche ich ein Modell in dem diese Daten Relevanz haben – sogenannte „Verstehensmodelle", die mein Realitätsmodell erweitern.

Ein Beispiel: Jeder von uns ist in der Lage, sich einigermaßen orientiert und absichtsvoll in Beziehungen zu anderen Menschen zu verhalten. Schon früh, noch bevor wir in der Lage sind zu sprechen, lernen wir, uns in unseren ersten zwischenmenschlichen Kontakten – im Kontext unserer Familie – zu orientieren und erfolgreich und sinnvoll zu „bewegen". Diese Fähigkeit entwickeln wir durch die Erfahrungen, die wir ständig mit anderen Menschen machen, fortwährend weiter. Irgendwann haben wir ein komplexes Setting von Erfahrungen, mit dem wir menschliches Verhalten deuten können und auch in eingeschränktem Maße vorhersagen können. Wir fühlen uns in diesem Wahrnehmungs-, Deutungs- und Verhaltenssystem so sicher, dass wir gar nicht mehr darauf bewusst achten, welche nonverbalen und verbalen Botschaften mit relevanten Informationen zur Beziehung zwischen uns und unserem Gegenüber hin und her gehen. Wir bewegen uns quasi automatisch und damit oft wenig bewusst in diesen Beziehungen. Und dies sogar in Beziehungen, die für uns von erheblicher Wichtigkeit sind, wie zum Beispiel, was den beruflichen Kontext angeht, die Beziehungen zu Mitarbeitern, Kollegen oder Kunden (vom Vorgesetzten ganz zu schweigen).

Es ist inzwischen weithin bekannt, dass in Interaktionen jeder Austausch oder besser jede an mein Gegenüber gerichtete Botschaft eine „Sachebene" und eine „Beziehungsebene" hat und dass die Beziehungsebene die Sachebene dominiert, indem sie deren Bedeutung definiert. Und wenn ich nun darüber hinaus auch weiß, dass diese Beziehungsbotschaft nicht nur meine Sachbotschaften in ihrer Bedeutung und Relevanz steuert, sondern auch noch die eigentliche Ebene ist, auf der Konflikte entstehen, dann ist es von großer Bedeutung, welche Botschaften ich auf dieser Ebene sende und empfange. So kann der Satz: „Ich habe Sie heute nicht in der Besprechung gesehen" je nach zusätzlichen nonverbalen Botschaften wie Mimik, Gestik und Satzmelodie (Betonung etc.), aber auch abhängig vom Kontext (dem System, in dem die Kommunikation stattfindet), von der aktuellen Beziehung der beiden Kommunizierenden und der Geschichte dieser Beziehung, unterschiedlich gedeutet werden. Die Sachebene, auf der jemand erklärt, dass er in der Lage ist etwas zu sehen, etwas zu bemerken, hat dabei nur sehr eingeschränkt Relevanz. Auf der Beziehungsebene kann dieser Satz bis zu fünfzehn oder mehr unterschiedliche Bedeutungen haben. Er kann als Sorge gemeint sein, als Vorwurf, als Bedauern, als Bewertung, als Kritik, etc. Jede Interpretation würde ein anderes Beziehungsangebot definieren.

Da man nicht einfach „nicht kommunizieren" kann und jede Botschaft eine Beziehungsbotschaft[3] enthält, senden und empfangen wir dauernd Beziehungsbotschaften. Um diesen Prozess zumindest bewusster zu gestalten, müssen Führungskräfte sich darum kümmern, welche Beziehungsbotschaften sie in der Kommunikation mit ihren Mitarbeitern senden – ohne es zu

---

3   Vgl. hierzu: Paul Watzlawik, Janet H. Beavin, Don D. Jackson, „Menschliche Kommunikation", Hans Huber Verlag, Bern 2000

merken bzw. bewusst zu wollen. Denn viele unserer „Bewegungen" in Beziehungen zu anderen Menschen arbeiten nach „Mustern", die mehr mit unserer Geschichte zu tun haben, als mit dem aktuellen Kontext oder dem, was man als Ziel oder Absicht verfolgt. Bei dem mehr oder weniger unbewussten Senden von Beziehungsbotschaften gibt es viele persönliche „Standards", die es lohnt zu erkennen. Standardreaktionen, also in diesem Fall Standard-Beziehungsmuster, sind oft ein Problem, weil sie den aktuellen, spezifischen Kontext der Interaktion oder der Beziehung nicht berücksichtigen.

Es ist immer wieder erstaunlich, wie wenig Führungskräfte über Kommunikation, auch über ihre eigene, persönliche Kommunikation wissen und wie wenig sie von sich aus bereit sind, diese zu reflektieren oder überhaupt dafür brauchbares „Material" – nämlich Feedback – einzuholen. Obwohl ihre persönliche Kommunikationskompetenz ihr eigentliches „Handwerkszeug" ist, verfügen sie nur über ein sehr rudimentäres Wissen, welches nicht zur angemessenen Selbstreflexion Anlass bietet. Es ist so, als hätte ein Bauingenieur das mathematische Wissen eines Zehntklässlers. Er würde kein einziges Projekt professionell durchführen können. Und jetzt fragen Sie sich, warum können dann so viele Führungskräfte trotzdem „erfolgreich" arbeiten? Ganz einfach: Erstens sind in der Welt der „Beziehungen" und „Kulturen" die Ursache-Wirkungs-Zusammenhänge nicht so leicht von „Jedermann" identifizierbar. Inkompetenz (in Bezug auf Kommunikationsfähigkeit) lässt sich quasi hinter diesen „Unklarheiten" oder besser: in der Komplexität der Prozesse und Ereignisse „verstecken". Zweitens herrscht der Glaube vor, dass es mehr schwierige und „verrückte" Mitarbeiter gibt, als inkompetente Führungskräfte. Die Wahrheit ist natürlich hinsichtlich des zweiten Argumentes umgekehrt: der „schwierige Mitarbeiter" ist eine Hilfskonstruktion für wenig kompetente Führungskräfte, die nicht einsehen wollen, dass ihnen Kompetenz fehlt. Der „schwierige Mitarbeiter" ist oftmals eine Erfindung von Führungskräften, die sich darin einig sind, dass lernen und sich weiter entwickeln nicht notwendig ist.

Auf jeden Fall, und dazu sollte das Beispiel zur Veranschaulichung dienen, kann man über seine unbewussten „Beziehungsbotschaften" in der persönlichen Kommunikation erst nachdenken, wenn man weiß, dass es sie gibt, welche Auswirkungen sie haben und dass es tatsächlich möglich ist, sie zum Teil bewusst zu gestalten. Das meint der Begriff „Verstehensmodelle." Ich kann nicht über etwas, mit dem Ziel es bewusst zu gestalten oder es bewusst zu korrigieren, nachdenken, wenn ich nicht weiß, dass es existiert und wie es funktioniert. Je differenzierter meine „Verstehensmodelle" sind, zum Beispiel bezüglich der Kommunikation zwischen Menschen, desto mehr Möglichkeiten habe ich, darüber zu reflektieren und desto mehr „Stellschrauben" stehen mir zur Verfügung, die Dinge so „einzurichten", wie es für mich sinnvoll ist. In Kapitel zwei und drei werden deshalb die wichtigsten „Verstehensmodelle" zum Verständnis und zur Orientierung in der Führungsrolle, bezüglich der eigenen Person, der Kommunikation und des Verständnisses anderer Menschen erläutert. Aber bleiben wir noch einen Augenblick bei der „Selbstreflexion" an sich.

Drei Modi des Seins und die (Unannehmlichkeits-)Felder der Selbstreflexion

Während ich über mich nachdenke, kann ich mir als Mensch darüber bewusst sein, dass ich denke und ich kann versuchen zu verstehen, wie ich denke. Ich bin also in der Lage, mich gewissermaßen von mir selbst zu distanzieren und mich als Subjekt gleichzeitig zum Objekt meiner Betrachtung zu machen. Das ist eine Fähigkeit, die in diesem Ausmaß nur dem Menschen zugeschrieben wird. In meiner Bewusstheit kann ich aber auch noch einen Schritt weitergehen und mir grundsätzlich über die Tatsache meiner Existenz (also, dass es mich gibt) – mein „Dasein", nicht wie es mich gibt, sondern dass es mich gibt – bewusst sein.

Der Philosoph Martin Heidegger[4] unterscheidet – interpretiert von I. D. Yalom – zwei grundlegende „Seins-Modi":

> „(1). einen Zustand des Vergessens des Seins und (2.) einen Zustand des Bewusstseins des Seins. (…). Wenn man im Zustand des *Vergessen des Seins* lebt, lebt man in der Welt der Dinge und taucht in die täglichen Ablenkungen des Lebens ein. (…). Man gibt sich an die alltägliche Welt hin, an eine Beschäftigung damit, wie die Dinge sind. In dem anderen Zustand, dem Zustand des *Bewusstseins des Seins*, rätselt man nicht darüber *wie* die Dinge sind, sondern *dass* sie sind. In diesem Modus zu existieren heißt, dass man sich ständig des Seins bewusst ist. (…). Gewöhnlich leben wir im ersten Zustand. Das Vergessen des Seins ist der alltägliche Modus der Existenz."[5]

Vielleicht dürfen wir, im obigen Sinne und ohne den Anspruch an eine ernstzunehmende philosophische Auseinandersetzung zu hegen, für unsere Zwecke einen dritten Modus einführen, der gewissermaßen zwischen diesen beiden erläuterten Modi liegt und sich in den jeweiligen Übergängen mit ihnen vermischt. (Letzteres aber mehr mit der Ebene 1 als mit der Ebene 3.)

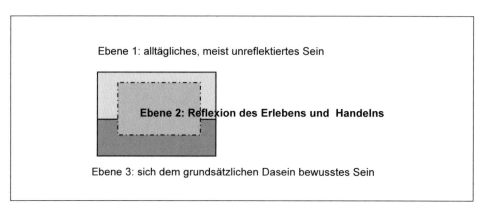

Ebene 1: alltägliches, meist unreflektiertes Sein
Ebene 2: Reflexion des Erlebens und Handelns
Ebene 3: sich dem grundsätzlichen Dasein bewusstes Sein

---

4   Martin Heidegger, „Sein und Zeit", Max Niemeyer Verlag, Tübingen 2001
5   Irvin D. Yalom, „Existentielle Psychotherapie", Andreas Hohlhage Verlag, Bergisch Gladbach 2005, Seite 44 – 45

Es handelt sich um einen Modus, in dem der Mensch weder nur dem „alltäglichen Sein" nachgeht und „sich diesem hingibt", noch sich dem „grundsätzlichen „In-der-Welt-sein" vollständig bewusst ist. Ein Modus in dem sich das Verhalten und Erleben gewissermaßen selbst reflektiert. „Sich selbst reflektiert" nicht so weit wie Heidegger es als „authentisch sein" versteht, in seinem „Dasein" und „In-der-Welt-sein", sondern in seinem Erleben und Handeln bezogen auf den alltäglichen Kontext. Vielleicht sprechen wir, um dem Philosophen Heidegger nicht unangemessen in die Quere zu kommen, von „Ebenen". In dieser „Ebene" (Ebene 2) bewegt sich der Mensch zum einen zwar in der „Alltäglichkeit des Seins", erahnt aber andererseits die individuelle Konstruktion seiner Realität und damit die Individualität seines Seins und den damit verbundenen Wahrnehmungen, Denkstrukturen und emotionalen Prozessen in Bezug auf andere Menschen. Er (der Mensch) wird sich darüber klar, dass er auf der Grundlage einer ihm eigenen (und damit mit anderen Menschen nicht deckungsgleichen) Wirklichkeit erlebt und handelt. Vor diesem Hintergrund lernt er die Regeln und Muster dieser individuellen „inneren Wirklichkeit" kennen. Diese Haltung gegenüber den Realitäten ist notwendig für eine angemessene Selbstreflexion. Wir werden in Kapitel 3 sehen, was das bedeutet.

Worauf genau bezieht sich aber das, was wir „Selbstreflexion" nennen? Bereiche der Selbstreflexion sind das persönliche, individuelle Interaktionsverhalten, das emotionale Erleben, die persönlichen Motive, die Glaubenssätze und Werte, die dem Verhalten zugrunde liegen, die Muster aufgrund derer wir reagieren und vieles mehr. Es geht darum herauszufinden, wie man eigentlich denkt und fühlt oder, anders ausgedrückt, sich in Interaktionen und Beziehungen mit anderen Menschen orientiert und an welchen Parametern man sein Handeln ausrichtet. Dafür muss man aber glauben, dass es erstens einen Unterschied zwischen bewusstem und unbewusstem Verhalten gibt, dass zweitens mein Verhalten in Interaktionen von meinen frühen Erfahrungen bestimmt ist und dass drittens, mein „Realitätsmodell", in dem ich mich handelnd bewege, korrigierbar und erweiterbar ist. Mit diesen Aspekten werden wir uns im dritten Kapitel noch ausführlich beschäftigen.

Die Etablierung einer sinnvollen Selbstreflexion ist ein Projekt, in dem das Ende nicht vorauszusehen ist, falls es überhaupt eines gibt, also nichts zum „Abhaken". Noch schlimmer: Führungslernen so anzugehen, birgt ein Risiko. Man stößt auf allerlei Defizite und steht damit vor der Notwendigkeit, sich als Persönlichkeit verändern zu müssen. Denn die Grenzen an die man stößt, zeigen, dass eine lediglich Verhaltensänderung nicht möglich ist. Es geht darum, vor dem Hintergrund der ehrlichen Selbsterkenntnis, Einstellungen, Haltungen und Werte zu hinterfragen, gewohnte Glaubenssätze in Zweifel zu ziehen und durch andere zu ersetzen, sichere Gewohnheiten zu verlassen und mit Mut und Risikobereitschaft die begrenzenden Muster zu sprengen und Dinge zu tun, vor denen man sich früher eher gescheut hat.

Nun verändern sich die meisten Menschen aber nur sehr ungerne, selbst wenn ihnen die Veränderung bessere Möglichkeiten bietet, die Dinge so zu gestalten, wie sie es wollen oder brauchen. Das, wie man ist oder wie und was man tut, hat man sich jahrelang, oft mühsam, erarbeitet und man will es deshalb auch so lassen und nicht wegen irgendeiner Verbesserung in Frage stellen oder gar umgestalten. Außerdem macht Verändern zumindest in der Übergangsphase zwischen „alt" und „neu" unsicher. Viele Menschen tun alles, um Unsicherheit zu vermeiden und nicht um Sicherheit, vielleicht auf höherem Niveau, zu gewinnen. Und: viele Führungskräfte „dürfen" nach dem gezeichneten Bild in Businesszeitschriften, Werbung und Führungsliteratur nicht unsicher sein, sonst verlieren sie ihre Autorität – zumindest glauben sie das. Aber sich entwickeln geht nur durch innere Veränderungsprozesse, und Veränderungsprozesse machen, wenn auch nur kurzfristig, unsicher. Ein Dilemma.

Der dritte Faktor – neben der Orientierung in der Führungsrolle und dem Aufbau einer erhöhten Selbstreflexion –, der zum Erweitern oder zum Entwickeln der Führungsqualität notwendig ist, gründet sich auf Annahmen über die Verstehbarkeit von anderen Menschen. Die mögliche Palette reicht von: „Menschen sind leicht zu verstehen, kennst du einen, kennst du alle" bis „Menschen sind überhaupt nicht verstehbar." Es geht um „Empathie" und die Wahrheit liegt natürlich eher in der Mitte aber mehr zum „Unverstehbaren" hin. Das Wahrnehmen, Denken und Fühlen von Menschen ist irrsinnig komplex. Wie oben schon einmal formuliert: Jeder Mensch ist in seinem Erleben, in seinem Verarbeiten und in seiner Persönlichkeit ein „eigenes, ganzes Universum". Das ist nichts für Führungskräfte, die es gerne überschaubar haben. Sie schauen lieber nicht so genau hin und in der Oberflächlichkeit lassen sich durchaus einige Kategorien, in die man Menschen typisieren und menschliches Verhalten einordnen kann, bilden. Sorgt man dann dafür, dass keine komplexeren Informationen über die einzelnen Menschen durchdringen, kann man das selbst gebastelte Konzept über „das Allgemeine des Menschen" lange behalten. So kommt es, dass einige Führungskräfte in ihrem Führungshandeln mit dem doch auf den Menschen sehr eingeschränkt übertragbaren Konzept der „Schäferhundausbildung" oder der „PC-Steuerung" arbeiten.

Nun ja, ein bisschen Polemik sei erlaubt. Damit wir uns nicht missverstehen: Komplexitätsreduktion ist ein notwendiges Verarbeitungskonzept, ohne das wir uns in dieser Welt nicht orientieren und damit nicht zielorientiert bewegen können. Aber auch hier gilt, wie überall auf diesem Planeten, das richtige Maß ist entscheidend. Zu wenig macht (unüberschaubar) blind und zu viel macht ebenso blind. Will man einen Wald betrachten, so stört für die Erfassung des Phänomens „Wald" die Analyse einzelner Bäume oder deren Blattstrukturen. Der grüne Fleck auf der Landkarte ist aber, will ich diesen Wald durchqueren, ebenso wenig aussagekräftig, da ich so nicht weiß, um welche Art von Pflanzen es sich handelt, wie der Wald strukturiert ist, welche kleinen oder größeren Wege oder Lichtungen vorhanden sind, wie es um den ökologischen Zustand bestellt ist, usw. – ich kenne von der Karte nur die Umrisse. Die richtige Ebene der Feinstruktur ist das Geheimnis. Und die Auswahl der Feinstruktur-Ebene ist abhängig von den Verhaltenszielen, für die ich diese Betrachtung und Analyse brauche.

Schauen wir uns also die genannten drei Orientierungsbereiche genauer an. Die Frage, die uns beschäftigt, lautet nicht: „*Was* muss ich als Führungskraft lernen?", sondern: „*Wie* genau orientiere ich mich in den drei Bereichen: Rolle, Selbstreflexion und Empathie?" Und, „was genau muss ich dafür wissen (Verstehensmodelle)?" Diese drei Bereiche stellen den Schlüssel zur erfolgreichen individuellen Erweiterung der persönlichen Führungskompetenz und -qualität dar.

Die Rolle als Führungskraft

„Vielleicht wird die Qualität der Führungskräfte bald einziger Wettbewerbsvorteil sein."

[Helmut Maucher]

Führen ist das Entwickeln und zielorientierte „Bewegen" von Organisationen

Um zu überlegen, welche Lernanforderungen mit der Übernahme einer Führungsrolle verbunden sind und wie sie „on the job" erarbeitet werden können, müssen wir uns zunächst klar machen, was die Rolle als Führungskraft eigentlich beinhaltet. Die Übernahme der Führungsrolle ist grundsätzlich verbunden mit dem Auftrag eine Organisation zu steuern, zu entwickeln und zu optimieren. Manchmal beginnt dieser Auftrag damit, diese Organisation zunächst aufzubauen und damit die Struktur dieser Organisation zu gestalten, die notwendigen Prozesse zu definieren und die geeigneten Menschen für die vorher definierten Funktionen zu suchen, auszuwählen und einzustellen. Selbstverständlich hat dieser Start den Vorteil, über die Definition der Prozesse und über die Auswahl der Mitarbeiter (deren jeweilige Fähigkeiten die Qualität der Prozesse und Ergebnisse bewirken) nicht nur von vorneherein eine effiziente Organisation zu „bauen", sondern auch die Kultur dieser Organisation in eine Richtung zu bestimmen.

In vielen Fällen übernimmt man aber eine Organisation, die vielleicht schon seit längerer Zeit existiert und damit „eingefahrene Wege geht" und eine spezifische Kultur entwickelt hat. Dieses zu verändern oder weiterzuentwickeln kann schwierig sein, da sich Organisationen – genauso wie Menschen – nicht gerne verändern. Der Auftrag besteht nun darin, die Organisation so zu steuern, dass – wenn alles gut vorbereitet ist – hoffentlich[6] vorher definierte Ergebnisse bzw. Ziele zu einem hoffentlich festgelegten Zeitpunkt erreicht werden. An dieser Stelle sei deutlich gemacht, dass die Formulierung „die Organisationen steuern" wirklich ernst gemeint ist. Es gab eine Zeit, in der Organisationen sehr patriarchalisch und autoritär geführt wurden. Einer hatte das Sagen und ließ dies wie selbstverständlich umsetzen. Diese Zeit, wo das Mitdenken verboten war und die Selbständigkeit der Mitarbeiter sehr gering war,

---

6   Das „hoffentlich" bezieht sich auf meine Erfahrung, dass auch leider heute noch in vielen Unternehmen eine saubere Zielvereinbarung (mit den zuständigen Führungskräften) nicht zum Alltag gehört. Meist existieren lediglich quantitative Vereinbarungen.

ist zum Glück vorbei. Aber heute haben wir es oft mit dem entgegengesetzten Problem zu tun. In vielen Steuerungsteams sind nicht Selbstständigkeit und Freiheit, sondern das für Organisationen destruktive Extrem derselben, „Orientierungslosigkeit" an der Tagesordnung. Sobald nicht mehr klar ist, wo der Weg hinführen soll und wo die Grenzen der unterschiedlichen Positionen und der damit verbundenen Auseinandersetzungen sind, regiert das persönliche Interesse. Die Betrachtung der Auswirkungen auf den Unternehmenserfolg tritt in den Hintergrund und stattdessen machen sich persönliche Interessen hinsichtlich Macht und Einfluss, persönlicher wirtschaftlicher Vorteile oder der individuellen Karriereplanung breit. Teamarbeit, Konsensprozesse und gemeinsame Steuerung sind wichtig, aber es gibt Grenzen. Diese verlaufen leider je nach Unternehmenskontext immer anders. Zu vermeiden ist die Orientierungslosigkeit, die man oft an der unachtsamen Handhabung von Ressourcen erkennen kann.

Organisationen, besser Systeme, sind aus der Sicht des Gesamtunternehmens Subsysteme, die ihre eigene Dynamik entwickeln können. Wichtig ist, dass die Subsysteme aus der Sicht des übergeordneten Subsystems oder Gesamtsystems lediglich einen Prozessfaktor darstellen. Damit ist die Rolle auf der übergeordneten Systemebene eine andere als die, welche man in seiner eigenen Organisation, für die man als Führungskraft zuständig ist, innehat. Die Rolle im bzw. für das Gesamtunternehmen lässt sich besser als „Funktion" beschreiben.

Die „Funktion" der Führungskraft

Eine Funktion ist so etwas wie die grundsätzlichste Aufgabe eines Subsystems oder eines Prozessabschnittes hinsichtlich der Wertschöpfungskette des Unternehmens. Es ist erstaunlich, wie schwer es Führungskräften fällt, die eigene Funktion zu beschreiben. Es handelt sich dabei nicht um die „Position" oder um „irgendeine untergeordnete Aufgabe", sondern die spezifische Gesamtleistung des Bereichs, für die die einzelne Führungskraft zuständig ist, um damit als Teilleistung die Gesamtleistung des Unternehmens zu sichern. Die einzelnen Funktionen sind über Schnittstellen miteinander verzahnt und ergeben zusammen die Gesamtleistung des Unternehmens am Markt bzw. für den einzelnen Kunden. Selbstverständlich können Unternehmensbereiche oder Subsysteme des Unternehmens verschiedene Funktionen gleichzeitig haben. So kann zum Beispiel die Funktion des Vertriebes sein, die Leistungen eines Unternehmens dem potenziellen Kunden zur Kenntnis zu bringen, ihm die spezifische Leistung hinsichtlich seines Wertschöpfungsprozesses nutzbar zu machen und im eigenen Unternehmen dafür zu sorgen, dass die Entwicklung oder die Produktion weiß, was die Kunden aktuell wirklich brauchen. Hat man die Funktion des eigenen Bereichs nicht klar definiert und mit den anderen Bereichen abgestimmt, kann man sie auch den Mitarbeitern, die diese Funktion in Teilbereichen umsetzen sollen, nicht erklären. Ohne definierte Funktion machen Zielbestimmungen für das jeweilige Subsystem keinen Sinn. Denn Ziele erfüllen die Funktion.

Somit ist eine Organisationssteuerung, ohne die eigentliche Funktion des Subsystems zu kennen, sie den Mitarbeitern zu vermitteln und sie in angemessenen Prozessabläufen zu realisieren, ein unverantwortlicher und bedeutungsloser Aktionismus. Zur Erklärung dient ein "verrücktes" Beispiel: Ein Hammer hat die Funktion, die Kraft, mit der Sie einen Nagel in die Wand treiben möchten, auf den Nagelkopf zu lenken und zwar so, dass so wenig Energie wie möglich durch die Eigenart des schlagenden Materials in sich verloren geht. Indem das Werkzeug die ergonomischen Bedingungen, die durch den Benutzer (menschlicher Körper) gestellt werden, berücksichtigt, ist auch die Verletzungsgefahr minimiert. Durch Nutzung der physikalischen Fliehkraft wird die Energie des Benutzers verstärkt.

Selbstverständlich kann der Hammer auch zum Beispiel durch ein Cowboy spielendes Kind phantasievoll als Gewehr benutzt werden und erhält damit eine ganz andere Funktion. In der ersten Funktion hätten die drei Kerben auf dem Hammerstiel keine Bedeutung außer vielleicht, dass sie Auskunft geben über das Alter des Werkzeuges, die Sorgsamkeit des Benutzers oder die Empfindlichkeit des Holzes. Im Rahmen der zweiten Funktion geben sie Auskunft über die damit erschossenen "Duellgegner" und sind damit Statussymbol. Funktionen legen also die Bedeutungen von Tatsachen und Geschehnissen fest.

Natürlich hat jeder Mitarbeiter irgendeine Funktionsbeschreibung der eigenen Abteilung "im Kopf" – meistens aber mehr "im Gefühl" – und sein Verhalten ist vor dem Hintergrund dieser Funktionsdefinition verstehbar. Die Funktionsdefinition muss aber nicht – wenn sie nicht eindeutig und zusammen mit dem Vorgesetzten definiert wurde – die "richtige" sein. So kann die Funktionsbeschreibung eines für Qualitätssicherung zuständigen Mitarbeiters in einem Autozulieferer-Produktionsbetrieb sein, den Output von fehlerhaften Teilen zu minimieren. Er erfüllt diese Funktion, indem er versucht, auf die Prozesse der Produktion Einfluss zu nehmen. Die Funktion hieße "Produktionsüberwachung". Die Geschäftsleitung sieht seine Funktion aber hauptsächlich in der umsetzungsorientierten und qualitätssichernden Steuerung der Produktionsplanung in der er, im Rahmen des Entwicklungsprozesses mit der Automobilfirma die Machbarkeitsinteressen des Zulieferers vertreten soll. Hier hieße die Funktionsbeschreibung "Aushandeln von Kompatibilität zwischen Qualitätserwartungen des Auftraggebers und den technischen und sonstigen Möglichkeiten des Zulieferers". In beiden Funktionsdefinitionen ist das jeweilige Verhalten kompetent. Da die beiden (Geschäftsführer und Mitarbeiter) sich aber hinsichtlich der differenten Funktionsdefinition nicht austauschen, erfüllt der Mitarbeiter aus der Sicht der Geschäftsleitung nicht die Anforderungen und wird nach einiger Zeit durch einen "kompetenteren" Mitarbeiter ersetzt. Dieser denkt sich dann wiederum eine ganz andere Funktionsdefinition aus – und so weiter.

Ein Kellner kann seine Funktion in einem "sehr einfachen" Restaurant als Transportlogistik zwischen Küche und Tisch verstehen. In einem "sehr guten" Restaurant sollte er sie eher verstehen als "Ich bin zuständig für einen angenehmen, entspannenden und kulinarisch interessanten Abend *meines* Gastes." Jede Funktionsbeschreibung führt zu sehr unterschiedlichen Aufgaben und damit verbundenem Verhalten, aber setzt auch sehr unterschiedliche Kompetenzen voraus.

Die Funktionsbeschreibung ist noch nicht alles. Hinzu gesellt sich die Frage, in oder mit welchem *Selbstverständnis* diese Funktion wahrgenommen wird. In unserem Beispiel könnten die beiden sehr unterschiedlichen Kellnerfunktionen wiederum mit einem sehr unterschiedlichen Selbstverständnis "gelebt" werden. Das Selbstverständnis definiert die Qualitätsansprüche an die Funktion. So kann die Funktion „Transport zwischen Küche und Tisch" mit dem Selbstverständnis verbunden sein, das Essen, aus Temperaturgründen, so schnell wie möglich zum Gast zu transportieren Die Funktion beschreibt also die eigentliche Aufgabe eines Subsystems (Teilorganisation) im Wertschöpfungsprozess des Unternehmens und das damit verbundene Selbstverständnis definiert die zusätzlichen Qualitätsanforderungen an diese Funktion.

Das Delegieren von Verantwortung

Führungskräfte haben den Auftrag, eine Organisation oder Teilorganisation – ein Subsystem – zu steuern und das ziel- bzw. ergebnisorientiert. Diese Aufgabe wurde an Sie delegiert und hoffentlich auch die damit verbundene Verantwortung. Denn zwischen der Delegation einer Aufgabe und der Delegation einer ergebnisbezogenen Verantwortung klafft im Selbstverständnis einer Führungskraft ein großer Unterschied. Letzteres ist allumfassend und erlaubt keine Ausreden. Es verlangt aber auch vom direkten Vorgesetzten, dass dieser sich aus operativen Maßnahmen weitgehend heraushält, eine Anforderung, an der viele Chefs scheitern. Das gilt selbstverständlich auch für die Führungskraft selbst, bezogen auf ihre Mitarbeiter. So gesehen setzt die Rolle als Führungskraft eine gewisse „Leidensfähigkeit" voraus, nämlich auszuhalten, viele Dinge nicht mehr selber tun zu dürfen, obwohl man Spaß daran hätte, obwohl die Mitarbeiter dazu auffordern und – noch schlimmer – obwohl man es vielleicht besser könnte.

Grundlage dieser Haltung ist eine Entscheidung: die Entscheidung, mit *selbstständigen* Mitarbeitern *zusammenarbeiten* zu wollen. Selbstständige Mitarbeiter sind Mitarbeiter, die keine ständigen Impulse brauchen, sondern selbstmotiviert und eigenständig Verantwortung für übertragene Aufgaben und verabredete Ziele übernehmen. Hat ein solcher Mitarbeiter ein Problem im Rahmen seiner Aufgaben, ist es Aufgabe der Führungskraft, ihn zu beraten oder ihn in seiner Kompetenz zu „entwickeln", mit dem Ziel, dass der Mitarbeiter das Problem oder die Anforderung beim zweiten Mal eigenständig lösen oder meistern kann.

Dies stellt besonders zwei Kategorien von Führungskräften vor fast überfordernde Anforderungen: Erstens die unsicheren Führungskräfte. Jeden Kompetenzaufbau ihrer Mitarbeiter erleben diese Führungskräfte als Bedrohung ihrer Position. Eigentlich arbeiten sie mit ihren Mitarbeitern nicht zusammen, sondern stehen mit diesen im Wettbewerb. Und sie tun alles, um diesen Wettbewerb zu gewinnen – auch um den Preis, ihre Mitarbeiter inkompetent zu halten und damit die Ziele und den Erfolg des Unternehmens zu gefährden. Die zweite Kategorie von Führungskräften, die es schwer haben Verantwortung zu delegieren, sind die selbstgefälligen oder eitlen Führungskräfte. Sie brauchen ein Höchstmaß an Bedeutung. Da das erfolgreiche Entwickeln von Mitarbeitern die eigene Bedeutung langfristig reduziert – natürlich nur in begrenztem Umfang – sie aber *völlige* Bedeutung brauchen, werden sie den Entwicklungsprozess ihrer Mitarbeiter verhindern und natürlich langfristig an der wachsenden Komplexität der zu steuernden Organisation scheitern.

Hinzu kommt ein dritter Aspekt, mit dem man aber, m. E., nicht so streng umgehen sollte: die Lust an bestimmten Tätigkeiten. Selbstverständlich macht es Spaß, als Betriebsleiter einer Baufirma mal wieder einen Radlader richtig einzuparken, als Geschäftsführer eines Softwareunternehmens ein kleines Stück zu programmieren, als Vertriebschef wieder selbst mit „kleineren" Kunden zu sprechen, als Vorstand mal wieder selbst die Farben in einer Powerpoint-Präsentation auszuwählen, oder den Dienstwagen selbst zu fahren, die Kaffeemaschine zu reparieren und so weiter. Je höher man in der Hierarchie „geklettert" ist, desto weniger darf man selbst „Hand anlegen" – obwohl man große Lust dazu hat. Die Lösung: Man gönnt sich hin und wieder etwas – aber bewusst und damit auch offen und nicht mehr hinter der vermeintlichen „Inkompetenz" der Mitarbeiter versteckt.

Selbstständige Mitarbeiter brauchen klare Zielvorgaben. Für viele Führungskräfte ist es aber schwierig, geeignete Zieldefinitionen zu formulieren. Das Schwierige sind dabei meist nicht die quantitativen, sondern die qualitativen Ziele. Manchmal muss es sich um die präzise Beschreibung eines Ergebnisses handeln und manchmal ist lediglich die Definition der Anforderungen an ein Ergebnis notwendig. Manchmal müssen „Punktlandungen" vereinbart werden und manchmal machen eher Suchaufträge, in denen man das Gesuchte noch nicht beschreiben kann, Sinn. Je nach Selbstständigkeit und Kompetenz des Mitarbeiters können Fernziele oder naheliegende Unterziele verabredet werden. Alles das ist erlernbar und kann an dieser Stelle nicht ausführlich behandelt werden. Aber auf einen Aspekte sollte man unbedingt achten: Ziele sind sprachlich gefasste Ergebnisbeschreibungen von Arbeitsprozessen. Und alle Begriffe, die keinen Gegenstand bezeichnen, sondern Zustände oder gar Prozesse (das Klima in der Abteilung, die Beziehung zum Kunden, die Motivation der Mitarbeiter etc.), bergen hinsichtlich ihrer Interpretation die Gefahr von großen Missverständnissen. Sie müssen ausführlich beschrieben oder umfangreich definiert werden, da jeder etwas anderes unter ihnen versteht. Es sei denn, man arbeitet schon sehr lange erfolgreich miteinander und hat damit schon viele unterschiedliche Interpretationen abgeglichen; durch einen hohen Austausch oder durch miteinander ausgewertete gemeinsame Erfahrungen. Es ist immer wieder erstaunlich, wie überrascht Führungskräfte sind, wenn sie feststellen, dass sich ihre Mitarbeiter unter dem, was sie gemeinsam definiert haben, etwas völlig anderes vorgestellt haben. Je höher die Führungsebene, desto häufiger und größer ist die Überraschung. Das hängt natürlich zusammen mit der nach „oben" zunehmenden Selbstständigkeit der zu führenden Mitarbeiter wie aber auch durch die „nach oben" zunehmende Verbreitung der Annahme, dass alle Menschen so wahrnehmen, denken, fühlen und interpretieren, wie man selbst.

Eines ist auf jeden Fall klar: Ohne Ziele bzw. ohne (wirklichen) Konsens hinsichtlich der Ziele (was noch mal zwei verschiedene Sachen sein können), macht jeder was er oder sie für richtig hält. Und das ist das Gegenteil von „alle Kräfte auf eine Richtung zu konzentrieren oder auf einen Punkt zu focussieren".

Mit den Zielen verhält es sich wie mit den Funktionen: Das jeweilige Ziel ist ein „Unterziel" des übergeordneten Subsystems. So macht die Definition von Zielen nur „von oben nach unten" Sinn. Nun kommt es aber vor – und das leider gar nicht so selten – dass die Führungskraft die übergeordneten Ziele und Strategien nicht kennt. Entweder, weil das Unternehmen keine Lust hat (meist aus Angst), sich festzulegen oder dies aus verschiedensten Gründen nicht kann oder möchte. Dann müssen trotzdem Ziele nach unten definiert werden und das damit verbundene Risiko „daneben zu liegen" ist meist geringer als im Chaos zu scheitern.

Die Eitelkeit – eine schwierige Behinderung

Aber kommen wir in diesem Zusammenhang noch einmal zurück auf die „Eitelkeit" und die mit ihr einhergehende „Arroganz". Ein wichtiges Thema. Deshalb sei ein kleiner Exkurs erlaubt.

Reinhard Mohn[7] hat in einem bemerkenswert direkten Appell an die Verantwortung des Unternehmers (Vorstand, Geschäftsführer) auf die Gefahren der „Eitelkeit" für die Unternehmenssteuerung hingewiesen. Er moniert, dass beim Versagen eines Managers dessen charakterliche Mängel, die aus seiner Sicht in erster Linie das „Straucheln" bewirkt haben, selten zum Thema gemacht bzw. als Gründe des Scheiterns genannt werden.

> „Der eitle Manager ist leicht verletzlich. Schon eine nach seiner Meinung unzureichende Beachtung irritiert ihn maßlos. Seine Angst vor einem Misserfolg ist übersteigert. (…) Selbst berechtigte Kritik kann er nicht akzeptieren und empfindet sie als persönlichen Angriff. Allen Gerüchten geht er nach und hält für ganz wichtig, „was die Leute sagen". Entspricht ihr Urteil nicht seinen Vorstellungen, so deprimiert ihn das über alle Maßen. Als Konsequenz flüchtet er sich nicht selten in die Isolierung und verschließt sich jeder Kritik. (…) Seine Untergebenen wissen, dass ihr Rat weder gewünscht ist noch akzeptiert wird und dass Widerspruch für sie eine persönliche Gefahr bedeutet. So ist schließlich dieser Manager nur noch von „Ja-Sagern" und Schmeichlern umgeben. – Dass eine solche Entwicklung zu einem schlimmen Ende führen muss, ist allen klar – nur dem Betroffenen selbst nicht."[8]

Er kritisiert den heutigen „Kult um den Top-Manager", was zu dem „führungstechnischen Fehler" führt, alle Entscheidungen an der Spitze zu zentrieren und sieht die Gefahr, dass „egoistische Motive" manche Manager dazu verleiten, das persönliche Interesse über das des Unternehmen zu stellen. Und:

„Wer sich (…) durch Eitelkeit und falschen Ehrgeiz verführen lässt, mehr Verantwortung zu übernehmen, als er tragen kann, wird leicht versucht sein, seine unzureichende Befähigung durch eine überhöhte Selbstdarstellung zu kompensieren."

Was für Top-Manager gilt, gilt auch für viele Führungskräfte aller Hierarchiestufen. Die Auswirkungen bzw. die Schäden sind nur nicht so gewaltig wie bei den Fehlern großer „Unternehmenslenker".

---

7 Reinhard Mohn, „Die Eitelkeit im Leben des Manager", Verlag Bertelsmann Stiftung, Gütersloh 2002
8 ebenda, Seite 18

Die Eitelkeit – eine schwierige Behinderung

Die Eitelkeit ist die schwierigste „Behinderung" einer Führungskraft denn sie wird erst spät durch die „eitle Führungskraft" selbst bemerkt. Verhalten, welches durch Eitelkeit begründet ist, befriedigt das Ego aber dient nicht den Zielen der Organisation. Hinzu kommt, dass diese „Befriedigung" keine wirkliche Befriedigung ist, da die zugrundeliegenden Fragen: „Bin ich wirklich gut?", „Bin ich wirklich akzeptiert?", „Bin ich wirklich angenommen?", „Reiche ich anderen Menschen wirklich?", nicht grundlegend und damit „befriedigend" beantwortet werden.

Jeder Mensch ist natürlich bestrebt mit einem hohen „Selbstwert[9]" und einem gesunden Selbstbewusstsein zu leben und zu arbeiten. Und jede Kränkung dieses Zustandes „schmerzt". Wirklich eitle Menschen leiden unter einer alten, „chronischen Kränkung" auf die sie im Laufe des Lebens ein ganzes System von Widerholungen und Abwehrstrategien aufgebaut haben. Ihre Orientierung in dieser Welt ist geprägt von einem grundlegenden „Selbstwertdefekt," den sie selbst nicht mehr wahrnehmen können, da sie sich dafür der "dahinter liegenden" Unsicherheit und Angst aussetzen müssten, um dann festzustellen zu können, dass sie gar nicht so schlecht sind, wie sie insgeheim befürchtet haben. Stattdessen bauen sie ein „hochpotentes" Bild von sich selbst, das sie vor sich hertragen. Die „narzisstische Struktur"[10], die oft der Eitelkeit zugrunde liegt, geht einher mit einem starken Streben nach Unabhängigkeit. Dieses übermäßige Streben nach Unabhängigkeit ist begründet in der frühen Erfahrung (oft als Säugling oder Kleinkind) das, was man dringend gebraucht hätte – die Befriedigung der eigenen Bedürfnisse durch die Eltern, notwendige Aufmerksamkeit und Zuwendung, Anerkennung und Liebe – nicht bekommen zu haben. So wird es zur Überlebensstrategie, sich in der Befriedigung der Bedürfnisse, in der Sicherung von Sicherheit und Geborgenheit und in der Anerkennung von anderen Menschen unabhängig zu machen. Diese vermeintliche Unabhängigkeit reduziert die Frustration und die negativen Abhängigkeitserfahrungen. So steigert man sich in eine „künstliche" Selbstverliebtheit, denn wer liebt einen sonst? Hinzu kommt, dass natürlich die tiefe Kränkung und Verletzung durch die frühen Defizite an Anerkennung, Zuneigung und Geborgenheit, danach streben, endlich von Anderen gesehen, bestätigt und durch Bewunderung, und Anerkennung „geheilt" zu werden. Da aber die Angst vor wirklichem Kontakt oder Nähe in zwischenmenschlichen Beziehungen weiterhin groß ist, muss die Anerkennung formal herbeigeführt werden: durch Bewunderung von Leistung oder Attraktivität. Da man sich aber nicht wirklich von der Anerkennung durch andere Menschen abhängig machen möchte, darf die zuteilgewordene Anerkennung nicht wirklich befriedigend sein – ein Teufelskreis.

Die hier dargestellte innerpsychische Struktur ist natürlich bei den Menschen, die wir als „von Eitelkeit gesteuert" beschreiben, mehr oder weniger vorhanden und zeigt sich in unterschiedlichsten Ausprägungen. Aber der herausgehobene und von Macht geprägte Job als Führungskraft bietet ein überaus günstiges Feld für das Ausleben von Eitelkeiten. Für andere Menschen ist es sehr schwierig dahinter das Selbstwertdefizit zu sehen. Und: es nützt nichts, wenn man an einen eitlen Chef gerät. Man kann ihn weder ändern noch auf Dauer aushalten.

---

9   Zum Begriff „Selbstwert" siehe Kapitel 3, Seite 119 – 124
10 Siehe hierzu: Otto F. Kernberg und Hans-Peter Hartmann, „Narzissmus", Schattauer Verlag, Stuttgart 2006

So finden wir „eitle Führungskräfte" und ihr ihnen in allen Funktionen der Wirtschaftswelt unbewusst angstgesteuertes Verhalten. Die damit einhergehende Kompensation durch eben Eitelkeit und Arroganz lähmt die Prozesse durch unnötige „Allüren" und demotiviert die Mitarbeiter in ihrer Leistungsbereitschaft.

So manche Führungskraft (auch ohne narzisstische Kränkung) ist manchmal geneigt zu glauben, dass sie nicht nur bestimmte Fähigkeiten hat, die sie von ihren Mitarbeitern unterscheidet, sondern dass sie tatsächlich ein „besserer" Mensch sei – was natürlich töricht ist. Dies zu glauben behindert die Zusammenarbeit, reduziert die Akzeptanz (das Gegenteil war eigentlich beabsichtigt), verhindert gegenseitiges Vertrauen und führt dazu, dass die Führungskraft den Kontakt zur „operativen Basis" verliert bzw. diesen Kontakt (Informationen) durch ein „Mehr" an Kontrolle und Sanktionen erhalten muss.

Sobald man bemerkt, dass man sich „einen Zacken aus der Krone bricht", ist es ratsam, die Krone einfach abzusetzen und, wenn es denn sein muss, sie zuhause mit Freunden zu tragen, aber nicht am Arbeitsplatz. Bleibt die „Krone" resistent auf dem Kopf (wie festgeklebt) empfiehlt sich Coaching (oder gar eine Therapie). Grundsätzlich ist Achtung geboten: Der Job als Führungskraft verführt täglich zu Eitelkeiten, die den Blick auf das Wesentliche (Ziele, Aufgaben, Ergebnisse, partnerschaftliche Zusammenarbeit) verstellen. Es gehört zu einer hohen Führungsqualität diesen „Verführungen" widerstehen zu können, ohne in persönliche Krisen zu geraten.

Informationsprozesse managen

Selbstständige Mitarbeiter brauchen für die effiziente Lösung ihrer Aufgaben Informationen. Jede Führungskraft ist dafür zuständig, die Informationsprozesse, welche für das jeweilige Subsystem (Abteilung) oder das Aufgabenfeld des jeweiligen Mitarbeiters relevant[11] sind, in geeigneter Aktualität und Qualität zur Verfügung zu stellen. Zusätzlich müssen natürlich die relevanten Informationen aus dem „eigenen" Subsystem (wiederum aktuell und qualitativ) in schnittstellenverbundene Systeme wie auch zum nächst „höheren" Subsystem „fließen.". Jedoch geht hier die Zuständigkeit der Führungskraft weiter als lediglich die angebotenen Informationen hindurchfließen zu lassen: Die Führungskraft selbst muss die benötigten Informationen definieren und die nicht dem Subsystem zur Verfügung gestellten Informationen aktiv einholen, zugänglich machen und zum Gebrauch (hinsichtlich Aufgaben und Kultur) aufbereiten. Dafür sollte der Widerstand der höheren Ebene, diese Informationen bereitzustellen, die Führungskraft nicht entmutigen oder gar abhalten. Viele Vorgesetzte sind nicht in der Lage, den wirklich notwendigen Informationsbedarf für die jeweiligen Subsysteme zu definieren und geeignete „Austauschwerkzeuge" zu schaffen. Manchmal haben sie auch einfach keine Lust, sich darum zu kümmern, verfügen vielleicht nicht über die notwendige Empathie oder versehen bestimmte Informationen mit einer „Hol-Struktur." Dabei übersehen sie, das

---

11   Relevant bezieht sich dabei auf die Informationen, für die jeweiligen Arbeitsprozesse wie auch die Informationen, die für die Gestaltung einer beabsichtigten Kultur notwendig sind.

Informationen Arbeitsbedingungen sind, welche die Qualität der Arbeitsergebnisse oder überhaupt erst die Arbeitsergebnisse ermöglichen.

Unternehmer im Unternehmen

Grundsätzlich sollte es zur Haltung einer Führungskraft gehören, den zu verantwortenden Bereich (z. B. Abteilung) als „das eigene kleine Unternehmen" zu betrachten, welches Ziele verfolgt, Ergebnisse erwirtschaftet und an dessen Effizienz und Produktivität immer wieder optimierend gearbeitet werden muss. Erfolgreiche Führungskräfte unterscheiden sich in ihrem Grad der Identifikation mit den übernommenen Aufgaben und Zielen. „Meine Abteilung", „mein Bereich", „meine Mitarbeiter", „meine Kultur", das hört sich vielleicht etwas theatralisch an, aber je mehr etwas mit mir selbst verbunden ist, desto mehr fühle ich mich dazu veranlasst, wirklich die Verantwortung zu übernehmen und die Dinge so zu gestalten, wie sie sein sollen. Nur die Mitarbeiter, die ich „innerlich adoptiere" (für deren Entwicklung ich mich verantwortlich fühle), kann ich angemessen in ihrer Arbeit unterstützen und in ihren Fähigkeiten entwickeln. Nur für die Prozesse, die mir „am Herzen liegen" engagiere ich mich so, dass geeignete Quantitäten und Qualitäten erreicht werden. Um Ansprüche an etwas zu stellen, muss ich mich identifizieren – es mir „zu eigen" machen. Ich warte nicht auf die Arbeitsbedingungen (einschließlich der relevanten Informationen), die mir von meinem Vorgesetzten „gestellt" werden, sondern ich schaffe sie selbst – auch gegen Widerstände.

„Kulturen" gestalten

Jedes Unternehmen und auch jeder „Teil" eines Unternehmens hat eine eigene Kultur. Die Frage ist nur: handelt es sich um eine Kultur, welche die Quantität und vor allen Dingen die Qualität und die Effizienz der Arbeitsprozesse – und damit der Ergebnisse – unterstützt? Handelt es sich um eine Kultur, die überhaupt mit dem Erreichen der gesetzten Ziele kompatibel ist? Kulturen werden kreiert durch die handlungs- und interaktionsrelevanten Werte, Normen und Regeln eines Systems. Sie sind zum Teil bewusst definiert und können dann von den Mitgliedern der Gemeinschaft reflektiert werden. Der größte Teil dieser Regeln und Normen ist aber unbewusst, unausgesprochen, nie verbal definiert und verabredet worden, aber dennoch vorhanden und steuerungsrelevant aktiv. Werte und Normen entstehen auf vielfältige Weise: durch die Werte, Normen und Regeln des Großsystems oder der jeweiligen Branche, durch Anpassung und Anforderungsbewältigung und den daraus resultierenden Erfahrungen, durch das Verhalten von Schlüsselpersonen, durch die Mythen und Geschichten des Unternehmens und selbstverständlich durch die Werte der führenden Personen. Kultur ist aber nicht die Summe aller Werte der handelnden Menschen in einem System und auch nicht die Schnittmenge dieser Werte, sondern etwas Eigenes. Es ist oft schwer vorstellbar, dass eine Gruppe (oder ein Unternehmen) systemisch betrachtet ein „eigenes Wesen" hat. Es agiert, um sich selbst in der gewachsenen Struktur zu erhalten. Und „es" hat dabei eine eigene Identität. Die vorhandenen Werte gehören zu dieser Identität, wie bei einem einzelnen Menschen auch.

Und wie bei einem einzelnen Menschen hat die Identität des Systems – zum Beispiel ein gesamtes Unternehmen (System) oder eine Abteilung (Subsystem) – auch ein Bild von sich selbst. Und manchmal passiert folgendes: Das vorhandene „Selbstbild" muss nicht notwendigerweise das, was das System ist und kann, realistisch wiedergeben. Wie beim einzelnen Menschen kann zwischen „Selbst- und Fremdbild" eine erhebliche Diskrepanz bestehen. Das Selbstbild kann positiver, kompetenter, spezialisierter, attraktiver, bedeutsamer, erfolgreicher (oder gegenteilig) sein. Die Werte und Normen, welche in diesem Fall das Verhalten der Beteiligten „steuern", dienen dann dazu, das Selbstbild zu erhalten und nicht (wie es sein sollte) dazu, sich „realistisch" von dem Ist-Zustand zum Soll-Zustand zu bewegen. Die Anerkennung des wirklichen Ist-Zustandes würde eine Kränkung zur Folge haben. Diese umgeht das System, indem es so tut, als sei der Soll-Zustand im Wesentlichen schon erreicht. Die gleichen Prozesse kennen wir selbstverständlich auch von einzelnen Menschen bzw. von uns selbst. Für Organisationen führt dieser Prozess zu Unflexibilität und (als Abwehrstrategie) zur Abschottung.

Kulturen sind veränder- und gestaltbar. Um qualitativ hochwertige Ergebnisse zu schaffen, muss die Führungskraft neben Strukturen, Prozessen auch die „Kultur" ihres Aufgabenbereichs so gestalten, dass sie die Lösung der Aufgaben, das Erreichen der Ziele und damit die Umsetzung der Strategien unterstützt. Um Unternehmenskulturen zu verändern oder weiter zu entwickeln, muss die verantwortliche Führungskraft vor allem ihr eigenes Verhalten und ihr „Agieren" in der Organisation betrachten. Wie bewertet sie die Haltungen und das Verhalten der Mitarbeiter, wie behandelt sie Konfliktsituationen, wie definiert sie richtig, falsch oder erfolgreich? Dabei gibt es einen großen Unterschied zwischen dem tatsächlichen Verhalten und Bewerten und dem, was die Führungskraft meint zu bewerten. Was zählt ist, was tatsächlich stattfindet. Die Betrachtung, „jede Führungskraft hat die Kultur, die sie verdient", stimmt.

Um die Kultur zu verändern, müssen spezifische Prozesse, Interaktionen oder das einzelne Verhalten anders gestaltet und bewertet werden als vorher, und zwar auf der realen Handlungsebene. Die Erstellung eines neuen Leitbildes hilft da nur begrenzt. Das Schwierigste aber ist, den Widerstand des Systems und damit der einzelnen Menschen auszuhalten, der damit oft unweigerlich verbunden ist. Denn Kulturen wollen sich erhalten, egal wie sie sind. Das kann zuweilen sehr einsam, verunsichernd und zermürbend sein. Deswegen empfiehlt es sich, diesen herausfordernden Prozess nicht alleine anzugehen, sondern gemeinsam mit einem Kollegen, Vorgesetzten, einer beratenden Stabsstelle oder zusammen mit einem externen Berater. Der interessierte Leser findet ausführlichere wissenschaftliche und unternehmenspraktische Theorien und Erfahrungsberichte bei Rupert Lay[12] und der Bertelsmann Stiftung.[13] Versuchen Sie einmal die Kultur, die Sie in Ihrem Subsystem „leben" wollen schriftlich zu definieren und vergleichen Sie diese dann mit Ihrem Verhalten und dem Verhalten anderer wichtiger Personen – Sie werden vielleicht erstaunt sein.

---

12 Rupert Lay, " Über die Kultur des Unternehmens", Econ Verlag, Düsseldorf u. München 1997
13 Sonja A. Sackmann, "Erfolgsfaktor Unternehmenskultur", Gabler Verlag, Wiesbaden 2004

Habe ich eine „brauchbare" Kultur annähernd entwickelt, muss ich sie auch schützen. Oft werden sinnvolle Kulturen eines Subsystems durch massive Störungen der nächst höheren Ebene zerstört oder belastet. Durch einen „hormonell gesteuerten" Vorgesetzten, der willkürlich eingreift, durch Konflikte oder Desinformationen oder durch die miserable Führungsqualität des Vorgesetzten. Um das zu verhindern, muss die Führungskraft die für sie günstige Kultur schützen. Dabei gibt es drei Arten der Grenzziehung um den „eigenen Bereich": starre Grenzen, diffuse Grenzen, durchlässige Grenzen. Starre Grenzen sind Grenzen, die Systeme abschotten. Sie verhindern jeden wirklichen Kontakt und blockieren die Interaktionsfähigkeit eines Systems. Es findet kein Austausch und kein Feedback mehr statt. Informationen fließen in beide Richtungen nur noch spärlich oder gar nicht. Starre Grenzen sind ungeeignet für Systeme, die hinsichtlich ihres Erfolgs vom Kontakt und vom Austausch mit anderen Systemen leben. Genauso ungeeignet wie starre Grenzen sind diffuse Grenzen. Bei diffusen Grenzen ist die Grenze unklar. Man weiß nicht, wo das System anfängt und wo es aufhört, wer dazugehört und wer nicht. Es findet ein Höchstmaß an Kontakt und Austausch statt. Aber die Interaktionsprozesse sind für die erfolgreiche „Bewegung" der Organisation unbrauchbar, chaotisch und verbrauchen unnötige Energie – sie sind „unfruchtbar". Richtig sind durchlässige Grenzen, welche das Subsystem zur Markierung umgeben, aber notwendigen Kontakt und Austausch zulassen.

Die mitarbeiterbezogenen „Funktionen" einer Führungskraft

Wir haben nun die Rolle der Führungskraft hinsichtlich der Organisationssteuerung und der damit verbundenen Prozessoptimierungsaufgabe beschrieben. Was aber genau ist die Rolle der Führungskraft *bezogen auf die Mitarbeiter*? Wo fängt sie an und wo hört sie auf? Sie ist dreiteilig. Zwei Funktionen sind offen und offiziell: Arbeitsbedingungen schaffen und optimieren und Mitarbeiter entwickeln bzw. in der Entwicklung unterstützen. Hinzu kommt eine dritte, verborgene, unbewusste Funktion, die vielleicht von beiden Seiten nicht erwünscht, aber dennoch nicht zu verhindern ist und nicht selten Probleme macht. Dazu später (es soll ja spannend bleiben). Bei den ersten beiden Aspekten der Rolle, – der Schaffung von Arbeitsbedingungen und der Mitarbeiterentwicklung – kann man unterschiedlicher Meinung sein, wo die Zuständigkeit der Führungskraft beginnt oder endet. Besonders die Mitarbeiterentwicklung bietet die Auswahl von unterschiedlichsten Theorien und Ansichten, auf welche Bereiche der Mitarbeiterpersönlichkeit sich diese „Entwicklungszuständigkeit" bezieht. Das Problem ist: Jede Führungskraft geht erstens von sich aus und richtet sich zweitens nach ihren individuellen (meist begrenzten) Fähigkeiten, andere Menschen weiterzuentwickeln.

Systematisieren wir es noch einmal: Zunächst geht es darum, das Umfeld und die Bedingungen zu schaffen, die es dem Mitarbeiter ermöglichen, seine Arbeitskraft, seine Energie aber auch seine Kreativität oder überhaupt seine Fähigkeiten optimal einzubringen. Es beginnt mit einer klaren Job-Description,[14] welche sich aus den Zielen der Abteilung herleitet (oder des Bereichs, in dem der Mitarbeiter tätig ist). Diese wiederum ergeben sich aus den übergeordneten Zielen des Unternehmens. Der Mitarbeiter muss eine klare Vorstellung seiner „Funktion" im Wertschöpfungsprozess des Unternehmens „vor Augen haben." Diese Vorstellung sollte zwischen Mitarbeiter und Führungskraft Konsens sein. Verbunden mit dieser „Funktionsbeschreibung." die man, wie oben erläutert, auch als übergeordnete Aufgabe bezeichnen könnte, ist das Selbstverständnis, mit dem diese „übergeordnete Aufgabe" erfüllt oder umgesetzt werden soll. Dann benötigt der Mitarbeiter alle notwendigen Arbeitsmittel (auch die Zeit und die Informationen), um diese Funktion vor dem Hintergrund des definierten Selbstverständnisses wahrzunehmen. Die Funktion, die Ziele oder Aufgaben, das dazugehörige Selbstverständnis und die notwendigen Arbeitsbedingungen sollten – am besten zusammen mit einer Leistungsbeurteilung des Mitarbeiters – in einem so genannten Zielvereinbarungsgespräch oder Mitarbeitergespräch „verhandelt" und vereinbart werden. Um diese „Verhandlung" kompetent durchführen zu können, benötigt der Vorgesetzte eine Vorbereitung: Er muss seine gesamte Organisation hinsichtlich der Funktion, der Ziele, der Struktur und der Prozesse konzeptionell „fassen können." Die Abbildung 2 zeigt den „Masterplan", den jede Führungskraft zur Steuerung der Organisation, für die sie zuständig ist, zur Grundlage ihrer Organisationssteuerung „vor Augen" haben sollte. Er ist das Fundament für die Definition der einzelnen Aufgabenfelder (Jobs) und deren „Verzahnung". Das Konzept entsteht, wenn die Fragen in folgender Reihenfolge beantwortet werden:

---

[14] Die Job-Description oder das Job-Design ist mehr als eine Stellenbeschreibung. Beides zielt nicht darauf ab, eine arbeitsrechtliche Situation zu regeln, sondern im Rahmen einer Unternehmenskonzeption für eine spezifische Funktion die Ziele, Aufgaben, Zuständigkeiten und Kompetenzen zu definieren.

Die mitarbeiterbezogenen „Funktionen" einer Führungskraft

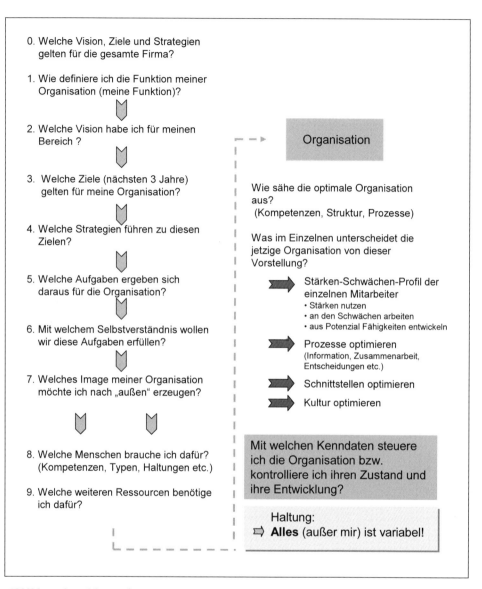

Abbildung 2: Masterplan

Der „Masterplan" definiert damit ebenfalls die zu entwickelnden Kompetenzbereiche des Teams oder einzelner Mitarbeiter.

Mit der zweiten „Aufgabe" der Führungskraft – der Mitarbeiterentwicklung – werden wir uns später (im Abschnitt „Wie genau funktioniert das ‚Entwickeln von Mitarbeitern'") weiter beschäftigen. Zuvor müssen noch vorbereitend einige andere Dinge besprochen werden.

Die Schnittstellen

In den Zuständigkeitsbereich der Führungskraft gehören ebenfalls die Schnittstellen, mit denen die zu verantwortende Organisation (Subsystem) sowohl mit weiteren internen Funktionen des Unternehmens wie auch mit externen Funktionen prozesshaft verbunden ist. Diese Verantwortung zur Sicherstellung der „Schnittstellen-Qualität" wird häufig vom mittleren Management nicht klar und hinreichend wahrgenommen („wahrgenommen" im doppelten Sinne), obwohl gerade das mittlere Management operativ auf das Funktionieren der Schnittstellen angewiesen ist. Meist wähnen sie aber die Verantwortung für die reibungslose Zusammenarbeit verschiedener Funktionen bei ihren Vorgesetzten, die sich allerdings hinsichtlich der Details in dieser Realität, bezogen auf Prozesse und Qualität, wesentlich weniger auskennen. „Unternehmerische Verantwortung" umfasst selbstverständlich auch alle Austauschprozesse „meiner" Organisation mit anderen internen oder externen Organisationsteilen. Nun kommt es aber gerade an den Schnittstellen nicht selten zu Störungen und Konflikten. Meist handelt es sich dabei um zwei Problembereiche. Kategorie 1: die beiden miteinander im Austausch stehenden Organisationsbereiche definieren ihre Funktion und die Funktion des Partners im Schnittstellenbereich unterschiedlich. So kommt es zu gegenseitigen „falschen" Annahmen und Erwartungen. Kategorie 2: das Selbstverständnis der beiden[15] Funktionen, welches die Qualitätsanforderungen beschreibt, kann unterschiedlich sein. Und zwar das Selbstverständnis, welches die eine Seite bezogen auf die Arbeit in ihrer Funktion umsetzen möchte, wie auch das Selbstverständnis, welches von der „Gegenseite" erwartet wird. Und diese Erwartungen existieren ebenfalls (nur meist mit anderen Inhalten) auf der Seite des „Schnittstellenpartners" und dessen Mitarbeitern. Hinzu kommt auch das Selbstverständnis bezogen auf die Zusammenarbeit von beiden Partnern. Es existieren viele Annahmen und Erwartungen, die meist „in the heat of the work" nie ausgetauscht und gegenseitig geklärt werden. Das führt zu vielen komplizierten und unnötig belastenden emotionalen Prozessen.

Daraus folgt: Es ist notwendig die Vorstellungen, die ich bezüglich Funktion und Selbstverständnis für meine Organisation wie auch hinsichtlich der Arbeit des Schnittstellenpartners habe und aus denen dann meine Vorstellungen über unsere Zusammenarbeit resultieren, mit diesem auszutauschen. Die dabei identifizierten Diskrepanzen, die hinsichtlich des Ablaufs sowie der Qualität der Zusammenarbeit wesentlich sind, versuche ich dann zu klären. Lassen sich die Diskrepanzen nicht auf dieser operativen Ebene klären, muss das Problem eine Ebene höher „getragen" werden. Dafür ist es ratsam, die eigene Funktion, das eigene Selbstverständnis sowie die Aufgaben und Ziele der zu führenden Organisation mit dem eigenen Vorgesetzten vorher abgestimmt zu haben. Denn die Schnittstellenproblematik führt dazu, dass man die vereinbarten Aufgaben und Ziele im Rahmen des definierten Funktionsverständnisses und im Rahmen des beschriebenen Selbstverständnisses nicht wie vereinbart bearbeiten und erreichen kann – zumindest nicht mit den dafür vereinbarten Ressourcen. Viele Schnitt-

---

15 Der Einfachheit halber gehen wir von zwei kooperierenden Organisationsteilen aus. In der Realität sind an einer Schnittstelle meist mehrere Funktionen beteiligt und beeinflussen sich in den Austauschprozessen gegenseitig.

stellenprobleme beruhen darauf, dass sich die Zusammenarbeitenden noch nie ihre begründeten Anforderungen und Erwartungen mitgeteilt haben und auf dieser Basis gemeinsam die Prozesse geregelt haben.

Die zwei Haltungen

Um im Sinne der Organisations- und Prozessoptimierung arbeiten zu können, benötigt man eine bestimmte Haltung. Oder besser: eine Wahrnehmungs- und „Denkperspektive", die erst einmal unmenschlich und abschreckend wirkt. Das ist sie auch, wenn ihr nicht eine andere Haltung gegenübergestellt wird. Doch wenn man die Dinge aus unterschiedlichen Perspektiven gleichzeitig betrachtet, lässt sich keine Perspektive genau im Detail denken. Deshalb empfehle ich, das nacheinander zu tun und die Ergebnisse danach zu einem Ganzen zusammenzufügen: Die erste Denk- und Wahrnehmungsperspektive dient also der Prozessoptimierung und lautet: *„Alles ist variabel und hinsichtlich des Ziels oder der Aufgaben frei und damit optimal gestaltbar."* Optimal bedeutet in diesem Zusammenhang zielorientiert, effizient und effektiv. So betrachtet baue ich „in meinem Kopf" ständig eine neue Organisation und neue Prozesse oder optimiere diese Organisation entsprechend den Zielen und den externen und internen Anforderungen. Rücksichtslos ignoriere ich zunächst (denkend, nicht handelnd und auf keinen Fall öffentlich) die firmeninternen Bedingungen und die in meiner Organisation arbeitenden Mitarbeiter. Nur so kann ich in Strukturen, Prozessen und Ressourcen denken, die optimal am Ziel orientiert sind. Danach fallen mir selbstverständlich die Unterschiede zwischen diesem „Sollkonzept" und der tatsächlichen „Ist-Situation" auf (siehe „Masterplan"). Jetzt, nachdem ich die Diskrepanzen sehen kann, muss ich entscheiden, welche Diskrepanzen ich bearbeiten möchte. Dazu muss ich wieder alle Bedingungen, die es in der Realität gibt, sowie ihre Bedeutung für das Unternehmen, die Mitarbeiter wie auch für mich selbst, zulassen. Zu dieser Realität gehören: firmeninterne Regeln und Werte (Unternehmenskultur), die vom Unternehmen zur Verfügung stehenden Mittel, die tatsächlichen Kompetenzen, Haltungen und Persönlichkeiten der einzelnen Mitarbeiter und die zweite „Denkperspektive".

Die zweite Denkperspektive lautet: *Führungskräfte sind dafür zuständig, „Lebenswelten" zu kreieren.* Die Mitarbeiter „leben" in ihrem Arbeitsbereich. Immerhin verbringen sie während ihres Berufslebens den größten Teil ihrer Lebenszeit am Arbeitsplatz. Und selbstverständlich arbeiten sie nicht wie Roboter, sondern haben das Recht auf ihre Bedürfnisse wie zwischenmenschliche Kontakte in einer bestimmten Qualität, sich in der Arbeit sinnvoll zu erleben, sich durch die Arbeit selbst zu verwirklichen und vieles mehr. Diese „Lebenswelten" – oder besser die Bedingungen dafür – müssen durch den Vorgesetzten aktiv „geschaffen" werden. Sie ergeben sich nicht von alleine und sind so unterschiedlich wie jede private Familie ihre eigene Lebenswelt schafft. Selbstverständlich gehören die Aufgaben und Ziele ebenfalls dazu. Die „Lebenswelten" müssen so gestaltet sein, dass die unterschiedlichen Mitarbeiterpersönlichkeiten mit ihren unterschiedlichsten „Ecken und Kanten" gerne miteinander arbeiten, sich aufeinander einlassen und ihre Leistungsbereitschaft und Kreativität einbringen möchten. Diese „Lebenswelten" müssen dafür, im Gegensatz zur oben beschriebenen Variabilität, stabil sein.

Das ist ein Widerspruch, der für viele Führungskräfte nur schwer aushaltbar aber als Anforderung vorhanden ist, um mit hoher Qualität den Führungsjob zu managen. Viele Führungskräfte versuchen dieses m. E. nur manchmal unlösbare Dilemma dadurch zu lösen, dass sie sich in Gänze für eine Perspektive oder Aufgabe entscheiden und damit die andere vernachlässigen oder gar ganz ausblenden. Das führt zu erheblichen Qualitätsverlusten. So hat man bei manchen Führungskräften den Eindruck, sie gründen kleine Freundeskreise oder gar Familien, mit denen sie es sich in einer unwirtlichen Umgebung gemütlich machen wollen. Und die anderen bewegen Maschinen statt Menschen und wundern sich dann über die schwierigen Beziehungen, mit denen sie sich aber auch nicht wirklich beschäftigen.

Die Beziehungsfähigkeit von Führungskräften und die pädagogische Aufgabe

Es ist sicher unstrittig, dass ein wesentlicher Parameter für das Gelingen der Führungsarbeit die *Beziehung* zum Mitarbeiter ist. Aus meiner Erfahrung „tummelt" sich hier der größte Teil der Führungsproblematiken. Von daher lohnt es sich, etwas mehr über Beziehungen zu wissen und wir werden immer wieder verschiedene Aspekte dieses Phänomens näher „beleuchten".

Immer wenn wir mit Menschen bewusst oder unbewusst kommunizieren – sogar wenn wir nicht mit ihnen kommunizieren – bewegen wir uns in einer Beziehung. Eine Beziehung definiert die mögliche und damit auch die nicht mögliche Kommunikation zwischen Menschen. Sie legt fest, wie die beiden Kommunizierenden zueinander stehen, was sie wie miteinander tun und was sie von einander erwarten können. Umgekehrt gestaltet sich die Beziehung über die „gewählte" Kommunikation. In einer Beziehung einigen sich die Beteiligten auf redundante Kommunikationsabläufe (Muster) und reduzieren so in zunehmendem Maße den quantitativen Austausch von Informationen. Soweit zunächst die Theorie.

Für das Gelingen einer Führungsbeziehung in der Praxis benötigen wir eine stabile, von gegenseitiger Wertschätzung und Respekt getragene und von offenem Austausch geprägte, vertrauensvolle Beziehung, in der klar ist, dass man an einer gemeinsamen Aufgabe arbeitet, und in der beide Partner wissen, wer diesbezüglich welche Verantwortung trägt. Leider ist dies für manche Führungskräfte schon mehr, als das, was sie aus ihrem privaten Leben gewohnt sind. Die Frage, die sich viele Führungskräfte stellen ist also: warum sind alle diese Bedingungen notwendig. Warum reichen nicht Aufgabendefinition, Zielvereinbarung, Kontrolle und gelegentliche Beurteilung – die Basics sozusagen? Was soll das ganze exzessive „Gemenschel"? Außerdem ist das doch auch „authentisch", wenn man als Führungskraft wirklich nicht mehr mit seinen Mitarbeitern zu tun haben möchte.

Nun lassen wir einmal die ethischen und die moralischen Betrachtungen dieses Zusammenhanges unberücksichtigt. Es bleiben vier Gründe:

Die Beziehungsfähigkeit von Führungskräften und die pädagogische Aufgabe

- *Erstens:* Möchten Sie, dass Ihre Mitarbeiter mit Ihnen wertschätzend, offen und vertrauensvoll zusammenarbeiten, geht das nur beiderseitig. „Wie es in den Wald …".

- *Zweitens:* Mit der Beziehung, die Sie zu Ihren Mitarbeitern gestalten, gestalten Sie gleichzeitig das „Kernstück" Ihrer Bereichskultur. Wollen Sie eine spezifische Kultur, in der spezifische Werte und Umgangsformen eine Rolle spielen, und in der Ihre Mitarbeiter gerne ihre Leistungsbereitschaft und Kreativität einbringen, kreieren Sie diese Kultur in erheblichem Masse über Ihre Beziehungen zu Ihren Mitarbeitern.

- *Drittens:* Wenn Sie wirklich eine „partnerschaftliche Zusammenarbeit" wünschen, die eben auch von der Verantwortungsübernahme durch den Mitarbeiter geprägt ist, benötigen Sie ebenfalls die obigen Beziehungsbedingungen.

- *Viertens:* Der wichtigste Grund aber ist die Tatsache dass für den Vorgesetzten eine pädagogische Aufgabe hinzukommt. Selten verfügt der Mitarbeiter über die optimalen Einstellungen, Haltungen, Erfahrungen und Fähigkeiten. Die Führungskraft muss den Mitarbeiter „entwickeln". Sie muss Lernprozesse anstoßen und begleiten und sie muss, um dem Mitarbeiter eine Orientierung zu geben, offen und klar seine Ergebnisse und Leistungen bewerten. Verhalten, aber auch Fähigkeiten so wie die dafür notwendigen Lernprozesse werden von den Einstellungen des einzelnen Menschen, also von seinen Haltungen bestimmt. Es ist die Aufgabe der Führungskraft, die erfolgreichen Haltungen des Mitarbeiters zu entwickeln. Haltungen sind Teil der Persönlichkeit und an dieser Stelle behaupten viele Führungskräfte, dass sie „verdammt noch mal" nicht zuständig sind für die Persönlichkeitsentwicklung des Mitarbeiters. Der Mitarbeiter sei erwachsen, seine Erziehung sei zu Ende oder zumindest sein „Privatproblem". Aber das sehe ich unumstößlich als Aufgabengebiet einer Führungskraft. Warum sich so viele Führungskräfte dagegen wehren, hat hauptsächlich damit zu tun, dass sie sich diese Aufgabe nicht zutrauen. Selbstverständlich lässt sich das lernen, aber leider erst, wenn man die Notwendigkeit sieht. Weit davon entfernt sind viele Führungskräfte noch nicht einmal damit beschäftigt zu verstehen, warum ihre Mitarbeiter bestimmte Dinge nicht können. Sie weisen sie – auch das meist undeutlich – auf das vorhandene „Fehlverhalten" hin und machen sich schnell „aus dem Staub." Ohne den Versuch zu unternehmen, die Hintergründe zu erforschen und damit auch dem Mitarbeiter zu helfen, sich selbst zu verstehen.

Für diese pädagogische Aufgabe brauchen Führungskräfte eine Beziehung, die von mehr Nähe und mehr Vertrauen geprägt ist. Dies wiederum setzt voraus, dass sie sich auf ihre Mitarbeiter wirklich *emotional einlassen* und sich in der Beziehung zu ihnen flexibel „bewegen" können. Nun würde ich behaupten, dass die meisten Führungskräfte mit denen ich in Coachingprozessen arbeite, alles andere als „Beziehungsexperten" sind. Sie meiden Beziehungen, die etwas tiefer und näher werden, weil sie sich in ihnen nicht mehr frei bewegen können. Ihre alten Muster, die sie in ihrer Kindheit entwickelt haben machen sie unbeweglich und ängstlich, sich wirklich frei auf anderen Menschen einzulassen. Wir können aber nicht über die pädagogische Aufgabe einer Führungskraft sprechen und uns den diesbezüglichen Fähigkeiten und Instrumenten zuwenden, wenn die Führungskraft aus Angst vor Kontakt und Nähe die dafür notwendige Beziehung nicht herstellen kann.

Sich auf Mitarbeiter verbindlich „einzulassen" bedeutet nicht, mit ihnen Freundschaften einzugehen oder die Beziehung zur Sekretärin intimer zu gestalten. Es bedeutet zunächst einmal, sich für den *Menschen* wirklich zu interessieren. Es ist erstaunlich, wie wenig manche Führungskräfte von ihren Mitarbeitern wissen, wenn ich sie danach frage. Obwohl sie tagtäglich viele Stunden mit ihnen zusammen sind. Es bedeutet weiter, eine echte Begegnung zustande zu bringen, in der sie wirklich auf den anderen konzentriert sind und einen echten *emotionalen Kontakt* haben. Echte Kontakte – oder Begegnungen – sind für beide Seiten fühlbar. Alles andere läuft unter „technischer Informationsaustausch", der keine Nähe herstellt und keine Verbindlichkeiten sichert.

Väter, Mütter und Geschwister

Wir werden im Folgenden die Ansprüche an die Beziehungsfähigkeit noch etwas höher schrauben und kommen zum schon angekündigten geheimnisvollen *dritten Aspekt* der Beziehung zwischen Führungskraft und Mitarbeiter: Oft „übertragen" Mitarbeiter unbewusst ihre ursprünglichen Erfahrungen, die sie in der Beziehung zu ihrem Vater oder zu ihrer Mutter gemacht haben, auf die Beziehung zum Vorgesetzten. Diesen Aspekt der Beziehung zum Mitarbeiter mögen viele Führungskräfte nicht, aber er ist dadurch nicht weniger vorhanden. Die „Übertragung" ist dem Mitarbeiter oft nicht bewusst und sie erzeugt eine Beziehungsdynamik, die sich „einschleicht" und das Beziehungsverhalten zwischen den beiden Beteiligten prägt, wenn nicht sogar steuert.

Väter sind Menschen, die mächtig sind, von denen man in gewisser Weise abhängig ist, die Anforderungen stellen, die Grenzen setzen, die Vorbildfunktion einnehmen, die Fähigkeiten bewerten, die Sanktionen verteilen, die Probleme lösen. Es sind Menschen, mit denen man vielleicht „raufen" kann, mit denen man auf Abenteuerreisen geht, mit denen man „Kameradschaft" üben kann, und vieles mehr – positiv und negativ handelt es sich um eine, für die eigene Entwicklung bedeutsame Person – eine „Autorität." Diese Eigenschaften können auch auf die Beziehung zum Vorgesetzten zutreffen. Selbstverständlich ist die emotionale Qualität dieser Beziehungseigenschaften im Vergleich der beiden Kontexte (Vater/Vorgesetzter) unterschiedlich. Die Beziehung zum Vater ist „nah", körperlich, geprägt von einer äußerst existenziellen Abhängigkeit und findet zu einer Zeit statt, in der wir wachsen, und in fast allen Lebensbereichen Schutz und Führung benötigen. Die Beziehung zum Vorgesetzten ist nur hinsichtlich bestimmter Ziele von Abhängigkeit geprägt und hat viele formelle Bereiche. Diese Unterschiede interessieren unser „Unbewusstes" nicht besonders. Im Gegenteil: Wir sehen vergleichbare Kontexte oder Beziehungen (in diesem Fall: Erfahrungen mit Autoritäten), und orientieren uns nach den erfahrenen und gelernten Beziehungsparametern. Wir agieren dann in der Beziehung zum Vorgesetzten wie Söhne oder Töchter und benutzen dabei unsere gemachten Erfahrungen. Waren diese Erfahrungen für uns problematisch, reproduzieren wir auch diese problematischen Zusammenhänge. Erstens, weil wir es nicht besser gelernt haben – Menschen machen immer das, was sie am besten können, aber es ist nicht immer das, was am besten ist. Zweitens, weil wir unbewusst glauben, es jetzt endlich positiv lösen zu können. Sie glauben nicht, wie viele Führungskräfte „unterwegs" sind die Defizite, die sie vor vielen Jahren in der Beziehung zu ihrem realen Vater erleiden mussten, zu wiederholen. In dem Glauben, sie könnten endlich das bekommen, was sie von ihrem Vater nicht bekommen haben. Aber leider sind die beiden Beziehungen nicht wirklich vergleichbar – also verhält man sich nicht in der „richtigen Realität" – und damit unangemessen und meistens falsch.

Führungskräfte, die diesen „Übertragungen" von Seiten ihres Mitarbeiters gegenüberstehen, sind oft desorientiert und verunsichert, weil sie das Verhalten des Mitarbeiters nicht verstehen. Besonders in Konfliktsituationen kann diese Desorientierung problematisch werden und den Konflikt unangemessen verschärfen oder verkomplizieren. Grundsätzlich „übertragen" Mitarbeiter immer Elemente ihrer ursprünglichen Erfahrungen aus der einstigen (nicht jetzigen) Beziehung zu ihrem Vater (oder auch zur Mutter)[16] in die Beziehung zum Vorgesetzten.

Wir alle leben während unseres Aufwachsens in „Mutterräumen", die sich auszeichnen durch emotional „nährende" Interaktionen, durch Verständnis, durch Fürsorge, durch zärtliches „geliebt sein" und durch hingebungsvolles Tragen. Wir leben in „Vaterräumen", die geprägt sind von Führung, von Bestätigung unserer Fähigkeiten, von Anforderungen, von Aktion und Gestaltung. Wir kennen unsere „Erwachsenenräume", in denen wir Verantwortung übernehmen, unabhängig sind und Konsequenzen tragen. Und viele von uns laufen auf diesem Planeten mit sehr defizitären Erfahrungen bezüglich der Vaterräume umher, ständig auf der Suche, diese Erfahrungen nachzuholen.[17]

Manchmal treffen Mitarbeiter mit diesen unbewussten Erwartungen auf Vorgesetzte, die nicht in der Lage sind, das zu verstehen oder gar etwas „Väterliches" zu geben. Dann geht der Kampf los. Der Mitarbeiter trifft auf ein Szenario, welches er schon einmal schmerzlich erlebt hat: die väterliche Verweigerung. Ohne es zu merken, kämpft er seine „alten Kämpfe" geprägt durch Trotz, übertriebene Unabhängigkeit, Abwertung oder gar Verachtung gegenüber dem Vorgesetzten und sich selbst. Wie viel an Erfahrungen, an welchen mehr oder weniger bedeutsamen Stellen in der Beziehungsdynamik „übertragen" werden oder mit welchen Emotionen und Bedeutungen für den Mitarbeiter dies verknüpft ist, kann natürlich völlig unterschiedlich sein und ist damit wenig kalkulierbar. Wenn man jedoch diesen Hintergrund berücksichtigt, lässt sich manches Mitarbeiterverhalten besser verstehen. Viele Mitarbeiter suchen aufgrund ihrer frühen Frustrationen in der Beziehung zu ihrem Vater verzweifelt, und von außen betrachtet übertrieben, nach Anerkennung und Nähe, aber auch nach den alten Konflikt- und Frustrationskontexten, um sie zu wiederholen oder sie endlich zu überwinden. Auch viele Führungskräfte denen ich begegne leiden insgeheim an den Defiziten ihrer früheren Vaterbeziehung. Sie hatten entweder keinen oder einen „defekten" Vater. Steve Biddulph beschreibt in Anlehnung an John Lee, vier Typen des „defekten Vaters:"

1. „Der König", der als Haustyrann für seine beruflichen Anstrengungen bedient werden möchte und der nur sich selbst sieht.

---

[16] Korrekterweise müsste man hier statt von väterlichen Beziehungen von elterlichen Beziehungen sprechen. Oft vermengen sich die Autoritätserfahrungen hinsichtlich der Geschlechterunterscheidung.

[17] Steve Biddulph, „Männer auf der Suche", Beust Verlag, München 2000

2. „Der kritische Vater", der von seiner eigenen Frustration und Wut getrieben an allem herummäkelt und andere demütigt.

3. „Der passive Vater", der hinter seiner Ehefrau nicht mehr sichtbar ist.

4. „Der abwesende Vater", der vielleicht gute Vorsätze hat, aber bei der Umsetzung dieser Vorsätze real nicht vorhanden ist – ob physisch oder psychisch.

Selbstverständlich gilt auch hier: Jede Typisierung ist eine realitätsverzerrende Vereinfachung. In der Wirklichkeit mischen sich diese Typen oder tauchen nur zeitweise auf. Aber alle diese Vater-Typen zeichnen sich dadurch aus, dass sie ihren Söhnen (auch den Töchtern) nicht das geben können, was diese brauchen: Eine Person an der sie sich orientieren können, die Vorbild ist, die mit Liebe und Anerkennung durch den „Dschungel" der „Mannwerdung" führt und die man ein Leben lang als Unterstützung „im Rücken" fühlt – egal mit welchen Herausforderungen man „kämpft".

Der Mitarbeiter kann sich glücklich schätzen, dessen Führungskraft die Zusammenhänge versteht und damit freundschaftlich und verständnisvoll auf angemessenes[18] Verhalten des Mitarbeiters bestehen kann oder aber darüber hinaus in kleinen Bereichen als „Vaterfigur" vielleicht sogar etwas „wiedergutmachen" kann, was der ursprüngliche Vater negativ zugefügt hat – zum Beispiel fehlende Anerkennung. In diesen Zusammenhängen geht es also um mehr als um Lob und Kritik zur „Steuerung" von Qualitätsprozessen. Manche Mitarbeiter benötigen auf einer tieferen, ihnen meist unbewussten Ebene, eine Bestätigung ihrer Existenz. Selbstverständlich kann dies der Vorgesetzte nicht leisten. Dieser Prozess gehört in den privaten Bereich und manchmal sogar in eine beratende oder therapeutische Beziehung. Aber der Vorgesetzte kann einen kleinen, entscheidenden Beitrag leisten. Zumal er die aktive, unbewusste Suche seines Mitarbeiters nach einer „Vaterfigur" nicht verhindern kann. Er kann sich nur entscheiden, diese Suche positiv zu resonieren oder erneut an der Wiederholung der alten Frustration mitzuarbeiten. Grundsätzlich gilt: je früher (lebensgeschichtlich) die übertragenen Defizitmuster entstanden sind, desto unbewusster und mächtiger bestimmen sie die realen Beziehungen.

Was ist jetzt, so mögen Sie fragen, mit den Frauen? Sie sind ebenso in der Mitarbeiter- wie in der Führungsrolle tätig, wenn auch leider heute immer noch hinsichtlich der Führungsrolle in sehr eingeschränktem Maße.[19] Frauen in der Mitarbeiterinnenrolle erliegen genauso oft wie Männer der Übertragung ihrer alten Vaterkonflikte auf den Vorgesetzten. Der Unterschied ist nur, dass für das Mädchen der Vater zusätzlich ein sehr wichtiger gegengeschlechtlicher „Responsegeber" ist. Er zeigt zwar nicht, wie Frau als Frau „geht", gibt aber willentlich oder unwillentlich ein deutliches Feedback zu der Frage, wie Frau als Frau „wirkt." Von daher addieren sich diesbezügliche Ängste und Sehnsüchte in das Rollendurcheinander der Zusammenarbeit zwischen Mitarbeiter(in) und Vorgesetzte(r)m. Dies addiert sich unter Umstän-

---

[18] Bezogen auf den heutigen, realen Kontext und die heutige Beziehung zwischen zwei Erwachsene und nur marginal voneinander abhängige Menschen.

[19] Zumindest was Top-Positionen angeht. Nach wie vor gibt es sehr „frauenfeindliche" Unternehmen. In Deutschland arbeitete im Jahre 2008 nur eine Frau im Vorstand (Siemens).

den ebenso für den Mann in der Mitarbeiterrolle zu seiner Vorgesetzten. Aber Frauen in Führungsrollen sind zusätzlich noch mütterliche Übertragungsobjekte. Das heißt, unbewältigte „frühkindliche Konflikte" suchen manchmal in der Beziehung zum Vorgesetzten ihre Lösung – was selbstverständlich unrealistisch und damit frustrierend ist. Die Wiederholung dieser Frustration vor dem Hintergrund der unbefriedigten frühkindlichen Bedürfnisse nach Zuwendung, Liebe, Geborgenheit und Bestätigung kann dann zur Aggression führen. Damit sind Konflikte vorprogrammiert, die aber wegen ihres hohen unbewussten Anteils wenig transparent und damit schwierig lösbar sind. Denn da die Mutter in unserer Beziehungsgeschichte von Anfang an in Erscheinung tritt, sind unsere Beziehungsmuster und die diesen zugrunde liegenden Erfahrungen sehr „früh" und damit „tiefgreifend". Auch deshalb sind sie der reflektierenden Betrachtung und Auseinandersetzung nur schwer zugänglich. Diese „Tiefe" des Problemkontextes ist nicht durch die Führungskraft lösbar. Aber aus meiner Sicht ist es eine große Kompetenz zu wissen, wo die Grenzen der eigenen Kompetenz liegen und wann zusätzlicher, externer Support (der Coach) hinzugeholt werden muss.

Hinzu kommt, dass immer noch viele Männer nicht in der Lage sind, eine wirklich partnerschaftliche Beziehung zu Frauen aufzunehmen bzw. schon gar nicht in der Lage sind, sich ohne Identitätskonflikte in ihrem „Mannsein" unterzuordnen. Da sie es in einer beruflichen Beziehung zur einer Vorgesetzten aber müssen, trotzdem aber keine für sie stimmigen Verhaltensmuster im Repertoire haben, greifen sie eben unbewusst auf etwas Vertrautes zurück. Auf ihre erste „Anpassungserfahrung" in Bezug auf Frauen – das Verhältnis zu ihrer Mutter.

Unter den weiblichen Führungskräften, mit denen ich in Coachingprozessen zusammenarbeite, bin ich schon vielen Frauen begegnet, die ihrerseits aus dem nicht Vorhandensein von angemessenen Rollendefinitionen (ich als Führungskraft gegenüber Männern) und der daraus resultierenden großen Unsicherheit das Muster der „bösen Mutter" übernommen haben. Sie tun dies, weil sie, wie schon gesagt, in der Vorgesetztenrolle keine angemessene Rollendefinition gegenüber Männern (in der Mitarbeiterrolle) zur Verfügung haben und weil die „gute Mutter" sich schwerer mit der männlich dominierten Führungsrolle vereinbaren lässt. Weiterhin, weil sie in der „bösen – oder besser strengen – Mutterrolle" besser ihre Ängste und Unsicherheiten in von außen akzeptierte Aggression umwandeln können und weil die Männer im beruflichen Kontext mit „bösen Müttern" besser umgehen können als mit „guten, nährenden Müttern." Letzteres würde die Regression der Männer verstärken. Natürlich ist das Muster der „bösen oder strengen Mutter" kein wirkliches Mutterverhalten, da es sich durch die Verweigerung der Mütterlichkeit definiert. Es sieht dann zunächst so aus, als sei man dem „Mutterbeziehungsprogramm" nicht erlegen, aber in Wahrheit ist man – bzw. eher frau – doch auf eine fatale Art und Weise verfangen. Letzteres gilt für beide Seiten, für die Frau in der Vorgesetztenrolle wie für den Mann in der Mitarbeiterrolle. Mir scheint aber, je größer die Unsicherheit in der Führungsrolle für Frauen ist, desto größer ist die Wahrscheinlichkeit, die Leere in der Beziehungsorientierung mit dem Konzept der „bösen Mutter" zu füllen.

Um es noch einmal deutlich zu sagen: die Mutterrolle ist keine angemessene Beziehungsdefinition für Frauen in Führungspositionen. Sie ist ein Symptom, das darauf hindeutet, dass für die betroffene Frau keine angemessene, weibliche Definition der Führungsrolle verfügbar ist. Und, sie wird von Männern, die ebenfalls in der Beziehung zur Vorgesetzten wenig Orientierung haben (unangemessen) übertragen. Dennoch hilft hier, was ich oben zur Vaterübertragung gesagt habe: Frauen in Führungspositionen, die mit diesem Zusammenhang konfrontiert sind und die Problematik überschauen, können dazu beitragen, dass „Man" wieder trennen kann zwischen der „Mutterphantasie" und der realen Führungsrolle. Von „Wiedergutmachungsvorhaben" kann ich nur dringend abraten, da es erst recht in die unangemessene Mutter-Sohn(Tochter)-Rolle führt, sie festschreibt und darüber hinaus vom „erwachsenen Teil" des Mannes oder der Frau geahndet wird. Also, Finger weg von den „Mutterkonflikten" Ihrer Mitarbeiter und Mitarbeiterinnen – falls Sie sie bemerken.

Eine weitere Variante von Übertragungsmustern in beruflichen Beziehungsdynamiken sind die Geschwisterbeziehungen. Überall, wo wir auf gleicher oder auf fast gleicher Ebene mit anderen kooperieren oder im Wettbewerb „rangeln", greifen wir in unbewusster Hochgeschwindigkeit auf unsere früh gelernten „Geschwisterprogramme" oder „Peergroup-Programme" zurück. Je nachdem, wie das Zusammenleben mit Ihren Geschwistern und damaligen ersten Freunden und Freundinnen war und was Sie daraus gelernt haben, können Sie sicher sein, dass Sie das Gelernte anwenden. Ist man sich dieses Zusammenhanges bewusst und kennt seine erlebten und besonders die „erlittenen" frühen „Geschwistererfahrungen", kann man die Kontexte vergleichen und damit beurteilen, ob man wirklich auf die Realität reagiert oder auf eine alte Interpretation eines manchmal kaum vergleichbaren Kontextes aus der Kindheit.[20] Manche Konkurrenzkämpfe mit Kollegen oder andere Unternehmensbereiche unterliegen diesen Dynamiken, die aus einer anderen (schon lange vergangenen) Realität herrühren.

Ich denke, es wird deutlich, wie persönlich bzw. „nah" eine Arbeitsbeziehung zwischen Führungskraft und Mitarbeiter auf einer unbewussten Ebene geraten kann. Im Gegensatz zu der postulierten „nahen Beziehung" zu Mitarbeitern haben wir es hier mit einer zu weitgehenden in den Mustern verschmolzenen Nähe zu tun. Ob gewollt oder nicht gewollt, die alten Muster sind schneller und stärker. Es kommt darauf an, die Prozesse zu bemerken, zu verstehen und sich gegenseitig heraus, in die Realität zu helfen.

Warum, stellt sich aber doch die Frage, soll man sich als Führungskraft mit solchen „(Un)tiefen" der menschlichen Mitarbeiterseele beschäftigen. Zumal man doch mit der Diagnostik und erst recht mit der „Bearbeitung" gnadenlos überfordert ist – und bleiben wird?

Aus mindestens zwei Gründen: Erstens gehören solcher Art Zusammenhänge und Prozesse zur zwar unbewussten aber doch damit nicht minder vorhandenen Realität. Und es schadet nicht, sich eine Ahnung von dieser großen, unbewussten Wirklichkeit zu verschaffen. Es ist ein Anliegen dieses Buches an der ein oder anderen Stelle einmal „in die Tiefe zu leuchten" um zu zeigen, dass es sie gibt. Es ist wie das Leben in der Nähe eines großen Canyon. Schaut man auf der (Hoch)ebene umher, sieht man ihn nicht und läuft Gefahr zu vergessen, dass er da ist und damit die Landschaft mit strukturiert. Und man vergisst auch wie tief er wirklich ist.

---

20   Dies gilt natürlich für die oben beschriebenen Vater- und Mutterübertragungen ebenso.

Der zweite Grund ist aber noch wichtiger: Führungskräfte sind auch Mitarbeiter, die mit einem oder einer Vorgesetzten zusammenarbeiten. Viele Führungskräfte sind mit ihren Chefs sehr unzufrieden. Oft zu recht, weil ihre Vorgesetzten sich bisher nicht mit der Entwicklung ihrer persönlichen Führungsqualität angemessen auseinandergesetzt haben. Aber zu einem Teil zu unrecht, da sich manche Unzufriedenheiten und Probleme auf diese elterlichen Übertragungsprozesse zurückführen lassen. Es gehört zum managen der Vorgesetztenbeziehung (aus der Perspektive der Führungskraft als Mitarbeiters) in eine stärkere Selbstreflexion einzusteigen, um die strukturierenden und steuernden Dynamiken zumindest von der eigenen Seite her zu verstehen.

Muss man Mitarbeiter mögen oder reicht „schätzen" ?

Es ist schnell einzusehen, dass Themen, die die Rolle der Führungskraft gegenüber Mitarbeiter betreffen, am besten und leichtesten zu „managen" sind mit Menschen, die man mag. Meist ist das sich für jemanden interessieren und jemanden mögen eng miteinander verknüpft. Nur bei Menschen, die mir sympathisch sind oder die ich besonders mag, bin ich bereit, mich emotional „einzulassen" und wirklich in einen näheren Kontakt zu gehen. Die vielleicht vorhandenen oder sich andeutenden Frustrationen und Konflikte sind dann lediglich eine Hürde zu einem positiven Ziel. Dies hat zwei Aspekte: Erstens ist es von Vorteil, wenn ich Menschen überhaupt und grundsätzlich mag. Für eine erhebliche Zahl von Führungskräften ist es nicht selbstverständlich, dass sie Menschen mögen und dass sie glauben, dies sei von Vorteil für die Führungsaufgabe. Zweitens sind die Beziehungen zu Mitarbeitern am leichtesten zu „führen", wenn ich speziell diese Menschen mag.

Nun kann man verständlicherweise das „Mögen" – gerade mit dem Anspruch auf Authentizität – nicht erzwingen oder schnell lernen. Interessanter als die Frage nach dem „Mögen" ist m. E. die Frage, warum ich jemanden nicht mag. Jemanden nicht zu mögen, ist meist eine Schutzmaßnahme, die uns ihm gegenüber vorsichtig sein lässt. Wir erwarten im Kontakt mit diesem Menschen etwas Negatives und das „nicht Mögen" hält uns wachsam und auf Distanz. Aber woher wissen wir im Vorhinein, dass uns im Kontakt mit diesem Menschen etwas Unangenehmes oder Negatives erwartet? Hat mich zum Beispiel jemand „real" gekränkt und diese Situation konnte nicht geklärt werden, dann bin ich selbstverständlich vorsichtiger, vielleicht schon in aggressiver Verteidigungshaltung oder will zurückschlagen oder meide gar völlig den Kontakt. Das ist verständlich. Aber wieso mögen wir Menschen nicht, die uns gar nichts getan haben, die wir manchmal nicht einmal kennen?

Hierfür gibt es verschiede Gründe: Es kann sein, dass mich jemand gekränkt hat (zum Beispiel durch Missachtung – eine der schlimmsten Kränkungen) ohne, dass ich dies bewusst[21] wahrnehme. Mein ganzes emotionales System wird dann, auch wenn ich dieses Ereignis nicht bewusst wahrgenommen habe oder mich nicht erinnere, trotzdem und davon unabhängig auf diese Kränkung reagieren. Die unbewusste Erfahrung bringt mich dazu, mich vor

---

21 Zum Phänomen des „Unbewussten" siehe Kapitel 3, Seite 102 – 107.

diesem Menschen zu schützen oder in der Interaktion mit diesem Menschen – wenn ich den Kontakt nicht vermeiden kann oder will – in „Kampfstellung" zu gehen. Meistens aber hat selbst eine unbewusste Kränkung nicht stattgefunden. Dann benutzen wir diesen Menschen als „Projektionsfläche" oder „Übertragungsobjekt." Das funktioniert so: Es gibt Menschen, die uns Unannehmlichkeiten bereiten, weil sie uns in der Interaktion in Zustände bringen, die wir schlecht handhaben oder regulieren können. Sie verunsichern uns, weil sie erinnern uns an Eigenschaften unserer eigenen Person, die wir an uns nicht mögen und deshalb „verdrängen"[22] und damit nicht mehr merken (fühlen). So ärgert sich zum Beispiel ein Chef über einen nörgelnden Mitarbeiter, weil er – würde er das nicht tun – seine eigene Unzufriedenheit in seinem Leben merken würde und sich damit auseinandersetzen müsste – verbunden mit den vielleicht dramatischen Konsequenzen (für Job und Ehe). Er „projiziert" sozusagen seine weitaus dramatischeren Unzufriedenheitsgefühle auf den Mitarbeiter und bekämpft sie in ihm.

Es kommt ebenfalls vor, dass sich Menschen uns gegenüber so verhalten, dass wir nicht wissen, wie wir reagieren sollen. Die Anforderungen, die sie damit an uns stellen, überfordern momentan unsere Verstehens- und Reaktionsmöglichkeiten. Diesen Zustand mögen wir nicht, er verursacht unangenehme Gefühle. Anstatt eine neue Lernanforderung zu identifizieren, wenden wir uns lieber argwöhnisch von diesem Menschen ab. Zum Beispiel erinnert uns die Frisur eines Menschen an einen „Punk", der uns vielleicht Angst macht, weil er unsere innere und äußerliche Ordnung in Frage stellt und gleichzeitig unsere Freiheitsbedürfnisse und Sehnsüchte weckt.

Ein weiterer Grund für das „nicht Mögen" von uns wenig bekannten Menschen ist, dass sie durch ihre Erscheinung oder durch ihr Verhalten alte kognitive und emotionale „Muster" in uns auslösen, die wiederum auf tatsächlich gemachten Erfahrungen beruhen, aber zu einem ganz anderen Kontext gehören. Wer in seiner frühen Kindheit einmal schwerwiegend von einem kleinen Dackel gebissen wurde, wird selbst als Erwachsener nur sehr mühsam ein Überlegenheitsgefühl diesem Tier gegenüber aufbauen können. Im Gegenteil, eine leichte Ohnmacht und Angst wird ihn peinigen und er wird, wenn er nicht muss, die Begegnung mit solch einem Tier nicht unbedingt forcieren. Selbstverständlich funktioniert dieser Prozess ebenfalls in der Begegnung mit Menschen, die uns auf irgendeine Art und Weise an frühere, unangenehme oder schmerzliche Begegnungen erinnern – und dies meist unbewusst. Sie lösen dann entweder Fluchtbedürfnisse (Distanz) aus oder bauen in Sekundenschnelle eine Kampfbereitschaft (Aggression) auf, oder sie machen uns ohnmächtig. Aber es wirkt nicht die neue Begegnung, sondern die uralte Erfahrung aus einem meist nicht vergleichbaren Kontext (Übertragung). Oft bedarf es sogar für die Reaktivierung dieser Muster und Strukturen eines lediglich kleinen Symbols für diesen bedrohlichen Kontext.

Das meiste „nicht mögen" ist also keine direkte Reaktion auf einen Menschen und sein Verhalten – so wie das Niesen in einer Staubwolke eine Reaktion auf den Staub ist. Sondern es

---

22 Der Begriff der „Verdrängung" ist ein Konstrukt aus der Psychoanalyse und meint die Blockierung des Zugangs einer Angst machenden Vorstellung ins Bewusstsein. Vgl. hierzu: Siegfried Elhard, „Tiefenpsychologie", W. Kohlhammer Verlag, Stuttgart 1975

existieren viele innerpsychische Zwischenschritte, die – meist unbewusst – mit unseren Erfahrungen, diesbezüglichen Verallgemeinerungen und Kontextverwechselungen sowie den darauf beruhenden Abwehrgefühlen und Ängsten zusammenhängen. Mit allen diesen Überlegungen muss ich mich in meinem Privatleben nicht unbedingt beschäftigen. Ich kann den unbeschwerten, einfachen Weg nehmen und mich mit Menschen umgeben, die ich mag und die anderen meiden. Diese komfortable Situation haben wir im Arbeitsleben leider nicht. Als Führungskraft ist es meine Aufgabe alles mir Mögliche zu tun, um bezüglich meiner Mitarbeiter und Kollegen meine meist innerpsychischen Hindernisse zum „nicht mögen" aus dem Weg zu räumen. Dies verlangt eine hohe Selbstreflexion und vor allen Dingen Interesse an sich selbst bzw. genau diesen eigenen, innerpsychischen Prozessen. Und, es gelingt natürlich nicht immer. Dann ist die Frage, ob ich mit dieser „Beziehungsbehinderung" zwischen meinem Mitarbeiter und mir einigermaßen erfolgreich zusammenarbeiten kann. Daraus folgt auch, dass es völlig legitim ist, bei der Auswahl neuer Mitarbeiter den Sympathieaspekt stark zu berücksichtigen. Er sollte jedoch nicht in Konkurrenz zum Kompetenzaspekt stehen. Beides muss gegeben sein, dann kann es gelingen und die Zusammenarbeit bindet keine unnötige Energie.

Wie genau funktioniert das „Entwickeln von Mitarbeitern"?

Blicken wir kurz zurück, um ein wichtiges „Detail" der Organisationsentwicklungsarbeit zu vertiefen. Wir haben bereits von der Coach- und Pädagogenfunktion[23] der Führungskraft gesprochen. Die Notwendigkeit dieser Funktion und Aufgabe beruht, wie schon ausgeführt, auf einem meist vorhandenen Umstand: Der Mitarbeiter, der einen bestimmten Aufgabenbereich verantwortlich übernommen hat, verfügt nicht über die für die Bewältigung dieser Aufgaben optimalen Kompetenzen. Der Mitarbeiter kann „diesen Job" noch nicht, er muss „ihn" erst lernen. Das ist eine Tatsache, die viele Führungskräfte nicht so richtig wahrhaben wollen – aber es hilft nicht.

Der Mitarbeiter erwirbt zwar einen Teil der notwenigen Kompetenzen durch Erfahrung. Er erarbeitet sich mit der Zeit einen Überblick und versteht die Zusammenhänge. Und selbstverständlich beschleunigt die richtige Einarbeitungsarbeit durch den Vorgesetzten diesen Prozess. Zum anderen bleiben aber Defizite bestehen, die der Mitarbeiter selbst nicht bemerkt oder alleine nicht „bearbeiten" kann. Hier ist die Entwicklungsarbeit des Vorgesetzten gefragt. Meist bleibt es aber dabei, dass dieser lediglich auf das ungünstige Verhalten oder die unbefriedigenden Ergebnisse hinweist, in der Hoffnung, der Mitarbeiter mache sich nach diesem Hinweis von alleine auf den Weg, um den geeigneten Lernprozess zur Optimierung der Arbeitsergebnisse zu organisieren. Manchmal passiert das. In der Regel erzeugt das Vorgehen jedoch nur Hilflosigkeit auf der Mitarbeiterseite und in Folge dann auch auf der Seite des Vorgesetzten. *Die Benennung eines Defizits erzeugt nicht logischerweise Kompetenz!* Die meisten Führungskräfte die ich kenne, sind zunächst vom Gegenteil überzeugt.

---

[23] Viele Führungskräfte verstehen sich nicht als Erwachsenen-Pädagoge, obwohl diese Kompetenz real ca. 40 Prozent ihrer Aufgabe ausmacht.

In der Regel geht es zunächst nicht darum, dass der Mitarbeiter für die Aufgabenbereiche völlig ungeeignet ist. Es kann aber nach einiger Zeit zu dieser Beurteilung kommen, da wichtige undefinierte Kompetenz- oder Einstellungsdefizite im Mikrobereich solche Auswirkungen haben, dass sie zu einer generellen Defizitbeurteilung des Mitarbeiters führen. Um herauszufinden, was eigentlich genau das Defizit eines Mitarbeiters ist, muss der Arbeitsprozess mit seinen zugehörigen Kompetenzen und spezifischen Anforderungen – am besten gemeinsam – analysiert und dem aktuellen Kompetenzprofil des Mitarbeiters gegenübergestellt werden. Dies ist ein Arbeitsaufwand, den die meisten Führungskräfte gerne scheuen, zumal diese Analyse ein tieferes Verständnis der spezifischen Arbeitsabläufe erfordert als normalerweise für die Steuerung (Führung) dieses Aufgabenbereichs notwendig ist. Es geht aber darum herauszufinden, wo exakt ein Kompetenzproblem auf ein „Prozessteilstück" der Arbeitsabläufe trifft.

Dies ist eine Aufgabe, die – abgesehen vom Aufwand – zunächst leichter ausschaut als sie wirklich ist. Denn viele Führungskräfte geben sich dabei der „Nominalisierungs-Illusion" hin. Um zu verstehen, worum es sich hierbei handelt, müssen wir ein Beispiel geben: Eine junge und gerade eingearbeitete Mitarbeiterin steuert die Materialbeschaffung für einen Produktionsprozess. Dieser Prozess besteht wiederum aus verschiedenen gleichzeitig stattfindenden Sub-Produktionsprojekten, welche die notwendigen Maschinenteile in unterschiedlichen Mengen zeitüberschneidend benötigen. Das ist ein komplizierter Prozess, der von einer Software unterstützt wird. Die Software ist aber leider noch nicht in der Lage, die Minuslagerbestände zu dem Zeitpunkt zu bestimmen, an dem eine Beschaffung für die geplanten Produktionen möglich ist. So kommt es immer wieder zu Engpässen, die zur Kritik an der Arbeit der Materialbeschaffung führen und viel Ärger verursachen. Zunächst weist der zuständige Vorgesetzte seine Mitarbeiterin auf diesen Missstand hin. Dies ändert aber nichts. Seine Diagnose lautet, dass sie mit dieser Aufgabe überfordert ist. Hier beginnt die Nominalisierung.

Bei einer Nominalisierung tun wir so, als sei ein komplexer, dynamischer Prozess ein feststehender Zustand.[24] Denn jede Aufgabe besteht aus unterschiedlichen Prozessteilen oder -schritten, für die unterschiedliche Kompetenzen wie auch Ressourcen (z. B. Informationen) zur Verfügung stehen müssen. Der Vorgesetzte in unserem Beispiel gibt sich aber dann doch nicht mit dieser generellen Beurteilung seiner Mitarbeiterin zufrieden. Zunächst bezweifelt er die Fähigkeit der Mitarbeiterin, sich anhand einer Liste einen Überblick über die fehlenden Teile zu beschaffen. Hier belässt er es aber dann nicht bei dem Hinweis, sondern erarbeitet gemeinsam mit der Mitarbeiterin ein Listensystem, welches die Minuslagerbestände in einer kritischen Zeit benennen kann. Der Vorgesetzte geht aber noch einen Schritt weiter und findet während des Gesprächs mit seiner Mitarbeiterin in der Prozesskette eine von ihr „sehr ungeliebte" Aufgabe. Nämlich das Bestellen bei und das Verhandeln mit Zulieferern. Seine zweite Diagnose lautet: „Die Mitarbeiterin kann nicht verhandeln." Das ist wieder eine Nominalisierung, denn „das Verhandeln können" ist ein komplexer und differenzierter Prozess. Was genau in diesem Prozess kann die Mitarbeiterin noch nicht? Der Vorgesetzte analysiert wieder

---

24 Bandler/Grinder, „Metasprache und Psychotherapie", Junfermann Verlag, Paderborn 1980

den Prozess und findet heraus, dass die meisten Fehlbestände solche sind, die erstens mit einem sehr engen Beschaffungszeitfenster verbunden sind und zweitens meist von einer bestimmten Firma geliefert werden. Danach befragt, erzählt ihm seine Mitarbeiterin unter Tränen von den schrecklichen Gesprächen mit dem für den Verkauf der Maschinenteile zuständigen Menschen. Der Vorgesetzte diagnostiziert: „Sie kommt mit diesem Mann nicht klar." Aber er fragt weiter und erfährt, dass der Verkäufer der Zulieferfirma sich von der Vorgängerin der Mitarbeiterin hinsichtlich der Preisverhandlungen betrogen fühlte. Er spricht also selbst mit diesem Mann und bringt die Sache für diesen und damit auch für seine Mitarbeiterin wieder in Ordnung – und die Bestellungen laufen problemlos und schnell.

Die meisten Fähigkeiten bestehen aus vielen „Unterfähigkeiten" und natürlich aus dem Zusammenspiel dieser vielen Unterfähigkeiten. Zum Beispiel ist die Fähigkeit „Auto fahren zu können" ein komplexes Gefüge aus unterschiedlichen Fähigkeiten. Der „Nominalisierungs-Illusion" zu unterliegen bedeutet, dass ich die Fähigkeit nicht in ihren Bestandteilen betrachte und so das eigentliche Defizit nicht bestimmen kann. Daher kann ich auch nicht darüber nachdenken, was der betreffende Mitarbeiter lernen muss. Viele komplizierte Prozesse werden häufig wie Zustände betrachtet: Zusammenarbeit, Verkauf, Arbeitsorganisation. Das ist so, als wollten Sie eine Uhr mit dem Hammer reparieren ohne sich damit zu beschäftigen, welches kleine Zahnrädchen das Problem ist. Wobei – viel schlimmer – es viele Führungskräfte zunächst mit der „magischen Besprechung" der Uhr versuchen.

An dieser Stelle nochmals der Hinweis, dass es, neben den einzelnen Fähigkeiten, immer auch um Einstellungen und Haltungen geht. Denn Haltungen steuern den Einsatz und den Erwerb von Fähigkeiten. Und mit jedem Aufgabenbereich sind hinsichtlich der Ziele und der Qualität auch spezifische Einstellungen und Haltungen verbunden. Wenn der Mitarbeiter aber das erwartete Selbstverständnis hinsichtlich der Bearbeitung seiner Aufgaben nicht kennt oder mit seinem Vorgesetzten noch keinen Konsens erzielt hat, kann (oder will) er sich auch die notwendigen Haltungen und die damit verknüpften Fähigkeiten nicht aneignen.

Führungswirkung und Führungsautorität

Zur erfolgreichen Führungsrolle gehört es, Führungswirkung zu erzeugen, oder anders ausgedrückt „Führungsautorität." Dieser Begriff ist vielleicht etwas altertümlich, aber im Gegensatz zur „Führungswirkung," die das eher Technische dieses Zusammenhangs herausstellt, beinhaltet die „Führungsautorität" auch das „Charismatische". Dennoch ist es nicht etwas, das man hat oder besitzt, sondern etwas, von dem andere glauben, man besitze es, also eine Wirkung auf andere. Es ist die „Akzeptanz in dieser Führer-Rolle", die durch die Mitarbeiter, die Kollegen und durch den Vorgesetzten definiert wird. Die Voraussetzung für diese Wirkung ist aber, dass die Führungskraft sich selbst in dieser „Autoritätsrolle" akzeptiert. Selten nur akzeptieren Menschen eine Autorität, die sich selbst nicht als diese Autorität sieht und akzeptiert. Es ist ein wechselseitiger Prozess: „Da beißt sich die Katze in den Schwanz." In vielen Coachinggesprächen habe ich Führungskräfte darin unterstützt, diese Rolle zu beanspruchen und so zu akzeptieren, dass ihnen diese Rolle und die damit verbundene Macht,

Bedeutung und Verantwortung zusteht. Um diese „Position" anderen Menschen gegenüber „wirklich" innerlich zu beanspruchen, brauchen Führungskräfte Selbstvertrauen, den Glauben an ihre Fähigkeiten, Spaß am Lernen verbunden mit einer angemessenen Fehlertoleranz und Mut, sich auf andere Menschen emotional einzulassen. Meines Erachtens verfügt eine Führungskraft über ca. 30 bis 40 Prozent dieser „Führungsautorität" qua Rolle oder Position. Den Rest dieser Akzeptanz, immerhin 60 bis 70 Prozent, muss sie sich selbst „erarbeiten." Jetzt stellt sich natürlich die Frage, ob man „Führungsautorität" überhaupt erarbeiten kann oder ob es nicht eine „Ausstrahlung der Persönlichkeit" ist, die eben doch vorhanden ist oder nicht.

Schauen wir uns einmal an, was „Führungsautorität" eigentlich ist und aus welchen Eigenschaften und Fähigkeiten sie sich zusammensetzt:

1. Führungskräfte, die Führungswirkung „ausstrahlen", sind in der Lage, sich selbst wirklich ernst zu nehmen. Sie stehen zu dem, was sie wahrnehmen, denken und fühlen. Sie sind zwar bereit, ihre Wahrnehmungen und ihre Gedankengänge (die Gefühle sind eine Konsequenz dieser beiden Faktoren, siehe später) zu korrigieren aber zunächst gehen sie ernsthaft von dem aus, wie sie selbst die „Situation" und die „Zusammenhänge" betrachten und begreifen. Sie lassen nicht alles offen, damit andere definieren welche Interpretation der Gegebenheiten gilt, und damit sie anderen gegenüber nichts „falsch machen", sondern sie haben den Mut, das selbst zu tun und auch mitzuteilen. Sie stehen gewissermaßen „hinter sich." Sie nehmen sich „wichtig". Das kann man mit dem Begriff der „Selbstachtung" beschreiben, einem sehr wichtigen Begriff, der später noch näher erläutert wird.

2. Wenn man sich mit dem, was man tut, wirklich ernst nimmt, übernimmt man auch wirklich die Rolle, auf die man „sich gesetzt hat", mit allen damit verbundenen Aufgaben, Pflichten, Möglichkeiten und Konflikten. Es geht darum, sich in dieser Rolle „wichtig zu nehmen" und sie damit auszufüllen bzw. wirklich zu „übernehmen". Stellen Sie sich einen Arzt, Polizisten oder Piloten vor, der sein Arzt-, Polizist- oder Pilot-Sein nicht wirklich übernimmt. Aus dem Dienstleistungsbereich kennen wir „nicht wirklich übernommene Rollen" zuhauf. Natürlich kennen wir die Führungskräfte, die ihr „wichtig sein" übertreiben und glauben, dass es eigentlich nur eine einzige wichtige Person in diesem Kontext gibt. Aber es geht hier nicht um ein übersteigertes, narzisstisches und manchmal auch autistisches „sich wichtig nehmen", sondern eine Selbstakzeptanz in der übernommenen Aufgabe und damit Rolle, die auch Raum für andere „Selbstakzeptanzen" lässt.

3. Diese Führungskräfte übernehmen die mit der Führungsaufgabe verknüpfte Verantwortung; mehr noch, sie übernehmen die Verantwortung für jeden Kontext an dem sie beteiligt sind. Sie gehen nicht irgendwohin – zum Beispiel in ein Meeting – um einmal zu „schauen" oder lediglich dabei zu sein, sondern sie sind aktiv gestaltend beteiligt dort, wo sie „physisch" sind. Sie „wollen" etwas und das ist für alle spürbar.

4. Da sie sich aktiv gestaltend beteiligen, sind Führungskräfte mit der beschriebenen Autoritätsausstrahlung in Führungskontexten hundertprozentig anwesend. Menschen sind in der Lage, ihre geistige und emotionale Anwesenheit zu variieren. Physisch haben wir keine Chance, wir können nur an einem Ort sein, nicht an verschiedenen Orten gleichzeitig.

Geistig und damit auch emotional können wir woanders sein. Wir sitzen in einer Besprechung und sind geistig in der nächsten, oder zuhause, oder bearbeiten noch die emotionalen Auswirkungen der vorangegangenen Besprechung. Wir träumen hier und da oder lauern gedanklich „hinter einer Ecke", obwohl wir körperlich voll sichtbar sind. Wir verstecken uns „innerlich" und sind damit in der Beziehung zu den anwesenden Menschen nur teilweise anwesend. Führungskräfte mit „Autoritätsausstrahlung" sind aber dort, wo sie physisch und bezogen auf ihre Verantwortung sind, wirklich für andere spürbar anwesend. Wenn sie das nicht wollen, verlassen sie auch physisch den Kontext oder sie geben die Verantwortung zurück. Erst Anwesenheit (da-sein) ermöglicht Verantwortungsübernahme und Steuerung – also Führung.

Die „Führungswirkungsformel" lautet also:

$SA_{Selbstachtung} + R_{volle\ Rollenübernahme} + V_{uneingeschr.\ Verantwortungsübernahme} + A_{100\%ige\ Anwesenheit} = FW_{Führungswirkung}$

So lässt sich die „Wirkung" als akzeptierte „Autorität" erarbeiten. Es sind leider keine einfachen Verhaltensweisen, die ich mir kurzfristig aneignen kann. Es ist nicht eine bestimmte Art zu sitzen oder zu sprechen oder Kontakt aufzunehmen, sondern es sind innere Haltungen, die dann wiederum spezifische Verhaltensweisen bedingen. Ich muss zu meiner eigenen Person und zu dem Kontext, in dem ich mich bewege, bestimmte Haltungen haben. Alles andere ergibt sich daraus.

Motivieren – aber richtig?

Nein, im Prinzip nicht! Zur Standardlektüre vieler Führungskräfte gehören Bücher und Aufsätze zur Frage: „Wie motiviere ich meine Mitarbeiter?" Der Begriff der „Motivation" wird inflationär für alle möglichen Prozesse benutzt und eine riesige Weiter- und Fortbildungsindustrie verdient an dem Wunsch der Führungskräfte, motivieren zu können – und damit Menschen steuern zu können. Kann man Mitarbeiter überhaupt motivieren? Lassen sich Menschen manipulieren, ohne dass sie es wollen? Die Bedingungen für den Mitarbeiter sollen dabei so konstruiert werden, dass für diesen sekundär eine Bedürfnisbefriedigung oder eine „Schmerzvermeidung" (Strafe, negative Konsequenzen) dabei herausspringt. Und genau so wie dieser Satz klingt, sind die Motivationsansätze gemeint – wir sind auf dem Niveau der „Schäferhundausbildung". Mitarbeiter sollen zu einer hohen Leistungsbereitschaft konditioniert werden und viele Führungskräfte glauben, dass das geht. Wenn wir davon sprechen, dass Mitarbeiter motiviert werden sollen, machen wir zwei Annahmen. Erstens gehen wir davon aus, dass zwischen dem, was der Mitarbeiter leistet und dem, was er leisten könnte – ob kontinuierlich oder phasenweise – eine relevante Diskrepanz liegt. Diese Diskrepanz wird scheinbar nicht besprochen, oder aber die Führungskraft geht davon aus, dass es sich nicht lohnt, mit dem betreffenden Mitarbeiter über seine anscheinende „Leistungsverweigerung" zu sprechen. Manchmal haben auch Führungskräfte keine Lust zu solchen Gesprächen oder trauen sie sich schlichtweg nicht zu. Die zweite Annahme ist, dass Menschen nach dem „Reiz-Reaktionsschema" ganz mechanistisch funktionieren oder vollständig von einer allgemeingültigen Bedürfnishierarchie geprägt sind. Man hängt ihnen eine „Wurst" irgendwo hin und sie strengen sich an, diese zu bekommen. Während dieser Zusammenhang so wirkt, leisten sie etwas, das ein anderer (der, der die Wurst hingehängt hat) gebrauchen kann. Viel Spass beim Ausprobieren – aber Vorsicht sei geraten, wenn Sie Ihre Mitarbeiter behalten wollen.

Je mechanistischer, reduzierter und allgemeingültiger die Motivationskonzepte einer Führungskraft sind, desto größer ist ihre Distanz zu den Mitarbeitern und, desto weniger weiß sie von der individuellen Persönlichkeit ihrer einzelnen Mitarbeiter, obwohl sie von deren Kreativität und Leistungsbereitschaft für ihren Erfolg völlig abhängig ist. Diese gefühlte Abhängigkeit bringt Führungskräfte oft dazu, sich in der Anwendung scheinbar einfacher und wirksamer Motivationsinstrumente unabhängig und „steuernd" zu fühlen, wenigstens für einen kurzen Moment, bis sie dann merken, dass diese Instrumente nicht so funktionieren. Die individuelle Motivation ist ein überaus komplexes und sich wandelndes Phänomen. Was einen Menschen bewegt, Leistungen zu vollbringen, ist selten linear und auf einen bestimmten Reiz zurückzuführen. Es ist äußerst vielschichtig.

Sicher unterscheiden sich Menschen dadurch, dass sie an spezifischen Ergebnissen ihres „Tuns" interessiert sind. Manche wollen Macht und Anerkennung, andere Freiheit oder viel Kontakt zu anderen Menschen. Es gibt Menschen, die wollen etwas Eigenes gestalten oder sich durch etwas Besonderes abgrenzen. Manche streben nach dem Gefühl, integriert zu sein oder getragen zu werden von einer Gemeinschaft. Manche wollen gebraucht werden und andere wollen in Ruhe gelassen werden. Dies alles vielleicht auch gemischt und strukturiert in einer individuellen Priorisierung. Dieses individuelle Profil genau zu verstehen, ist nicht möglich. Und ändern können Sie das Profil auch nicht. Es ist zunächst am sinnvollsten, sich vor der Einstellung mit der Motivationsstruktur eines Menschen zu beschäftigen. Die Frage hinsichtlich eines Bewerbers ist: „Wonach sucht dieser Mensch und was ist befriedigend für ihn?" Denn das strukturiert sein individuelles Motivationsprofil. In der Regel ist das ein schon lange angewendetes Profil und so brauchen Sie lediglich in seinem bisherigen Leben danach zu suchen.

Es kann also sein, dass sich das individuelle Motivationsprofil als völlig ungünstig für den delegierten Verantwortungsbereich herausstellt. Das ist aber eher selten. Grundsätzlich gehe ich davon aus, dass viele Menschen gerne Verantwortung übernehmen, gerne sinnvolle Ziele erreichen und gerne Qualität sichern.[25] Daraus folgt, es geht mehr darum, eine Demotivation – das heißt eine „Störung" – zu „beseitigen". Diese Betrachtung ist ein entscheidender Perspektivenwechsel. Es geht nicht um die Frage, wie ich Mitarbeiter motiviere, sondern darum, wie ich Demotivationsprozesse verhindere und, wenn sie entstanden sind, bearbeite. Schwankungen in den Leistungen und in der „Lust" zu leisten gehören zum menschlichen Dasein.

---

25 Wie oben schon ausführlich besprochen, kann es natürlich passieren, dass Mitarbeiter und Führungskräfte in diesen drei Aspekten inhaltlich unterschiedliche Vorstellungen haben und diese bisher noch nicht in Konsens gebracht haben.

Motivieren – aber richtig?

Diese Schwankungen gibt es auch bei Führungskräften. Sie können sie nur besser verbergen, da ihr Arbeitsgebiet komplexer strukturiert ist und auch (je nach Hierarchieebene) weniger der direkten Kontrolle unterliegt. Große und länger andauernde Schwankungen weisen meistens auf einen Bereich hin, der momentan mehr Aufmerksamkeit und mehr Energie benötigt als sonst. Wichtig ist, darüber mit dem Mitarbeiter im Gespräch zu sein – wofür man natürlich wissen muss, womit die eigenen Mitarbeiter sonst so beschäftigt sind.

Wenn Führungskräfte daran arbeiten, Mitarbeiter in ihrer Leistungsbereitschaft nicht zu behindern, haben sie eine wesentliche Motivationsleistung vollbracht. Menschen sind motiviert, wenn man sie respektvoll behandelt, mit ihnen eine echte und vertrauensvolle Arbeitsbeziehung eingeht, in der man offen die Erwartungen aussprechen kann, ihnen sinnvolle und herausfordernde Aufgaben gibt, Verantwortung überträgt, sie teilhaben lässt an den Ergebnissen und am Erfolg, nicht vergisst, dass sie auch ein Privatleben haben und dafür sorgt, dass sie sich weiterentwickeln können. „Motiviert sein" ist eigentlich der Normalzustand. Es geht darum Demotivationen zu behandeln, aber nicht durch eine größere und höher hängende „Wurst", sondern indem man die Störungen sucht und beseitigt. Dabei findet die Führungskraft oft viele selbst zu verantwortende Prozessdefizite oder Störungen in der Beziehung zum Mitarbeiter.

Interessant in diesem Zusammenhang ist ein internationaler Vergleich der „Faktoren des Mitarbeiterengagement" von Dagmar Wilbs im Rahmen einer Studie der Beratungsfirma Mercer. Die Ergebnisse sprechen für sich.

	Global	CN	F	D	IN	JP	UK	US
Respekt	125	121	133	**129**	104	90	144	122
Art der Arbeit	112	75	138	**113**	116	107	122	112
Work-Life-Balance	112	98	133	106	97	119	119	111
Bereitstellung von gutem Kundenservice	108	108	110	108	103	79	122	107
Grundgehalt	108	113	110	105	103	140	117	112
Menschen, mit denen man zusammenarbeitet	107	96	105	**131**	98	107	120	104
Betriebliche Zusatzleistungen	94	127	81	110	94	75	76	112
Langfristige Karrieremöglichkeiten	92	91	89	77	108	94	88	92
Weiterbildung und Entwicklung	91	83	67	80	98	86	85	82
Flexibles Arbeiten	87	85	77	92	80	88	83	88
Möglichkeiten zu Beförderung/ beruflichem Fortkommen	85	92	79	83	113	92	68	80
Variable Vergütung/ Bonus	80	111	77	65	86	123	56	75

Quelle: Wilbs, Dr. Dagmar (2008): Respektvoller Umgang ist weltweit wichtigster Faktor für das Mitarbeiterengagement. URL: (Download vom 10.04.2008) http://www.mercer.de/summary.jhtml/dynamic/idContent/1294995.
Abbildung 3: *Faktoren des Mitarbeiterengagements*

Die Einsamkeit der Führungskraft

Führen ist nicht nur ein anstrengender Job, Führen macht auch „einsam." Das können besonders die Führungskräfte nachvollziehen, die aus der Kollegenebene in die Führungsrolle gewechselt sind. Als Führungskraft ist man zwar, systemisch betrachtet, ein „Teil des Ganzen", aber man ist nicht „Mitglied" des Teams oder der Gruppe (der Mitarbeiter). Man hat eine herausgehobene Sonderposition mit einer spezifischen Beziehungsqualität zu den Mitgliedern des Teams und zum Team insgesamt. Die Dinge, die man sagt, haben eine andere Bedeutung, als wenn ein Mitarbeiter dasselbe zu einem Kollegen sagen würde. Man kann eben nur sehr begrenzt „Beurteiler" und „Entscheider" und gleichzeitig „Vertrauensperson" und „Kollege" sein. Selbstverständlich gibt es Kontexte, in denen man „gleich" ist – oder sagen wir besser: etwas weniger ungleich, etwa in gemeinsamen Projekten oder außerhalb der formalen Zusammenarbeit. Aber, man trägt immer die Gesamtverantwortung und man kann die „Rolle" nicht wirklich verlassen und die damit verbundenen besonderen Beziehungsaspekte nicht ignorieren.

Zwei problematische Lösungsversuche der Art „ganz oder gar nicht", konnte ich bei Führungskräften beobachten: Erstens gibt es Führungskräfte, die ihre besondere Position gegenüber ihren Mitarbeitern übertreiben. Sie leben in der Zusammenarbeit mit ihren Mitarbeitern eine übertriebene Distanz. Diese Distanz entfernt sie so weit von ihren Mitarbeitern, dass sie von deren Befindlichkeiten, von deren Einstellungen und Haltungen, von deren Leben überhaupt nichts mehr mitbekommen. Diese Führungskräfte nehmen die Haltung ein: „Wenn schon alleine, dann richtig." Im zweiten Lösungsversuch ignorieren die Führungskräfte die notwendige Distanz und verstricken sich heillos in der Nähe zu ihren Mitarbeitern. Während die Führungskräfte der ersten Kategorie nur noch Konflikte wahrnehmen können, wenn diese schon „laut brodeln" und aufgrund ihrer wenig vertraulichen Beziehung die Mitarbeiter persönlich nicht entwickeln können, sind die Führungskräfte der zweiten Kategorie nicht mehr in der Lage, die Konflikte zu lösen und an ihre Mitarbeiter Anforderungen zu stellen.

Letzteres bedeutet nicht, dass eine Freundschaft zu einem Mitarbeiter nicht lebbar ist. Aber sie bedeutet immer größere Komplexität und einen höheren Aufwand bzw. höhere Sensibilität in der Handhabung der beiden Beziehungen. Denn das Verhalten in der einen Beziehung (Chef-Mitarbeiter) kann Einschränkungen in der anderen Beziehung (Freundschaft) zur Folge haben und umgekehrt. Man lebt in zwei „Welten". Jede „Welt" hat ihre Normen und Regeln, die in der einen oder anderen „Welt" vorkommen oder nicht vorkommen bzw. eine andere Priorität in der „Werteliste" einnehmen. Dabei entstehen im selben Kontext Konflikte in der Hinsicht, dass nicht klar ist, welche „Welt" gilt, beziehungsweise welche Konsequenzen das Verhalten in der einen „Welt" für das Zusammenleben in der anderen hat. Die Welten existieren in der Begegnung beide gleichzeitig. Das kann nur funktionieren, wenn der Führungskraft klar ist, in welcher Welt sie gerade agiert und wenn sie dies auch willentlich entschieden hat. Grundsätzlich hat es nur Aussicht auf Erfolg, wenn beide Seiten mit diesem Zusammenhang sensibel und vorsichtig umgehen und an den jeweiligen Schnittstellen und an den drohenden Konfliktfeldern eine offene, wertschätzende Aussprache pflegen. Eine schwierige, zusätzliche Anforderung, die sich aber vielleicht für den Erhalt einer tiefen Freundschaft durchaus lohnt.

Es ist erstaunlich, aber viele Führungskräfte verfügen über kein stabiles, privates Netzwerk, in dem sie ihre Kontaktbedürfnisse befriedigen können und in denen sie gemocht, geliebt und gebraucht werden bzw. selber mögen und lieben können. Eigentlich sind die zwischenmenschlichen Anforderungen an Führungskräfte nur mit einem solchen Netzwerk zu meistern.[26] Existieren die Menschen, die meine Bedürfnisse achten und befriedigen, bin ich im Arbeitskontext unabhängiger und konfliktfähiger, aber auch tragfähiger. Beide zuletzt besprochenen Problemkontexte lassen sich selbstverständlich auch kombinieren, wenn man es sich wirklich schwer und unbefriedigend machen möchte. Man lebt dann seine Bedürfnisse während der Arbeit. Das heißt, das berufliche und das private Netzwerk sind identisch. Diese Misere findet sich gar nicht so selten bei Führungskräften aus dem Medienbereich. Führen ist einsam und um die Einsamkeit ertragen zu können, braucht es ein funktionierendes, weitgehend befriedigendes privates Umfeld.

Das 36-Punkte-Arbeitsprogramm für Führungskräfte

Die „Dinge", die Führungskräfte zu leisten und zu „meistern" haben, lassen sich in 36 einzelnen Punkten beschreiben. Selbstverständlich besteht jeder Punkt aus einigen und manche aus vielen, weiteren „Unterpunkten" bzw. weiteren Aufgaben und Fähigkeitsbereichen:

1. Verantwortung übernehmen
2. Funktion definieren
3. Aufgaben definieren
4. Selbstverständnis definieren
5. Ziele definieren
6. Strategien definieren
7. Prozesse definieren
8. Erfolg definieren
9. notwendige Fähigkeiten definieren
10. Kompetenzen und Strukturen definieren
11. Kultur und Führungskultur definieren
12. ein Kenndaten-System zur Organisationssteuerung entwickeln
13. neue Mitarbeiter beurteilen und auswählen
14. neue Mitarbeiter integrieren und einarbeiten
15. Verantwortung delegieren und klare Ziele vereinbaren
16. konstruktive und stabile Beziehungen zu den Mitarbeitern aufbauen
17. Kultur-Vorbild sein
18. Mitarbeiter coachen
19. Informationsflüsse „controlen" und sichern
20. Mitarbeiter an Konzeption, Entscheidungen und Erfolg beteiligen
21. Leistungen beurteilen
22. Ergebnisse kontrollieren und beurteilen
23. Feedback geben
24. nicht vorhandene Mitarbeiter-Haltungen entwickeln
25. nicht vorhandene Mitarbeiter-Fähigkeiten entwickeln

---

26 Wir werden diesen Zusammenhang in Kapitel 4 noch ausführlicher behandeln.

26. Beziehungen optimieren
27. Prozesse optimieren, Zusammenarbeit „controllen" und optimieren
28. Innovationsprozesse sichern
29. Konflikte bearbeiten
30. Kultur und Führungskultur entwickeln und sichern
31. Führungsqualität entwickeln und sichern
32. die Zusammenarbeit mit dem eigenen Vorgesetzten und den Bereichs-Schnittstellen optimieren
33. die eigene Führungsqualität überprüfen und weiterentwickeln
34. das persönliche Netzwerk im Unternehmen „pflegen" und entwickeln
35. ein privates, tragfähiges Netzwerk aufbauen, „pflegen" und weiterentwickeln
36. für persönliche Gesundheit, Motivation und eine angemessene „work-life-balance" sorgen

Abbildung 4:   *Das 36-Punkte-Arbeitsprogramm*

Um diese 36 Aufgabenbereiche erfolgreich zu managen, braucht es einiges an Fähigkeiten und Erfahrungen aber auch Mut und Entschlossenheit. Wie schon gesagt, drei Fähigkeitsbereiche sind der Schlüssel, um diese gesamte Kompetenz sukzessive aufbauen zu können:

1. Die Fähigkeit, sich in der Rolle als Führungskraft erfolgreich orientieren zu können und die damit verbundene Verantwortung übernehmen zu können.
2. Die Fähigkeit zur Selbstreflexion, sich selbst zu verstehen bzw. über sich selbst „verändernd" und lernend nachdenken zu können.
3. Die Fähigkeit, Menschen verstehen zu können, sich in sie „einfühlen" und „eindenken" zu können und sich damit empathisch verhalten zu können.

Mit dem ersten Fähigkeitsbereich, „der Orientierung in der Rolle" haben wir uns nun schon eingehend beschäftigt. Bevor wir uns mit der „Selbstreflexion" und der „Empathie" eingehender beschäftigen, sollten wir aber das eigentliche Ziel noch mal deutlich definieren und dafür kleine Wiederholungen in Kauf nehmen.

Die authentische Führungskraft

Natürlich lässt sich „die ideale Führungskraft" nicht wirklich in ihren einzelnen Eigenschaften und Verhaltensweisen beschreiben. Ein Ideal ist immer kontext- und zielbezogen und damit jedes Mal anders. Selbstverständlich lassen sich grob Grundeigenschaften einer idealen Führungskraft beschreiben. Die Parameter sind dabei sogar recht übersichtlich: kompetent, ergebnisorientiert, akzeptiert und authentisch. Die dritte Eigenschaft können wir sogar vernachlässigen, da kompetente, authentische Führungskräfte meist immer eine hohe Akzeptanz finden. Das Schwierigste an der ganzen Sache ist aber die *Authentizität*. Von daher müssen wir uns noch einmal bewusst machen, was Authentizität im Führungskontext bedeutet. Es bedeutet, dass ich das, was ich kommuniziere oder wie ich mich verhalte, in Einklang mit mir als Gesamtpersönlichkeit begreife und tue. Oberflächlich betrachtet können wir dieses Phänomen als „stimmig mit der Person" beschreiben. Wir betrachten das Verhalten einer Führungskraft und finden es stimmig, weil es nicht aufgesetztes, angelerntes und damit schauspielerisches Verhalten ist, sondern von diesem Menschen wirklich gemeint ist. Das Verhalten (auch kommunizieren) eines authentisch agierenden Menschen ist eine Folge seines Willens und seiner tatsächlichen emotionalen Befindlichkeit. (Die Bedeutung von Emotionen wird später näher erläutert.) Authentisches Verhalten bedeutet nicht nur zu dem zu stehen, was ich tue und damit bewirke. Das was ich tue ist eine Konsequenz meiner Person – meiner Betrachtung der Welt, meiner Analyse dieser Betrachtungen, meiner Ziele, für die ich mich verantwortlich fühle, meiner Positionierung und meiner momentanen Auseinandersetzung mit dieser Welt. Authentisch zu sein bedeutet, „echt" zu sein. Und „Echtheit" schließt die Manipulation des anderen aus. Denn authentische Menschen gehen immer reale Beziehungen zu anderen Menschen ein. Sie sagen, was sie wollen, was sie nicht wollen, was ihnen gefällt und was sie stört. Da sie mit sich selbst einverstanden sind, brauchen sie ihre wahre Person nicht zu verstecken. So sind sie für den anderen „greifbar" und ein wirkliches, menschliches Gegenüber und nicht der „Träger" einer Meinung oder einer Theorie.

Authentizität ist ein gewaltig hoher Anspruch aber dennoch „machbar" für jede Führungskraft. Sie ist nur nicht vereinbar mit Bequemlichkeit und der weit verbreiteten Angst vor der tatsächlichen Existenz der eigenen Person. Authentizität bedeutet, sich auf das Leben oder das Arbeiten, und damit als Führungskraft auf andere Menschen als bedeutsames und eigenständiges Gegenüber einzulassen. Einlassen ist immer ein emotionaler Prozess. Durch das sich emotionale Einlassen geben wir den Geschehnissen Bedeutung für uns und für andere. Erich Fromm, der große Psychoanalytiker der Frankfurter Schule, beschreibt den Unterschied zwischen dem Authentischen und dem Fassadenhaften am Beispiel des Sehens:

> „Nehmen wir einmal an, jemand sieht eine Rose und stellt fest: „Das ist eine Rose" oder „Ich sehe eine Rose". Sieht er die Rose wirklich? Manche tun es wirklich, aber die meisten tun es nicht. Welche Erfahrungen machen sie? Sie sehen einen Gegenstand (die Rose) und stellen fest, dass der von ihnen gesehene Gegenstand unter den Begriff „Rose" fällt und dass ihre Feststellung: „Ich sehe eine Rose" aus diesem Grund richtig ist. Obgleich es den Anschein hat, dass der Nachdruck hier auf dem Akt des Sehens liegt, handelt es sich in Wirklichkeit um ein rein kognitives Erfassen. Der Mensch, der auf diese Weise feststellt, dass er eine Rose sieht, stellt in Wirklichkeit nur fest, dass er sprechen gelernt hat. Er hat gelernt, einen konkreten Gegenstand zu erkennen und mit dem richtigen Wort zu klassifizieren."[27]

Wirkliches Sehen, so Fromm, ist verbunden mit einem emotionalen „involviert sein", in dessen Verlauf ich eine reale und damit fühlbare Beziehung zu dem Objekt, welches ich wahrnehme, eingehe. Dieses Eingehen auf das, was ich wahrnehme, verbindet mich mit dem was ich sehe und natürlich verändert es mich auch. *Viele Führungskräfte sind nicht wirklich verbunden mit dem, was sie tun und für was sie stehen.* Aus Angst und Bequemlichkeit in Bezug auf Entscheidungen und Veränderungen in ihrem beruflichen Leben agieren sie so, als

---

27 Erich Fromm, „Authentisch Leben", Herder Verlag, Freiburg im Breisgau 2000

stünden sie zwischen ihrem Frühstück und ihrem Abendessen auf der Bühne und spielten eine Rolle. Am Schluss können sie immer sagen, „nun ja das war der Job, das war nicht ich". Da sie aber die meiste Zeit ihres Lebens in diesem „Job" verbringen, bleibt am Schluss nicht mehr viel „Echtes" übrig. Außerdem können sie die emotionale Spannung eines Doppellebens (beruflich auf der Bühne und privat im wirklichen Leben) nicht aushalten und vereinheitlichen so den zeitlich kleineren Bereich ihres Lebens, also das Privatleben, ebenfalls in ein aufgesetztes Rollenspiel. Die Medien helfen dabei zu definieren, wie diese Rollen auszusehen haben. In Coachingprozessen mit Führungskräften war ich schon oft Zeuge eines bösen Erwachens. Authentizität ist also nicht nur vorteilhaft für das berufliche Agieren, sondern für das Leben überhaupt. Aber bevor wir uns in die dafür notwendige Selbstreflexion „stürzen", möchte ich Ihnen noch eine kleine Orientierungshilfe für diese „berufliche Bühne" oder dieses „wirkliche" berufliche Leben geben.

Sechs Räume, vier Etagen, verschiedene Bünde und drei Häuser

Wenn Sie, anhand der bisherigen Ausführungen über die Komplexität der Führungsaufgabe nachgedacht haben, haben Sie es vielleicht schon bemerkt: Eines der aufregendsten Dinge beim Führen, aber manchmal auch eines der gefährlichsten, ist, dass Sie in verschiedenen Ebenen oder Bereichen gleichzeitig agieren und Prozesse auslösen. Um diese Vielschichtigkeit zu erläutern, möchte ich sie – räumlich – anhand einer „Haus-Analogie" verdeutlichen.

Wenn Sie führen, sind Sie mindestens in sechs Räumen, einigen Etagen, geringstenfalls drei Häusern und einigen (geheimen) Bünden gleichzeitig „unterwegs". Was physisch, Gott sei dank, nicht geht, aber kommunikativ überhaupt kein Problem darstellt, ist nicht abhängig davon, ob Sie diese Vielschichtigkeit beabsichtigen. Sie ist systemisch gegeben. Also Vorsicht und Aufmerksamkeit sind geraten, denn das Agieren in einem spezifischen „Raum," einer „Etage" oder einem „Haus" hat immer Auswirkungen auf das „Leben" in den anderen Räumen, Etagen, Bünden und Häuser.

Beginnen wir mit den *„Räume*n:"

1. *Der konzeptionelle Raum*
   Hier bewegen Sie sich in gedachten Konstruktionen, die Sie oft mit anderen teilen und die im Unternehmen gewünscht sind, weil sie zum Selbstverständnis des Unternehmens gehören. Es handelt sich um Visionen, Ziele, Konzepte für Marktstrategien, Imagebilder, Leitbilder, festgelegte Führungs- und Kommunikationsstile, gewünschte Unternehmenskulturen, Vorstellungen über die „richtige" Arbeitsorganisation etc. Diese gedachten Konstruktionen „leben" als offiziell definierte Konzepte genauso wie als unausgesprochene oder gar unbewusste Realitätskonzepte. Sie sind Orientierungsgerüste und wie alle Orientierungshinweise engen sie natürlich auch Ihre Möglichkeiten ein. Denn oft wird Ihr Verhalten davon bestimmt sein, eine spezifische Norm oder ein Konzept, hinter dem Sie stehen (oder stehen wollen), zu erfüllen bzw. aufrechtzuerhalten, oder eben gegen diese Anforderung zu kämpfen bzw. Sie zu umgehen – unabhängig davon, was der aktuelle Kontext erfordert. Ihr Verhalten wiederum unterstützt, konfrontiert oder verändert diese

Konzepte. Meist geschieht das nicht sofort und meist auch nicht durch Sie alleine, es sei denn Sie sind sehr mächtig. Jedes Verhalten Ihrerseits ist immer auch eine Aussage in den „Konzeptraum" des Unternehmens. Bezogen auf Ihr Führungshandeln formuliert dieser Konzeptraum Ansprüche und Anforderungen. Und hinsichtlich dieser Festlegungen unterscheiden sich Unternehmen immens. In vielen Unternehmen gibt es keine genauen Vorstellungen darüber, wie sie Ihre Führungsarbeit gestalten sollen. In anderen Unternehmen sind sie so dezidiert, dass sie wie „Fesseln" wirken, unabhängig davon, ob diese Vorstellungen der Komplexität der Führungsanforderungen angemessen sind oder nicht. Selbstverständlich beziehen sich diese Konzepte nicht nur auf das Führen. Für alle Themen im Unternehmen existieren Konzepte bzw. Vorstellungen darüber, wie die Realität aussieht und zu sein hat. Als Handelnder bewegen Sie sich immer dagegen, dafür oder, in Bezug auf konkurrierende Konzepte, dazwischen.

2. *Der juristische Raum*
Wenn Sie führen, ist Ihr Handeln immer auch ein „Rechtshandeln". Es ist sinnvoll, einigermaßen über die wichtigsten rechtlichen Konstruktionen Bescheid zu wissen und die damit verbundenen eventuellen Konsequenzen und Risiken abschätzen zu können. Ich begegne oft Führungskräften, die noch nie in das Betriebsverfassungsgesetz geschaut haben und so nicht wissen, wann für sie persönlich, oder für das Unternehmen, „ungünstige" juristische Kontexte entstehen können, die sie dann verantworten.

3. *Der Struktur-Raum*
Alle Systeme, in denen Sie handeln, sind irgendwie geordnet und verfügen damit über eine Struktur, ob Sie mit dieser Struktur einverstanden sind oder nicht. Diese Struktur bezeichnen wir als den „organisatorischen Aufbau" eines Systems. In ihm sind, was das Unternehmen (oder Ihre Abteilung) angeht, Funktionen, Ressourcen und Kompetenzen nach bestimmten (hoffentlich sinnvollen) Prinzipien geordnet. Diese Struktur ermöglicht oder verhindert die Existenz sowie die Beschaffenheit von Prozessen oder Abläufen. In einem Unternehmen existieren für alle wahrnehmbare aber auch viele verborgene Strukturen sowie neben den offiziellen, formalen Strukturen so genannte informelle Strukturen. Zum Beispiel ist die „reale Macht" des Hausmeisters nicht im Organigramm (formelle Struktur) verzeichnet, aber für jeden nachvollziehbar, wenn es um die Vergabe der Parkplätze geht (informelle Struktur). Formelle Strukturen kann man leicht ändern, informelle Strukturen nicht so leicht, weil man selten einen autorisierten Zugriff auf diese Strukturen hat. Für informelle Strukturen gibt es meist nur sehr wenige „Systemadministratoren", die über diesen Zugriff verfügen – meist arbeiten sie im Verborgenen.

Strukturen ordnen Macht und Verantwortung in einem sozialen System. Diese Strukturen können für Ihre Führungsaufgaben förderlich oder hinderlich sein. Es kann zum Beispiel so sein, dass Sie eine Organisation übernommen haben, die für Ihre Führungsaufgabe so ungünstig strukturiert ist, dass Sie die Aufgabe nicht wahrnehmen können. Sie verwehrt Ihnen den Zugriff auf bestimmte Prozesse, die Sie eigentlich verantworten sollen. Vielleicht nehmen Sie eine Position in einer Struktur ein – mit der dazugehörigen Verantwortung – haben aber real nicht den Zugang zu Informationen, den Sie für diese Verantwortungsübernahme benötigen. So kennen Führungskräfte in manchen Unternehmen die

Gehälter ihrer Mitarbeiter nicht, weil eine andere Funktion in der Organisation diese Gehälter bestimmt und diese Informationen geheimhält. Oft dürfen Führungskräfte bei der Einstellung ihrer Mitarbeiter nicht mitreden, obwohl sie danach für das Gelingen der Zusammenarbeit verantwortlich sind. Auch die Zuteilung von fachlicher Führung (gegenüber der Personalverantwortung) birgt oft das Problem einer sehr eingeschränkten Einflussnahme bei voller Verantwortung für die Ergebnisse.

4. *Der Prozess-Raum*

Prozesse gestalten das Zusammenwirken der Funktionen, Ressourcen und Kompetenzen. Sie legen fest, wie, wann, und wozu ein irgendwie gearteter (Informationen, Entscheidungen, etc.) „Austausch" zwischen den in der Struktur festgelegten Positionen stattfindet. Der „gröbste" Prozess in einem Unternehmen ist seine Wertschöpfungskette, d. h. wie das Unternehmen aus dem investierten Kapital Gewinn erwirtschaftet.

Prozesse besitzen eine komplizierte Dynamik, da sie in ihrer Beschaffenheit oft viele aufeinander bezogene Unterprozesse beinhalten. Darüber hinaus sind die Prozesse die „gelebte" Struktur. Eigentlich gibt es Strukturen in der „Realität" nur bedingt – auch sie sind genau wie die Konzepte meist theoretisch und gedacht. Aber sie werden über die Prozesse zum Leben erweckt. Dass Sie beispielsweise zu einer bestimmten Hierarchieebene gehören und über eine spezifische Einflussnahme und Steuerungsmacht verfügen, kann man vielleicht an Ihrer Kleidung, Ihrem Büro, Ihrem Parkplatz, Ihrem Gehalt erraten und der Tatsache entnehmen, dass die Mitarbeiter sich nach Ihnen richten und Sie von Ihrem Chef wiederum zur Verantwortung gezogen werden. Aber real wird dies alles erst dann, wenn es passiert – und das findet immer in den letzten drei, wenn nicht eigentlich nur in den letzten zwei Räumen statt, die wir im Weiteren noch ausführlich betrachten werden.

Auch Führen fällt leichter, wenn es durch wiederkehrende und für die Mitarbeiter transparente Prozesse geschieht. Dazu gehören ein eindeutiges Reporting, regelmäßige Mitarbeitergespräche, Zielvereinbarungen, Feedback und Beurteilungen, Informationsprozesse und vieles mehr. Entscheidend ist, dass diese Prozesse nicht nach Lust und Laune der jeweiligen Führungskraft eingesetzt werden, wenn diese den Impuls hat, etwas mitzuteilen oder das Bedürfnis bekommt, sich einen Überblick verschaffen zu wollen. Wiederkehrende Führungsprozesse sollen als transparente Instrumente die Arbeit der Organisation steuern, sodass ihr Sinn und Zweck für alle Beteiligten ersichtlich wird. Mit diesen Führungsprozessen werden Arbeitsprozesse gesteuert, deren Qualität so beschaffen sein muss, dass die verabredeten Ziele erreicht werden können.

Da Sie die vielfältigen Arbeitsprozesse Ihrer Organisation nicht wirklich überschauen können, benötigen Sie, wie bereits ausgeführt, ein gut aufgebautes *Kenndatensystem*. Sie erheben ausgesuchte Prozessergebnisse, um über das gesamte Prozessnetz eine beurteilende, qualitative Aussage machen zu können. Gleichzeitig wissen Sie dann, an welcher „Schraube" Sie drehen müssen, um die Ergebnisse zu optimieren. Leider ist das mit den „Schrauben" in Organisationen – falls es sie wirklich gibt – nicht so eindeutig und leicht, wie wir später noch sehen werden. Menschen arbeiten zur Komplexitätsreduktion automatisch mit Kenndatensystemen. Die Frage ist nur: Welche Daten sind für den Zustand, die Dynamik, die Effizienz, die Effektivität und die Zielerreichung einer Organisation wirklich aussagekräftig? Mit welchen Instrumenten und Methoden kann man sie effizient erheben? Dass man sich hinsichtlich dieser beiden Faktoren sehr irren kann, kennen Sie von Ihrer Familie, die manchmal doch anders „funktioniert" als Sie geglaubt haben, oder?

5. *Der Beziehungs-Raum*
Organisationen bestehen aus Beziehungen zwischen Menschen. Man könnte einen Prozess als eine Kombination von formell festgelegten Beziehungen bezeichnen, die definieren, wie die Kommunikation zwischen den Beteiligten abläuft. Aber wir müssen „Beziehung" hier weitgehender verstehen. Denn Beziehungen, auch am Arbeitsplatz, enthalten, neben den formellen Kommunikationsabläufen informelle, an den Bedürfnissen und Emotionen der Beteiligten orientierte Kommunikation. Sie beinhalten bewusste, wie auch unbewusste Anteile. Sie sind bestimmt durch gegenseitige positive wie negative Erwartungen, die sich nicht nur auf die Logik der Arbeitsprozesse beziehen. Führungsinstrumente zum Beispiel sind, neben der Tatsache, dass sie den Steuerungsprozess (also den Prozess-Raum) zwischen Führungskraft und Mitarbeiter unterstützen, ein Versuch, auch die Beziehung zwischen Vorgesetztem und Mitarbeiter zu optimieren. Das gelingt nur sehr eingeschränkt, da sich Beziehungen über „Instrumente" nur bedingt optimieren (d. h. positiv verändern) lassen.

6. *Der intra-personale Raum*
Der intra-personale Raum ist die „Welt" *im* Individuum, im Gegensatz zu den Beziehungen, die zwischen den Individuen stattfinden.[28] Beim intra-personalen-Raum handelt es sich um Wahrnehmungen, Interpretationen, Verarbeitungsprozesse, Gedanken, Emotionen, Motive, etc., mithin um das gesamte bewusste wie unbewusste „Realitätsmodell" eines Menschen. (Wir werden später noch sehen, was das genau ist und wie es funktioniert.) Die Ergebnisse sind auf jeden Fall, wollen wir sie auf die Arbeitsprozesse beziehen, eine spezifische Befindlichkeit, ein spezifischer Ressource- und Kompetenzzustand sowie eine spezifische Motivationslage des Individuums. Die Mitarbeiterentwicklung zum Beispiel muss in diesem Raum ansetzen. Sie arbeitet aber leider meistens im Struktur-Raum (Verantwortungsbereiche werden definiert) oder im Prozess-Raum (Abläufe für zum Beispiel Konfliktsituationen werden vorgegeben).

Diese sechs Räume beeinflussen sich gegenseitig. Je nach Kontext dominieren Räume. Viele Führungskräfte glauben, dass die letzten beiden (die Beziehungs-Räume und die intra-personalen-Räume) zwar existent sind. Sie bestreiten aber deren massive Auswirkungen auf das Gelingen von Arbeitsprozessen und Führungskontexten. Der Grund ist leicht zu erraten: Würden sie diese beiden „Räume" in ihre Führungsarbeit einbeziehen, wäre alles weitaus komplexer und vielschichtiger. Damit „schrauben" sich die Führungsanforderung drastisch in die Höhe. „Wegschauen" ändert die Realität jedoch nicht.

---

28 Diese Definition ist natürlich nicht korrekt, da zwischen Menschen – wirklich gedacht als Raum dazwischen – nichts stattfinden kann. Menschen können sich nur aufeinander beziehen, sodass das Eigentliche in jedem Menschen passiert – und eben nicht dazwischen. Aber diese gedankliche Konstruktion ist für unsere Zwecke zunächst sinnvoll.

Stellen Sie sich vor, Sie sind Vater (oder Mutter) einer Familie mit Frau (Mann), zwei Kindern und den üblichen Verwandtschafts- und Freundesnetzwerken. Aus irgendeinem Grund haben Sie sich entschieden, ein weiteres aber älteres Kind in Ihre Familie aufzunehmen. Also begrüßen Sie das Kind höflich, machen es bekannt mit den anderen Familienangehörigen, zeigen ihm wo sein Bett steht, wo sich das Badezimmer befindet, wie Fernseher und Stereoanlage funktionieren und erklären ihm ein paar Regeln bezüglich Wecken, Essenszeiten, Schulpflicht, etc. Damit ist die „Familienaufnahme" Ihrer Meinung nach professionell abgeschlossen und Sie erwarten keine weiteren Schwierigkeiten – weit gefehlt. Aber so verstehen und erfüllen viele Unternehmen in Akquisitionsprozessen ihre zu bewältigenden Integrationsanforderungen. Sie ignorieren Teile der Prozess-Räume und ignorieren völlig die Anforderungen, die sich aus den Beziehungs- und intra-personalen-Räumen ergeben. Sie glauben, wenn man bei einer Unternehmensintegration die IT-Prozesse und die Verwaltungs-Prozesse „überstülpt" oder gegenseitig anpasst, die Integration oder auch Fusion erfolgreich war. Nun, die Realität zeigt uns leider viele Gegenbeispiele. Wenn die Schwierigkeiten erst sichtbar werden, sind sie meist um ein Vielfaches komplizierter zu beheben. Nach diesem Muster führen auch viele Führungskräfte ihre Organisation. Sie definieren die Strukturen und die mit dem direkten Wertschöpfungsprozess verbundenen Prozesse. Dass Sie dafür Beziehungen gestalten, Lebenswelten kreieren und Persönlichkeiten entwickeln müssen, ignorieren sie schlicht weg.

Kommen wir nun zu den „Etagen." Die einzelnen Etagen sind, bezogen zum Beispiel auf das „Leben und Arbeiten" in Konzernen:

- das Unternehmen als Ganzes – die gesamte Unternehmensöffentlichkeit;
- der Bereich, das Land, die Division etc., in dem/der Sie tätig sind;
- das jeweilige Profitcenter;
- die spezifische Abteilung oder Organisation, die Sie verantworten.

Die Anzahl der „Etagen" richtet sich nach der Größe des Unternehmens, seiner Organisation in Subsysteme und nach Ihrer Hierarchieebenenzugehörigkeit. Alle „Etagen" können völlig eigene Kulturen haben und in den Prozess- und Beziehungsräumen nach unterschiedlichen Gesetzmäßigkeiten funktionieren. Deshalb haben Informationen, die aus Ihrer Organisation (Abteilung, etc.) diese anderen „Etagen" erreichen, Wirkungen, die Sie in ihren Bedeutungen und Konsequenzen im Vorhinein schwer abschätzen können. Manchmal ist es aber auch so, dass diese „Etagen" nur einen spärlichen oder selektiven Informationsaustausch betreiben.

Die „Häuser", von denen ich behauptet habe, dass es mindestens drei seien, stehen jeweils für die gesamte „Lebenswelt" eines Menschen, von der das Arbeiten in einem Unternehmen nur einen Teilbereich (wenn auch einen zeitlich massiven Bereich) verkörpert. Andere Bereiche sind beispielsweise die unterschiedlichen privaten Netzwerke (die Familie) und andere Institutionen (zum Beispiel Vereine). Selbstverständlich ist das Unternehmen als eigenständiges soziales System auch eine eigenständige Lebenswelt, in der Sie sich mit dem jeweiligen Mitarbeiter begegnen. Wie ein Treffen im „Second Life" nur, hier im unwiderruflichen „First Life". Sie treffen sich sozusagen in einer „Schnittmenge" der beiden individuellen Lebenswelten und gleichzeitig in einer Schnittmenge zwischen Unternehmen und Ihrer Lebenswelt (was für den Mitarbeiter genauso gilt). Die Interaktionserfahrungen und andere Erlebnisse haben jeweils Auswirkungen auf die verschiedenen Lebenswelten.

Es ist wichtig, sich diese gegenseitige Einflussnahme bewusst zu machen, da es immer noch zu viele Führungskräfte gibt, die glauben, man könnte die Lebenswelten wirklich von einander trennen. In Coachingprozessen kann man das am deutlichsten merken. Erarbeitet sich der Coachee im Rahmen des Coachingprozesses neue Möglichkeiten, Beziehungen zum Beispiel im Rahmen eines Konfliktes mit einem Kollegen, auf ein höheres Qualitätsniveau zu bringen, wird das Auswirkungen auf die privaten Beziehungen haben, da der Coachee damit über erweiterte Möglichkeiten im Kontakt zu anderen Menschen verfügt. Die Lebenswelten beeinflussen sich gegenseitig.

Aber das ist noch nicht alles. Neben den „Räumen", „Etagen" und „Häusern" treffen Sie in Ihrem „Unternehmenshaus" auch auf verschiedene *„Bünde"*. Manche davon sind Geheimbünde, die nach dem Logenprinzip funktionieren. Manche sind offizielle, elitäre Vereinigungen und nehmen Mitglieder nur auf Empfehlung auf. Manche sind kurzfristige Interessengemeinschaften und manche sind „Show-Bünde", die eigentlich nur so tun, als verbinde sie irgendetwas. Diese „Bünde" können als öffentlich bekannte Vereinigung oder als geheime Guerilla-Einheit agieren. Es handelt sich dabei um „informelle Kulturen", die „etagenübergreifend" agieren oder – das andere Extrem – in irgendeinem Winkel des Unternehmens leben. Sie verhalten sich Ihnen gegenüber freundlich oder gar werbend, ausgrenzend oder gar feindlich, so wie überall im Leben. Warum sollte es in Ihrem Unternehmen anders zugehen als in Ihrer Nachbarschaft?

Diese Vielschichtigkeit des Führungshandelns ist ein wesentlicher Grund dafür, dass zur Führungsqualität, bezogen auf die persönliche „Bewegung" im gesamten Unternehmen, Diplomatie gehört. Ohne eine erhöhte Sensibilität gegenüber den Auswirkungen des eigenen Handelns in den unterschiedlichen Subsystemen und Lebenswelten und ohne das „Gefühl" für die passenden diplomatischen Strategien, ist Führen wie Angeln ohne Angel – entweder wahlloses Hineingreifen oder Sprengstoff.[29]

Im Folgenden heben wir nun noch deutlicher die führungsrelevanten Aspekte in den Bereichen „Beziehungs-Raum" und „intra-personaler-Raum" hervor, da „Selbstreflexion" und „Empathie" in diesen beiden „Räumen" stattfinden. Nebenbei sind in diesen Räumen auch die größten Kompetenzschwächen von Führungskräften zu finden. Für viele Führungskräfte ist es meist leichter, sich mit Führungskonzepten zu beschäftigen, die Vor- und Nachteile von Strukturen kennenzulernen, oder die Organisationsprozesse zu optimieren. Wesentlich schwieriger ist es aber, auf der Ebene der Beziehungen und der individuellen, psychologischen Realität eines einzelnen Menschen Veränderung bzw. Entwicklung zu bewirken. Niemand bestreitet heute noch die Wichtigkeit der Räume „Beziehung" und „Person", trotzdem hat diese Einsicht oft wenig Konsequenz. Umgekehrt ist es natürlich so, dass jedes „Führungsleiden", ob von Führungskräften oder von ihren Mitarbeitern, sich im intra-personalen-

---

29 Auch mit Sprengstoff werden Fische gefangen, aber man zerstört dabei mehr als nur die Fische.

Raum offenbart. Es wird häufig durch Geschehnisse im Beziehungs-Raum verursacht. Dieser Raum wiederum wird manchmal ungünstig durch den Prozess- und Strukturraum eingeengt.

Die Selbstreflexion, mit der wir uns im Folgenden ausführlich beschäftigen, überprüft die Realitätsnähe der internen Verarbeitungsprozesse, im intra-personalen-Raum, und die „Bewegungen" im Beziehungs-Raum. Nur diese Überprüfung gibt Ihnen die Möglichkeit, Korrekturen, Optimierungen und Entwicklungsprozesse einzuleiten.

Betreten wir nun die Räume, in denen sich Führungskräfte am wenigsten auskennen und in denen die meisten Führungsprobleme zu verorten sind, in Beziehungen und in der individuellen „inneren Wirklichkeit" von Mitarbeitern und Führungskräften.

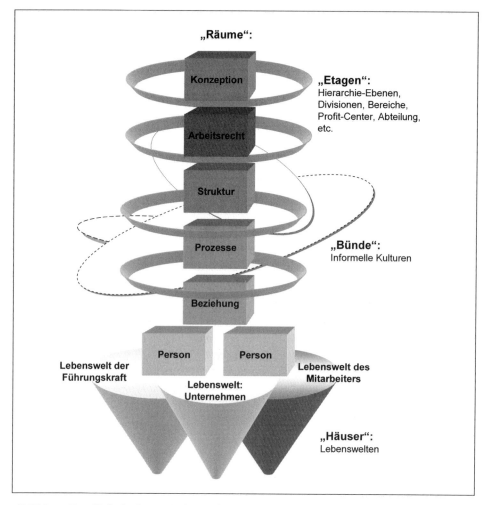

Abbildung 5:   *Vielschichtiges Führungshandeln*

Selbstreflexion und Empathie – das Eine geht nur durch das andere

"Was ich sehe, ist nur die Bedeckung, die Hülle.
Das Wichtigste ist ... unsichtbar."

[Antoine de Saint-Exupery, Der Kleine Prinz]

Einführung

Kommen wir nun also zum zweiten und damit gleichzeitig zum dritten Faktor: die *Selbstreflexion* und die *Empathie*. Sie sind, wie wir gleich sehen werden, eng miteinander verbunden. In meiner Praxis als Coach verstehe ich meine Aufgabe so: Zu mir kommen Führungskräfte, die ihre Organisationssteuerungskompetenz, ihre Führungsqualität, die damit verbundenen Kommunikations- und Interaktionskompetenzen und ihr Selbstmanagement entwickeln und optimieren wollen. Sie können dies nicht alleine, weil ihnen zum einen Fachkompetenz fehlt. Andererseits merken sie, dass sie nicht so einfach ihr Verhalten verändern können, ohne – als Voraussetzung dafür – sich selbst als Person zu verändern. Oder anders ausgedrückt, sie ahnen, dass ihre Verhaltensmuster, auf die sie irgendwie festgelegt sind und die sie einschränken, von einer „tieferen" Ebene ihres Persönlichkeitssystems bestimmt werden. Eine Ebene, die ihnen hinsichtlich des Zugriffs Grenzen setzt. Was ich dann tue ist folgendes: Ich helfe ihnen sich selbst, in den Kontexten, in denen sie sich anders verhalten, positionieren oder fühlen wollen, zu verstehen. Dabei stoßen wir auf Wahrnehmungs-, Denk- und „Emotionsmuster", welche meist in ihrer Biographie zu einem guten Zweck (Situationen erfolgreich meistern) gebildet wurden, sie heute aber einschränken. Wir versuchen dann gemeinsam diese „alten" Kontexte, auch mit den damit verbundenen Wahrnehmungen und Emotionen, genauer zu verstehen, die Unterschiede des aktuellen Kontextes herauszuarbeiten und neue Optionen (Wahrnehmungen, Interpretationen, Denkprozesse, Zugänge zu Emotionen, etc.) zu integrieren und damit die Festlegung aufzuheben. Um sich im aktuellen Kontext dann den Anforderungen und den persönlichen Anliegen gemäß, anders verhalten zu können, müssen meistens noch wichtige „Glaubenssätze", über sich selbst, über andere Menschen, über die Situation, etc. „überarbeitet" werden. Zusätzlich geht es in Coachingprozessen natürlich auch um konkretes, kognitives Lernen und Erlernen bezogen auf Themen wie: Führungsinstrumente, Organisationsentwicklung, Führen mit Kenndaten, das Gestalten und Weiterentwickeln von Unternehmenskulturen, Leiten und Moderieren von Gruppenprozessen, Gesprächsführung, Konfliktmanagement, Changemanagement, Projektmanagement, Arbeitsorganisation, Mitarbeiterbeurteilung und -entwicklung und vieles mehr. Aber auch wenn diese Themen hauptsächlich mit dem Erwerb von Wissen zu tun haben, so müssen die konkreten Wege der Umsetzung und alle Instrumente und Techniken, auch zur Persönlichkeit passen und in den konkreten individuellen Kommunikations- und Führungsstil integriert werden. Integrieren bedeutet dabei immer, das sich beides (das Persönlichkeitssystem wie auch das neue Verhalten) verändern muss. Je nach dem das eine mehr als das andere. Diese Arbeitsprozesse werden von einer vertrauensvollen Zusammenarbeit getragen, die erst einmal erarbeitet werden muss. Sie sind geprägt von Feedback, welches dazu dient, das vorhandene Selbstbild weitgehend der Realität anzupassen und dem Bestreben, einen ressourcevollen Zustand zu erarbeiten, der es ermöglicht die Zukunft (auch die morgige Besprechung) aktiv nach eigenen Vorstellungen zu gestalten. Ein wichtiges Arbeitsinstrument ist dabei die Beziehung zwischen Coach und Coachee.

Dies alles kann aber nur dann geschehen, wenn zwei Vorraussetzungen gegeben sind bzw. im Prozess des Coachings immer wieder und kontinuierlich weiter erarbeitet werden: *Erstens* ein Konsens bezüglich des spezifischen Anforderungsprofils in der Führungsrolle und damit zum einen eine Orientierung in dieser spezifischen Rolle und zum anderen eine Definition der diesbezüglich zu bearbeitenden Kompetenzdefizite. *Zweitens* benötigen wir, sozusagen als „Arbeitsinstrument", eine optimierte Selbstreflexion. Im Rahmen dieser Selbstreflexion werden vorhandene Defizite und die damit verbundenen innerpsychischen Prozesse erst sichtbar und bilden so das „Arbeitsmaterial". Eine wesentliche Vorraussetzung für diese „optimierte" Selbstreflexion ist ein gemeinsames Verständnis von den grundsätzlichen Prinzipien der menschlichen Wahrnehmung, des menschlichen Denkens und Fühlens. Es geht um die Arbeitsweise und die Entwicklungsprozesse der menschlichen Psyche (Seele) oder noch grundsätzlicher, um die „Natur des Menschen". Denn diesbezügliche Annnahmen und Konzepte liegen jeder Beschreibung und Bewertung von Verhalten und erst recht von psychischen Prozessen wie Einstellungen, Haltungen, Lernen, Verändern, Entwickeln, etc. zugrunde.

Aber auch ohne einen Coachingprozess sind Führungskräfte in der Lage, sich selbstständig eine hohe individuelle Führungsqualität zu erarbeiten. Sie benötigen zum einen den klaren Blick auf die Anforderungen. Damit haben wir uns, zumindest auf einer allgemeinen Ebene, im vorherigen Kapitel ausführlich beschäftigt. Sie benötigen zum anderen eben eine für die „Selbstentwicklung" brauchbare „Selbstreflexion". Das dafür notwendige differenziertere Verständnis über die „Natur des Menschen" werde ich im Folgenden darstellen. Sie werden dabei erkennen, dass „die Natur des Menschen" den Selbstreflexionsprozess in gewisser Weise „behindert". Und dass Selbstreflexion ohne Wissen über die „psychische Bauweise" des Menschen nicht möglich ist. Dabei geht es nicht darum einen allumfassenden Kenntnisstand zu vermitteln, sondern, die erläuterten Strukturen und Prozesse sind ausgesucht und bilden schon die Grundlage für die am häufigsten auftretenden Coachingthemen. Sie werden auch erkennen, dass die Empathie (das Vermögen andere Menschen zu verstehen) wiederum in ihrer Tauglichkeit von der Qualität eben dieses Selbstreflexionsprozesses bestimmt wird.

Selbstreflexion, was ist das eigentlich genau?

Der Prozess der Selbstreflexion ist eine mit dem Menschsein verbundene Fähigkeit. Wir können dabei vier Kategorien unterscheiden.[30] In der „Selbsterfahrung" erleben wir körperlich-seelische Zustände wie Freude, Ärger, Hunger, Angst, Müdigkeit, Lust und Unlust, etc.. Wir „erfahren" uns so zu sagen während wir „so dahinleben". Dies ist noch keine Reflexion, sondern eine allgemeine Bewusstheit der inneren Zustände. Selbstreflexion setzt eine „Selbstbeobachtung" voraus. Eine Selbstbeobachtung, die sich gezielt auf die Vorgänge und Abläufe und die damit einhergehenden wechselseitigen Beziehungen in unserer „inneren Wirklichkeit" richtet. Selbstbeobachtung ist zunächst wertfrei. Sie stellt lediglich fest. Dem gegenüber ist die „Selbstbeurteilung" eine Bewertung der beobachteten Abläufe und Gegebenheiten. Für die Selbstbeobachtung ist, wie man sich denken kann, eine zu schnelle Beurteilung hinderlich, da die Beurteilung den Prozess der „freien" Beobachtung beeinflusst.

> „Man hat mit Recht darauf hingewiesen, dass die Erfahrung lehrt, wie sehr die Menschen in ihrer Selbstbeobachtung schon die Haltung der Selbstbeurteilung einfließen lassen und damit der Gefahr der Selbsttäuschung erliegen. Dies gilt vor allem für die Feststellung von Motiven. Hierher gehört etwa der Aphorismus von Nietzsche: „Das habe ich getan, sagt mein Gedächtnis. Das kann ich nicht getan haben, sagt mein Stolz und bleibt unerbittlich. Endlich gibt das Gedächtnis nach."[31]

Der bis hierhin verwendeten Begriffssystematik von Phillip Lersch möchte ich einen weiteren, fünften Begriff hinzuführen – die *Selbstreflexion*. Die „Selbstreflexion" ist eine „verstehende Selbstbeobachtung". Sie fügt der Selbstbeobachtung in gewisser Weise das Moment der Reflexion – der analytischen Betrachtung von Zusammenhängen – hinzu. Für diese Reflexion benötigen wir, wie angesprochen, ein spezifisches Wissen über die grundsätzlichen Zusammenhänge unserer inneren Strukturen, über die darin ablaufenden Prozesse und über die mit ihnen verbundenen seelischen Dynamiken.

Würde man es linear betrachten, so wäre die Reihenfolge: Selbstbeobachtung, Selbstwahrnehmung, Selbsterfahrung, Selbstreflexion, Selbstbeurteilung. Aber wie überall – und dies gilt im besondern Maße für unsere seelischen Abläufe – bedingen sich die einzelnen Elemente wechselseitig und gleichzeitig. Die Psyche hält nicht so viel von einer mathematischen Logik und den physikalischen Gesetzten der äußeren Welt – zumindest nicht in Bezug auf sich selbst.

Des Weiteren lässt sich das durch die Selbstbeobachtung Erkannte und das durch die Selbstreflexion Verstandene, nicht so leicht durch Sprache vermitteln. Unsere Sprache ist zu mangelhaft, um die komplexen, filigranen und veränderlichen Zusammenhänge unserer Psyche beschreiben zu können.

---

30 Philipp Lersch, „Aufbau der Person", J. A. Barth Verlag, München 1964^9, Seite 78 ff.
31 ebenda Seite 78

> „Denn die Worte sind eigentlich Konfektionskleider, zugeschnitten auf die Dinge der Außenwelt, deren jedes einzelne genau abgegrenzt ist gegen ein anderes, während im seelischen Leben die Phänomene fließend ineinander übergehen."[32]

Damit haben wir es schon mit einer „Behinderung" zu tun, die wir leider im Rahmen unseres Selbstreflexionsprojektes in Kauf nehmen müssen und die sich zweifach auswirkt. Zum einen ermöglicht diese sprachliche Einschränkung einen Informationstransport der inneren Geschehnisse und ihrer Bedeutungen zu einem anderen Menschen nur sehr eingeschränkt. Zum anderen ist es aber so, dass unser sprachliches Vermögen unser analytisches Denkvermögen repräsentiert. Das heißt, wir denken so wie wir sprechen und umgekehrt. Um also über unsere inneren Geschehnisse reflektieren zu können, benötigen wir die Art des Denkens, die mit der Sprache verwandt ist. Damit ist das linkshemisphärische, kognitive Denken gemeint. Das Denken, welches unsere Logik, unser analytisches Verarbeiten umfasst. Somit haben wir, wenn wir über uns selbst nachdenken, nahezu die gleiche Einschränkung, als würden wir die inneren Prozesse einer anderen Person erläutern. Zum Glück haben wir aber noch die andere Hälfte unseres Gehirns, die wesentlich komplexer und systemischer arbeiten kann, aber sie hilft uns nicht dabei die Zusammenhänge in eine logische Sprache, auch uns selbst gegenüber, zu bringen. Das bedeutet, dass wir viele Prozesse und Dynamiken fühlen und erahnen können, mehr eben nicht – aber auch nicht weniger.

Bevor wir die Sache aber unnötig verkomplizieren, schauen wir noch mal, worum es genau geht: Zunächst geht es um zwei Fähigkeitsbereiche. Zum einen um die Fähigkeit, die verschiedenen Prozesse in mir selbst *wahrnehmen* und beobachten zu können und zum anderen um die Fähigkeit, über diese „inneren Prozesse" und deren Bedeutung für mich als Individuum, und damit über mich selbst, nachdenken (*reflektieren*) zu können.

Bei dem, was *in* uns geschieht, geht es:

- um Körperwahrnehmungen – ein flaues Gefühl im Magen, Herzklopfen, „Schmetterlinge" im Bauch, einen Kloß im Hals, etc.;
- um emotionale Prozesse – Stimmungen, Gefühle (Traurigkeit, Freude, Einsamkeit, etc.) und Affekte (Ärger, Lust, etc);
- um kognitive Prozesse – Interpretation der Wahrnehmungen, Gedanken, Ideen und
- um das, was die Psychologen den „inneren Dialog" nennen.

Grob betrachtet haben wir es also mit vier Kategorien zu tun. Neben dem „inneren Dialog", den wir später noch ausführlicher behandeln werden, stellt uns unser Gehirn diese Prozesse, die Erinnerungen oder auf die Zukunft bezogene „Simulationen" sein können, in hoher „Fünf-Sinn-Videoqualität" zur Verfügung. Wir sehen Bilder, hören Geräusche, Stimmen, riechen etwas, haben vielleicht sogar Geschmackserlebnisse und fühlen körperlich oder stimmungsbezogen die unterschiedlichsten Emotionen. Wir bräuchten also bloß „zuschauen"[33], was alles so los ist, um dann darüber nachzudenken. Aber, wie gesagt, ist es leider

---

[32] ebenda, Seite 79
[33] Für die auditiven Menschen unter uns: „hineinhorchen"

nicht so einfach. Hier zunächst eine kurze Übersicht über die Erschwernisse für dieses Vorhaben:

- Über die sprachliche Einschränkung und der daraus resultierenden Behinderung der eigenen analytischen Betrachtung haben wir schon gesprochen.
- Zu vielen der inneren Prozesse finden wir zunächst keinen einfachen oder überhaupt keinen Zugang, da sie unbewusst geschehen. So ist ein großer Teil meiner „inneren Wirklichkeit" für mich nicht zugänglich.
- Meine Vorstellung von mir Selbst (mein Selbstkonzept) verbietet mir die unvoreingenommene Wahrnehmung und Reflexion meiner Selbst, wenn die wahrgenommenen oder selbsterkennenden Aspekte die „Definition meiner Selbst" (Selbstbild) in Frage stellen. Auch die vielen, von mir nicht bewusst wahrgenommenen „Regeln" meines Kulturkreises und der „Kultur" meiner Interaktionskontexte lenken und beeinflussen meine Möglichkeiten mich wahrzunehmen und zu verstehen.
- Meine Reaktionen *auf* die Realität, und *in* der Realität, sind entscheidend geprägt von den persönlichen Auswertungen meiner in der Vergangenheit gemachten Erfahrungen und nicht von den aktuell vorherrschenden Realitätsbedingungen. Dieses vor vielen Jahren erarbeitete und im höchsten Maße individuelle und komplexe Verstehens- und Interpretationssystem ist mir in seiner Bedeutung für mein heutiges Handeln nur wenig transparent. Und auch die Arbeitsweise dieses, von meiner Vergangenheit „gebauten" Systems, hat neben den bewussten viele unbewusste Anteile.
- Um meine inneren Prozesse reflektieren zu können, muss ich darüber hinaus etwas für wahr halten, was viele Menschen nicht wirklich als etwas Unumstößliches, Gegebenes hinnehmen: Die gesamte Realität findet in uns statt. Das heißt, wir laufen mit einem „Modell der Realität" in unseren Köpfen über diesen Planeten und unsere gesamte Orientierung für unsere Reaktionen wie Aktionen in dieser Welt bezieht sich auf diese oft sehr individuell gestaltete „innere Realität, der äußeren Realität". Das bedeutet, dass es an unterschiedlichsten Stellen entscheidende Unterschiede zwischen der „äußeren" und der „inneren" Realität geben kann. So als hätte Ihr Navigationssystem eine für Sie bedeutsame Abweichung hinsichtlich der Strecke, die Sie gerade befahren. In diesem Falle glauben die meisten Menschen ihrem „inneren Navigationssystem". Die Anerkennung der Tatsache der als Landkarte „in meinem Kopf" abgebildeten Realität hat aber einen entscheidenden Vorteil: ich kann die Realität in meinem Kopf ändern. Wobei ich empfehle sie eher „anzupassen" als sie nach Lust und Laune zu verändern (falls das überhaupt geht).
- Die Verstehbarkeit meiner Selbst aber auch meines Gegenübers und – als eigenständiges, drittes Phänomen – die Beziehung zwischen uns, ist nicht nur durch ihre vielen unbewussten Anteile schwer zu verstehen, sondern ebenfalls schlicht durch ihre Komplexität. Das bedeutet, die Informationsquantität ist immer größer als von mir wahrgenommen. Ich für mich, andere für mich und die Beziehungen, in denen ich mich bewege sind für mich – und damit auch für andere – nicht in Gänze fassbar und verstehbar.

Mit all diesen Annahmen und Bedingungen, die gewissermaßen in der „Natur des Menschen" liegen, und die zum einen unseren Selbstreflexionsprozess einschränken und erschweren zum anderen aber paradoxerweise das Verstehen der eigenen Person erst ermöglichen, werden wir uns im Folgenden beschäftigen.

Ein kurzer Ausflug zu den Spiegelneuronen

Doch zuvor unternehmen wir noch einen kurzen „Ausflug" zur *Empathie*. Empathie bezeichnet die Fähigkeit, andere Menschen verstehen zu können. Dabei handelt es sich bei den Bereichen, die es zu verstehen gilt, um Wahrnehmungen sowie kognitive und emotionale Prozesse, also die Bereiche, welche auch für die Selbstwahrnehmung und -reflexion eine Rolle spielen. Um meine empathischen Fähigkeiten entwickeln zu können, benötige ich aber ebenfalls eine wichtige Annahme: Wahrnehmen, Denken und Fühlen sind höchst individuelle Prozesse, die einer in bestimmten Bereichen völlig anderen „inneren Wirklichkeit" entspringen oder sich auf diese beziehen. Wenn ich diese Unterschiede oder Andersartigkeit als gegeben akzeptiere, kann ich mich bei allen Einschränkungen bemühen, dieses „fremde Universum" zu erforschen. Und vielleicht kann ich dann Einiges davon verstehen. Aber nie alles oder das Ganze.

Aber schauen wir uns zunächst die Verbindung zwischen Empathie und Selbstreflexion an. Den Zusammenhang dieser Verbindung bezogen auf das „Nachempfinden" oder „Mitfühlen" oder „Einfühlen" kann in der Wissenschaft, hinsichtlich der physiologischen Prozesse, erst seit einigen Jahren erklärt werden. Joachim Bauer hat diesen Zusammenhang sehr nachvollziehbar beschrieben. Er führt uns ein in die Welt der Spiegelneuronen:

> „Die Sensation war, dass es so etwas wie eine neurobiologische Resonanz gibt: Die Beobachtung einer durch einen anderen vollzogenen Handlung aktiviert im Beobachter (…) ein eigenes neurobiologisches Programm, und zwar das Programm, das die beobachtete Handlung bei ihm selbst zur Ausführung bringen könnte."[34]

> „Bei anderen wahrgenommene Handlungen rufen unweigerlich die Spiegelneuronen des Beobachters auf den Plan. Sie aktivieren in seinem Gehirn ein eigenes motorisches Schema, und zwar genau dasselbe, welches zuständig wäre, wenn er die beobachtete Handlung selbst ausgeführt hätte. Der Vorgang der Spiegelung passiert simultan, unwillkürlich und ohne jedes Nachdenken. Von der wahrgenommenen Handlung wird eine interne neuronale Kopie hergestellt, so, als vollzöge der Beobachter die Handlung selbst. Ob er sie wirklich vollzieht, bleibt ihm freigestellt. Wogegen er sich aber gar nicht wehren kann, ist, dass seine in Resonanz versetzten Spiegelneuronen das in ihnen gespeicherte Handlungsprogramm in seine innere Vorstellung heben. Was er beobachtet, wird auf der eigenen neurobiologischen Tastatur in Echtzeit nachgespielt. Eine Beobachtung löst also in einem Menschen eine Art innere Simula-

---

[34] Joachim Bauer, „Warum ich fühle, was du fühlst", Hoffmann und Campe Verlag, Hamburg 2005, Seite 23

tion aus. Es ist ähnlich wie im Flugsimulator: Alles ist wie beim Fliegen, sogar das Schwindelgefühl beim Sturzflug stellt sich ein, nur, man fliegt eben nicht wirklich."[35]

Diese „innere Simulation" des „Zustandes" eines anderen Menschen besteht also aus allem, was zu diesem Zustand gehört. Es sind gedachte und gefühlte Handlungsoptionen, Körperempfindungen, komplexe Emotionen, Bewertungen und Interpretationen, Wahrnehmungen, Erinnerungen und vieles mehr. Dabei entsteht eine Schnittmenge an annähernd deckungsgleichen Informationen und somit ein Bereich, der sich gewissermaßen selbstständig gemacht hat: die vor dem Hintergrund der völlig individuellen Erfahrungen selbst kreierten und verknüpften Assoziationen (Wahrnehmungen, Gedanken, Gefühle). Das heißt, zum Teil fühlen und denken wir das, was ein anderer Mensch denkt und fühlt und zum anderen denken und fühlen wir höchst eigen. Herauszufinden, wo das eine aufhört und das andere beginnt, ist das Geheimnis gekonnter Empathie. Und um das eine vom anderen trennen zu können, benötige ich die Fähigkeit, die komplexen kognitiven und emotionalen Prozesse in mir wahrnehmen zu können und sie einer Reflexion unterziehen zu können.

Der Mühe Lohn – oder: Die Vorteile der Selbstreflexion

In der Selbstreflexion geht es darum, das, was in uns geschieht, wahrnehmen und überprüfen zu können. Diese Selbstreflexion hat dann Auswirkungen in vier Bereichen.

Erstens:
Je sensibler und differenzierter ich die kognitiven (denken) und emotionalen Prozesse (fühlen) in mir wahrnehmen und „denken" kann, desto eher bin ich in der Lage, meine komplexe „äußere und innere Realität" zur Grundlage meiner Orientierung hinsichtlich der Steuerung meines Verhaltens oder meines Lebens überhaupt zu nutzen. Das, was ich an „Realität" im „Kopf" habe, wurde von mir gefiltert und umgearbeitet – meist ohne dass ich heute auf diese Filter- und Umarbeitungsprozesse wirklich Einfluss nehmen kann. Aber die Auswirkungen dieser Prozesse kann ich wahrnehmen und überdenken. So kann ich meine „Realitätsnähe" überprüfen in dem ich mir beim Wahrnehmen und Auswerten des Wahrgenommenen quasi selbst „über die Schulter schaue". Nur so kann ich mein „Orientierungssystem" einer Sicherheitsüberprüfung (hinsichtlich Realitätsnähe) unterziehen. Viele der Denk- und Fühlprozesse sind assoziativ aufgebaut. Die einzelnen Inhalte dieser Assoziationen (automatische Verknüpfungen) beruhen oftmals auf spezifischen Erfahrungen aus spezifischen Kontexten meiner Vergangenheit. Stellen Sie sich vor, Sie treffen als Mann oder Frau auf eine attraktive Frau oder einen attraktiven Mann mit grünen Augen. Zufälligerweise hatte Ihre erste Liebe (vielleicht auch uneingestandene Liebe) grüne Augen. Und Sie verbinden mit dieser schon weit zurückliegenden (irgendwie gearteten) Beziehung Peinlichkeit oder Unsicherheit. Dann kann es sein, dass diese aktuellen grünen Augen ähnliche Gefühle in Ihnen hervorrufen wie damals. Da diese Verknüpfungen schnell und unbewusst geschehen, verstehen Sie nicht, warum Sie sich dieser Frau oder diesem Mann gegenüber so unsicher fühlen. Erst wenn Sie in der

---

[35] ebenda, Seite 26

Lage sind dies zunächst einmal als innere Wahrheit wahrzunehmen, stehen zu lassen und als Diskrepanz zu der tatsächlichen, aktuellen Beziehung zu dieser/diesem „Grünäugigen" zu denken, haben Sie ein Chance an den ursprünglichen Kontext heranzukommen, um damit beide Kontexte von einander zu unterscheiden; auch hinsichtlich der Bedeutung für ihr aktuelles Leben. Ihre Gefühle werden Sie damit nicht so schnell ändern. Aber Sie wissen nun auf welche „Realität" Ihre Gefühle reagieren – und sind damit in der „aktuellen Realität" orientierter.

Zweitens:
Ich lerne dabei mich in meiner Einzigartigkeit kennen, was zu einem wesentlich differenzierteren Verständnis der eigenen Person führt. Wir werden uns mit den positiven Auswirkungen (es gibt übrigens keinerlei negative Auswirkungen) dieses „Selbstverständnisses auf höherem Niveau" noch eingehender beschäftigen.

Drittens:
Je mehr ich meine einzigartige Individualität (phänomenologisch und geschichtlich) begreife, desto eher bin ich in der Lage, die Individualität und Einzigartigkeit anderer Menschen in meiner Vorstellung zuzulassen. Paradoxerweise führt die Haltung, dass Menschen nicht zu verstehen sind, zu einem wesentlich besseren Verständnis anderer Menschen. Dies geschieht dadurch, dass ich mich mit dieser Haltung wirklich „offen halte" und nicht mit realitätsverdeckenden und -verzerrenden Werkzeugen versuche, den anderen zu verstehen.

Viertens:
Die Beschäftigung mit den internen Prozessen meiner eigenen Persönlichkeit bringt mich, paradoxerweise, neben der Einzigartigkeit meiner Individualität, unweigerlich zu den „Allgemeinheiten des Menschen". Wenn ich zum Beispiel merke, dass meine Wahrnehmung mir immer nur Ausschnitte der Realität zeigt – so wie in einem Lichtkegel einer Taschenlampe in einem dunklen Raum – und diese Ausschnitte von mir, aufgrund meiner bisherigen Lebenserfahrung, sehr individuell interpretiert werden, so gelten diese Prinzipien („Lichtkegel-Wahrnehmung" und individuelle Interpretation) für alle Menschen. Was aber die „Inhalte" der Wahrnehmung angeht und wie sie von mir als Individuum ausgewertet werden (Interpretation und Konsequenzen für das persönliche Verhalten) ist, wie gesagt, individuell völlig verschieden. Ich stoße also auf Strukturen und Prozesse der menschlichen Psyche, die in allen Menschen ähnlich zu finden sind. Lerne ich diese kennen, führen sie mich zu einem besseren Verständnis anderer Menschen. Daher müssen wir nun im Weiteren die „allgemeingültigen Strukturen und Prozesse der menschlichen Wahrnehmung und Verarbeitung" beleuchten.

Aber halt, ist Selbstreflexion eigentlich gefährlich?

Ja und nein. Zunächst schadet es sicher nicht, wenn man sich besser kennt und weiß, warum man sich so oder so verhält, die Dinge so oder so wahrnimmt, erlebt, beurteilt oder gar erleidet. Es erhöht die Wahrscheinlichkeit, darauf Einfluss nehmen zu können und sich von den bestimmenden „Mustern" ein wenig lösen zu können – die Freiheit winkt.

Zum anderen haben viele Führungskräfte Angst vor dem „Tausendfüßlerproblem". Mache ich mir die komplexen, oft unbewusst in mir ablaufenden Prozesse bewusst (so weit das geht), kann ich sie nicht mehr in der Geschwindigkeit und Leichtigkeit ausführen. Das stimmt, aber die Störung dauert nicht lange an. Und das dann neu installierte „Programm" läuft auf einem andern, höheren, Niveau. Den Tausendfüßler hat die Frage, nach seiner Technik wie er die 1 000 Füße beim Laufen koordiniert, nicht wirklich weitergebracht. Nach der Stolperphase kehrte er glücklich zu seiner ursprünglichen Unbewusstheit zurück. Hätte er sich aber auf dieser Basis eine optimierte Lauftechnik erarbeitet, hätte die Frage eine echte Weiterentwicklung provoziert. Also, man kommt einwenig durcheinander aber es lohnt sich.

Viel schwieriger ist, dass Selbstreflexion verändert und die persönlichen Netzwerke (Lebenspartner, Familie, Freunde, Tennisclub, etc.) es nicht mögen, wenn ihre Mitglieder sich verändern auch wenn die Veränderung positiver Natur ist. Wenn man weiß, wie ein Mensch „ist", weiß man woran man ist und kann dessen Reaktionen einigermaßen vorhersagen. Veränderungen stören also die anderen Menschen in ihrem Gefühl der Kontrolle und verbreiten Unsicherheit. Besonders in Partnerschaften (zum Beispiel Ehen) macht es Sinn die neuen Erfahrungen und Erkenntnisse, die Veränderungen im Verhalten nach sich ziehen, vorher zu erklären; schließlich hat der andere einen ja ausgewählt weil man so war, wie man war. Teilt man sich dem Partner aber mit und lässt ihn so an den Hintergründen der Veränderung – die ja auf lange Sicht meistens auch für den Partner eine Weiterentwicklung darstellt – teilhaben, kann die Veränderung, für alle Beteiligten bereichernd sein. Vielleicht können diese Entwicklungen dann sogar gemeinsam vollzogen werden, um die Gefahr einer „Entwicklungsschere" (der Führungskräfte hinsichtlich ihrer Partnerschaft oftmals auch aus Karrieregründen ausgesetzt sind) zu verhindern.

In Coachingprozessen gelangen Führungskräfte manchmal zu einer für sie erschreckenden Erkenntnis: Sie haben mehr Probleme, Ängste oder Einschränkungen als sie von sich angenommen haben. Stellen Sie sich vor, Sie haben ein etwas älteres Auto (was, Gott sei Dank, bei Führungskräften heutzutage nur noch selten vorkommt) und fahren damit zum TÜV. Dieser stellt erhebliche Mängel fest und beauftragt Sie umgehend mit der Reparatur. Sie ärgern sich als hätte man Ihnen das Auto jetzt und hier demoliert. In Wahrheit waren diese Mängel aber schon lange vorher vorhanden und diese Mängel sind in Bezug auf ein sicheres Autofahren – und damit in Bezug auf Ihre diesbezüglichen Überlebenschancen – bedeutsam. Denn es geht um Ihre Sicherheit und Ihre Gesundheit. Aber zunächst ärgern Sie sich und schimpfen auf den TÜV-Mitarbeiter als hätte dieser die Mängel selbst herbeigeführt. Auch mit Ihrem Auto – vorher Ihr ganzer Stolz – fühlen Sie sich zunächst nicht mehr so wohl. Oder Sie denken: „Verdammt es fährt doch, was soll es mehr?" Das ungefähr – und natürlich nur bildlich gesprochen – widerfährt einer Führungskraft in Bezug auf die eigene Person, wenn Sie auf (versteckte) Einschränkungen, verzerrte Annahmen über sich selbst oder auch schlicht auf „brachliegendes Land" ihrer Persönlichkeit stößt. Nur, dass es bezogen auf die eigene Person tausendmal unangenehmer ist. Zumindest so lange, bis man die Mängel akzeptiert, die „Reparatur" in Angriff nimmt und mit gut funktionierendem Motor und blitzender Karosserie das nächste „Rennen" gewinnt. (Wobei es sich auch um „familiäre Ausflugsfahrten" oder „interessante Reisen" handeln kann.)

Ein weiteres Problem ist, dass die negativen Zuschreibungen an andere (zum Beispiel an Konfliktpartner) sich nicht mehr so ohne weiteres aufrechterhalten lassen. Man begreift die eigenen Anteile, merkt, wie man selbst Menschen auf Abstand hält oder sieht, wie man das, was man verhindern möchte immer wieder selbst inszeniert. Das ist zunächst erschütternd – aber nur zunächst. So betrachtet hat die Selbstreflexion, zumindest kurzfristig, eine gefährliche Seite. Mittel- oder langfristig stehen allerdings nur Zugewinne ins Haus. Außer, dass das Leben ein wenig vielschichtiger geworden ist. Meist ist aber mit dieser Vielschichtigkeit auch eine gewisse „Vertiefung" verbunden.

Beschäftigen wir uns nun mit dem für die Selbstreflexion notwendigen Wissen über die Bauart der „Baugruppe Mensch". Wobei wir uns mehr mit der „Steuerungs-Elektronik" beschäftigen werden.

Der Mensch als kindheitsgeprägtes Wesen – oder: Leider begann alles viel früher als wir es gerne hätten

Der Mensch ist ein lernendes Wesen. Tiere tun das zwar auch im Vergleich zu uns, aber nur sehr begrenzt. Im Gegensatz zu Elefanten und Walfischen, die ein größeres Gehirn (Gesamtmasse) besitzen als wir, sind wir in der Lage damit zu denken, unser Handeln zu reflektieren (selbst dieses Reflektieren wieder zu reflektieren) und in Hochgeschwindigkeit und für die Zukunft zu lernen. Ein Kind unserer Spezies braucht nicht in der Steinzeit zu beginnen, sondern kann sich nach einiger Zeit in die Neuzeit integrieren und von dort aus weiterlernen. Dies macht die rasende Entwicklung der Menschheit möglich, die sich, wie man unschwer erkennen kann, weiter potenziert. Das bedeutet aber auch, dass das Lernen eine zentrale Rolle in der Entwicklung des Menschen spielt. Immerhin unterscheiden wir uns hinsichtlich der Anzahl unserer Gene (ca. 30 000) kaum von einem Wurm. Und der Unterschied zwischen dem Menschen und seinem nächsten Verwandten aus dem Tierreich – dem Schimpansen – macht was die Gene angeht, höchstens 1,5 Prozent aus. Außerdem ist unsere gentechnische Ausstattung seit unserer „Entstehung" vor ca. 30- bis 40 000 Jahren, als wir den Neandertaler ablösten, fast gleich geblieben.[36] Ohne unser außerordentliches Lernvermögen und ohne unsere vielfältigen Kommunikationsmöglichkeiten, die wiederum das Material zum Lernen sichern, wären wir nicht dort wo wir jetzt sind.

Für unser Verständnis von „Führungslernen" sind zwei Prinzipien des Lernens besonders wichtig. Erstens gehen wir beim Lernen bzw. beim Erfassen unserer Realität ökonomisch vor. Das, was wir einmal verstanden haben oder gelernt haben, behalten wir so lange bei, bis wir eine gegenteilige Erfahrung machen. Mehr noch: War der Aufwand zu dieser Erkenntnis zu gelangen besonders hoch oder bauen auf dieser Erkenntnis wiederum eine Vielzahl von anderen Erkenntnissen auf, verändern wir lieber unsere Wahrnehmung der Realität, sodass keine störenden Inputs (aus der „Wirklichkeit") unser „Bild von der Wirklichkeit" konfrontieren. Zweitens unterziehen wir die Erkenntnisse, die wir uns einmal angeeignet haben einer „gna-

---

[36] Vgl. hierzu: Bill Bryson, „Eine kurze Geschichte von fast allem", W. Goldmann Verlag, München 2004

denlosen" Mehrfachverwertung; wir verallgemeinern sie und übertragen sie auf andere Kontexte, die gewisse Ähnlichkeiten vorweisen. So lernen wir, vielleicht als Zweijähriger, mühsam auf ein Sofa zu klettern und tatsächlich, es funktioniert bei allen Sofas (zumindest fast allen) dieser Welt. Aber leider ist das bei den zwischenmenschlichen Gegebenheiten ein wenig anders. Was uns nicht davon abhält genauso zu verallgemeinern und zu übertragen wie in der „dinglichen Welt". Das, was wir in frühester Kindheit in ganz speziellen Beziehungen und Kontexten gelernt haben über Vertrauen und Misstrauen, über kooperieren und sich durchsetzen, über überzeugen und sich überzeugen lassen, über Konflikte und deren Ausgang, über sich helfen lassen und anderen helfen, über führen und geführt werden, bildet die Grundlage unseres Verständnisses vom Umgang mit anderen Menschen, ja sogar vom Umgang mit uns selbst. Und das alles obwohl die Kontexte, in denen wir all dies gelernt haben, recht spezifisch waren. Es waren nur wenige, spezielle Menschen (unsere Herkunftsfamilie) und damit nur wenige Beziehungen die uns zur „Erforschung" zwischenmenschlicher Kommunikation und Beziehungsdynamik auf diesem Planeten zur Verfügung standen. Dennoch haben wir die so gewonnenen Erfahrungen als grundlegende und für viele Kontexte geltende Erfahrung und Haltung bzw. Einstellung abgespeichert und hinsichtlich unseres Menschbildes darauf aufgebaut. Diese Grundlagen unserer „sozialen Kompetenz" – wir werden später noch definieren, was das ist – eignen wir uns also in den ersten Lebensjahren an. Leider können wir uns nur wenig oder gar nicht an diese Zeit erinnern, denn dummerweise sind gerade diese ersten, wichtigen (ca. fünf) Jahre für unser Erinnerungsvermögen nur schwer zugänglich. Aber es bildet die Grundlage und wir übertragen unsere Erkenntnisse und Erfahrungen auf alle ähnlichen Interaktionen oder Beziehungen.

Möchte man nun seine persönliche Sozialkompetenz weiterentwickeln, müssen oft grundlegende Annahmen über das „Leben in sozialen Beziehungen" verändert werden. Eine dafür wichtige Strategie ist zu erkennen, aufgrund welcher Erfahrungen in welchen Kontexten wir zu der grundlegenden Haltung gekommen sind, sodass wir die Kontexte (früher/heute) unterscheiden lernen und damit realitätsnäher agieren können. Das Verhalten, welches im Zusammenleben mit unseren Eltern ganz bestimmte emotional bedeutsame Konsequenzen für uns hatte, kann in einem anderen, heutigen Kontext ganz andere – z. B. positivere – Konsequenzen hervorrufen. Die alte Erfahrung, die wir seitdem nicht mehr überprüft haben, hält uns immer noch davor zurück, uns so zu verhalten, obwohl es für uns heute in diesem anderen (nur ähnlich aussehenden) Kontext positive Konsequenzen hätte.

Einer der „Grundbausteine" unserer „Sozialkompetenz" ist die *Bindungsfähigkeit*. Darauf beruht unsere spätere Beziehungsfähigkeit. Die „Bindungserfahrungen", die jeder von uns in den ersten Lebensjahren macht, führen zu dem „psychischen Grundgerüst", mit dem spätere Beziehungen gestaltet werden. M. S. Mahler et al.[37] unterscheiden verschiedene, weichenstellende Phasen in der Entwicklung der frühen Kindheit. Das Vorhandensein der späteren Fähigkeit, konstruktive Bindungen zu anderen Menschen eingehen zu können und Beziehungen zu diesen Menschen bedürfnis-, zweck- und zieladäquat gestalten und halten zu können, hängt davon ab, ob und wie diese Phasen der „psychischen Geburt" (Mahler 2003) gelingen

---

[37] Margret S. Mahler et al., „Die psychische Geburt des Menschen", S. Fischer Verlag, Frankfurt am Main 2003

konnten. Ob sie gelungen sind merken wir daran, mit wie viel „Realitätssinn" (im Gegensatz zu infantilen Projektionen oder Wünschen) wir Beziehungen eingehen; wie viel Vertrauen wir gegenüber anderen Menschen entwickeln können; wie angstfrei wir unsere Bedürfnisse „ins Spiel" bringen; ob wir emotionale Nähe gestalten können; wie frustrationstolerant wir sind; ob wir in der Lage sind, Grenzen zu ziehen und notwendige Distanz herzustellen; ob man uns kritisieren kann, ohne dass wir uns sofort wehren und schützen müssen; und vieles mehr. Darüber hinaus entscheidet das Gelingen dieser verschiedenen Entwicklungsphasen auch darüber, wie wir insgesamt „im Leben stehen": Mit welchem stabilen oder stark schwankenden Selbstwert wir leben; ob wir uns mögen oder nicht; ob wir grundsätzlich optimistisch, pessimistisch, ängstlich, mutig, hinterhältig oder offen sind; mit welchen und mit wie vielen Ängsten wir uns überhaupt „auf den Weg machen" etc.. Die Entwicklung eines Menschen – und besonders die in den ersten Lebensjahren – ist ein komplizierter, diffiziler Beziehungsprozess. In diesen feinen Dynamiken und Strukturen kann einiges geschehen, was die Möglichkeiten, sich im sozialen Netzwerk des späteren Erwachsenenlebens, beruflich und privat bewegen zu können, fördert oder einschränkt.

Damit keine Missverständnisse entstehen: Kindheitsbedingungen und Kindheitsgeschichten sind recht unterschiedlich. Doch wenn wir von einigermaßen günstigen Begebenheiten ausgehen, kommt meistens ein Mensch „heraus", der sich „normal" in der Realität orientieren kann, mit anderen Menschen mehr oder weniger erfolgreich kommuniziert, für die Befriedigung seiner Bedürfnisse sorgen kann und in der Lage ist, stabile soziale Systeme (Familie, Freunde, Teams) zu bilden und zu halten. Wir sprechen ja hier über Führungskräfte, denen man normalerweise diese Fähigkeiten zutrauen kann. Soweit zum „Groben". In der „Feinstruktur" der sozialen Interaktion werden die oben beschriebenen Zusammenhänge aber wieder relevant. Da, wo es um Nähe und Distanz, das emotionale „sich einlassen" auf andere Menschen, das „in Kontakt bringen" der eigenen Bedürfnisse und des eigenen Willens, das „Regeln" von Konflikten, das „Response geben" und vieles mehr geht, erhalten diese individuellen Entwicklungsgeschichten ihre Bedeutung, unabhängig davon, ob die davon geprägten Interaktionen im beruflichen oder im privaten Bereich stattfinden. Sie können sich vorstellen, dass gerade auch auf dem Gebiet des „Selbstmanagements" diese individuellen Entwicklungsbedingungen und ihre Auswirkungen eine erhebliche Rolle spielen. Unsere Auseinandersetzungen mit uns selbst und unserer Umwelt in den Entwicklungsphasen unserer frühen Kindheit bestimmen unsere Haltungen und Möglichkeiten heute. Und, wie oben schon erwähnt, möchten wir in diesen „Fähigkeitsfeldern" etwas ändern beziehungsweise weiterentwickeln, so müssen wir uns mit der Geschichte dieser „Feinstruktur" beschäftigen. Wir sprechen hier von der frühen Kindheit deshalb, weil das, was danach passierte eher Wiederholungen sind, die lediglich die Erfahrungen festigen. Die ersten Erfahrungen, die wir machen sind hinsichtlich ihrer Strukturgebung die mächtigsten. Wobei natürlich auch spätere Erfahrungen, die mit einer starken Emotionalität verbunden sind „Erlebens- und Verhaltensprogramme" in uns festschreiben können.

Vor diesem Hintergrund ist die Frage nach „normal oder nicht normal" nach „gesund oder nicht gesund" irrelevant. Es geht uns hier nicht um die grobe Kategorie: „kommt ein Mensch mit dem Leben zurecht oder nicht?" Führungskräfte kommen meist hervorragend mit dem

Leben zurecht. Aber je „feiner" wir uns auf der innerpsychischen Strukturebene umschauen, mit dem Wissen, wie spezifisch und wie „störungsanfällig" das Gebilde unserer „inneren Realität" während des Aufbaues ist und wie jede Erfahrung je früher desto mächtiger schnell zur Grundlage unseres gesamten Realitätsmodells wird, desto mehr geht es schlicht um die Frage: „Welche „Neurosen" treffen zufällig als „Störung" auf welche Anforderungen und wie kann man dieses Aufeinandertreffen zum persönlichen Wachstum nutzen?" Es ist wie bei einem Pinselstrich. Mit Abstand betrachtet hat er eine gleichmäßige in sich geschlossene Form. Je „näher" Sie ihn „unter die Lupe nehmen", desto mehr Unregelmäßigkeiten können Sie entdecken. Es geht also nicht mehr um die Frage, ob es in dem komplexen System Ihrer Persönlichkeit innerpsychische Strukturen gibt, die Sie in Ihrem Umgang mit der Realität oder mit sich selbst einschränken. Es geht nur darum, ob und in welchem Ausmaß diese Einschränkungen Relevanz für die Handhabung bestimmter (beruflicher oder privater) Aufgaben oder das Erreichen bestimmter Arbeits- oder Lebensziele haben.

Aber damit nicht genug: Die Geschichte unserer persönlichen Entwicklung beginnt noch früher. Es existieren zwei Phasen vor diesen ersten Lebensjahren. Zwei Phasen, die unsere Entwicklung entscheidend beeinflussen, sich aber unserer Erinnerung vollständig entziehen. Wir können es ähnlich betrachten wie es George Lucas mit „Star Wars" konstruiert hat. Zunächst haben wir die Trilogie III bis V. Die Kindheit, die Jugend und das Erwachsenenalter. Nun gehen wir rückwärts zur Episode II: Ihre Schwangerschaft. In mehreren Studien zur pränatalen Entwicklung konnte gezeigt werden, dass sich spezifische auf den Fötus einwirkende Umfeldbedingungen entscheidend auf die vor- und nachgeburtliche Entwicklung auswirken und damit an der Erzeugung von späteren „Charakterstrukturen" und späteren Verhaltensoptionen beteiligt sind.[38] Der Fötus macht während seiner Zeit in der Gebärmutter Erfahrungen, die seine weitere Entwicklung beeinflussen. Erfahrungen sind Sinneserlebnisse, die zu dieser Zeit gespeichert werden, obwohl das neuronale System für die Funktion des „Speicherns und Erinnerns" nur rudimentär vorhanden oder noch gar nicht entstanden ist.

> „... Deshalb sind all jene Erfahrungen, die bereits im Säuglingsalter oder gar intrauterin gemacht werden, zwar im Gedächtnis der Zellen, einzelner Organe, einzelner Hirnbereiche oder des ganzen Körpers abgespeichert. Sie können jedoch nicht bewusst explizit erinnert oder mitgeteilt werden..."[39]

Die Erfahrungen, die das Kind während der pränatalen (vorgeburtlichen) Entwicklungszeit macht, sind vielschichtig. Es sind Sinneseindrücke, die von außen kommen, aber auch Sinneseindrücke, die durch die biochemischen Bedingungen in der Gebärmutter entstehen. Dabei sind für viele neue Studien auf diesem Gebiet die zum Beispiel durch Stress verursachten hormonellen, auf das biologische System „Mutter-Kind" einwirkenden Prozesse, von großem Interesse. Stress, der durch vorhandene Lebensumstände der Mutter entsteht und der in seiner Ausprägung von der Fähigkeit der Mutter abhängt, mit den jeweiligen Lebensanforderungen sowie mit den Stressanforderungen umgehen zu können. Der Fötus „verhält" sich und macht

---

[38] Siehe auch Text 1 im Anhang

[39] G. Hüther, „Pränatale Einflüsse auf die Hirnentwicklung", Seite 61, in: I. u. H. Krens, (Hrsg.), „Grundlagen einer vorgeburtlichen Psychologie", Vandenhoeck & Ruprecht Verlag, Göttingen 2005

damit grundlegende Erfahrungen mit sich selbst, aber auch damit, was die Reaktion auf sein Verhalten bewirkt. So gesehen, erste Kommunikationserfahrungen.

Ein Teil, der die Wirkfaktoren von außen steuert, ist das „virtuelle Selbst"[40], welches als Vorstellung der Eltern über den Charakter des werdenden Kindes dessen prä- und postnatale Entwicklung beeinflusst.[41]

> „Das virtuelle Selbst umschreibt die Vorstellungen der Eltern, über ihr zukünftiges Kind, wie sie durch innere Bilder, mit denen sie dem Neugeborenen begegnen, zum Ausdruck kommen."[42]

Diese Vorstellungen – wie das Kind als Persönlichkeit ist oder sein soll, bestimmen nicht nur das Verhalten der Eltern im späteren Erziehungsprozess, sondern transportieren sich zum Teil auch schon vorgeburtlich über komplexe Wirkfaktoren an den werdenden Menschen und beeinflussen dadurch seine Entwicklung in einer bedeutenden Aufbauphase.[43]

Bevor wir also reflektierend Einfluss nehmen können und ohne, dass wir uns daran erinnern können, machen wir in den ersten Beziehungen, die wir „erleben", grundlegende und damit prägende Erfahrungen. Aber die Prägung kann noch früher greifen. Oder, anders ausgedrückt: Die persönliche Geschichte beginnt früher, als mit der „Entstehung" der körperlichen und seelischen Person.

Episode I: Verschiedene Studien zur „Familiendynamik"[44] machen eindrücklich deutlich, wie sich in den jeweils untersuchten Familien konkrete Kommunikationsstrukturen und Persönlichkeitskonstellationen über Generationen hinweg „weitergeben" können. Wir sprechen hier nicht über eine genetische „Weitergabe" sondern über die meist unbewusste kommunikative „Vererbung" von „Realitätskonzepten" und „Beziehungs- und Interaktionsstrukturen", die wiederum die Entwicklung des Einzelnen in den Familien steuern und damit Fähigkeiten behindern oder ermöglichen. Die Familientherapie und hier insbesondere die „transgenerative Familientherapie" beschäftigen sich mit diesen interessanten Zusammenhängen.

Die Ursprungsfamilie ist die „Welt", in die wir – ohne dass uns vorher jemand über die Konsequenzen aufgeklärt hat – hineingeboren werden. Alles, was in dieser „Welt" vorhanden ist prägt uns, da es Anforderungen oder Bedingungen stellt, aufgrund derer wir Fähigkeiten aufbauen und vorhandene oder potenzielle Fähigkeiten vernachlässigen. Aber es ist mehr als das. Dieser „Mikrokosmos" prägt unsere Wahrnehmung und unser „Realitätskonzept" auf allen Ebenen. Er erklärt uns die Welt, was sie ist, was wichtig und was unwichtig in ihr ist,

---

40 Vgl.: H. Kohut, „Die Heilung des Selbst", Frankfurt am Main 1979
41 Vgl.: W. Milch u. B. Berliner, „Auf den Spuren der Selbstwerdung", in: I. u. H. Krens (Hrsg.), „Grundlagen einer vorgeburtlichen Psychologie", Vandenhoeck & Ruprecht, Göttingen 2005
42 ebenda, bereits vorhandene Vorstellungen der Eltern über die noch nicht vorhandene Persönlichkeit des Kindes manifestieren sich zum Beispiel auch häufig in der Namensgebung, wo mit dem Namen bestimmte Eigenarten oder Fähigkeiten verbunden werden.
43 Vgl. hierzu: I. u. H. Krens (Hrsg.), 2005
44 Vgl.: Liliane Opher-Cohn u. a.(Hrsg.), „Das Ende der Sprachlosigkeit? – Auswirkungen traumatischer Holocaust-Erfahrungen über mehrere Generationen", Psychosozial Verlag, Gießen 2000

welche Bedeutungen Menschen und Beziehungen haben oder nicht haben und wofür es sich lohnt, sich anzustrengen. Dieser Mikrokosmos prägt aber auch die Konzepte, mit denen wir uns selbst managen, bezüglich des Umgangs mit Bedürfnissen und Gefühlen, Sehnsüchten und Abneigungen. Er erklärt uns, wer wir sind und was wir sind, aber auch, was wir werden sollen oder werden können. Er liefert einen Rahmen, dem wir manchmal gar nicht genügen können oder aus dem wir uns nur schwer „weiter entwickeln" können. Einige der Strukturen und Prozesse haben sich während wir schon „mitgelebt" haben gebildet. Ein bedeutender Teil dieses Mikrokosmoses aber ist weit vor unserer Zeit entstanden.

Stellen Sie sich vor, Sie sind auf einer Insel fernab jeglicher Zivilisation aufgewachsen und auf dieser Insel leben neben Ihnen „eine Handvoll" anderer Menschen. Dann ist Ihr „Weltbild" und Ihr „Selbstbild" völlig abhängig davon, wie diese Menschen mit Ihnen und miteinander umgehen und davon, was sie Ihnen mit welcher Bewertung von der Zivilisation erzählen. Jetzt sagen Sie vielleicht: „Nein, so „inselhaft" bin ich aber nicht aufgewachsen." Die Wahrheit ist aber, dass Sie erst die eigene „Insel" relativieren konnten, als Sie schon völlig von ihr geprägt waren. Von den anderen „Welten" haben Sie erst erfahren, als der Kern Ihres „Realitätskonzeptes" schon „fertig" war. Das heißt, die Korrekturen, die Sie dann vornehmen konnten, kamen zu einem Zeitpunkt Ihrer Entwicklung, an dem Sie die absoluten Kernannahmen über sich und die Welt nicht mehr in Frage stellten. Der „Umbau" Ihres „Realitätskonzeptes" war sozusagen nur noch „peripherer" und nicht mehr grundsätzlicher Natur.

Aber es ist noch etwas komplexer: Ihre „Inselbewohner" haben selbstverständlich auch eine eigene individuelle Geschichte, denn jeder von Ihnen ist wiederum auf einer ganz anderen Insel, aufgewachsen. Sie kommen von unterschiedlichsten Inseln mit jeweils eigenen „Realitätskonzepten" und „Regeln" bezüglich des Umgangs untereinander wie auch bezüglich des Umgangs mit sich selbst. „Realitätskonzepte" und „gelernte Beziehungsregeln" können hinsichtlich der Übertragbarkeit auf andere zwischenmenschliche Kontexte (hier Inseln) förderlich oder hinderlich sein.

Jetzt müssen Sie sich vorstellen, dass die einzelnen Menschen auf Ihrer Insel (bevor Sie hineingeboren wurden) nicht nur Ihre „Realitätskonzepte" und „Beziehungsregeln" mitgebracht haben, sondern neben ihren wertvollen Erfahrungen und Fähigkeiten, ihrem Mut, ihrer Kraft und ihrer Klugheit auch ihre ungelösten „inneren Konflikte", ihre unbewussten und unbefriedigten Sehnsüchte und vielleicht ihr „Leiden an der Welt" überhaupt, was auf viele enttäuschende Erfahrungen zurückzuführen ist. Alles dies wird diese Menschen im Umgang mit Ihnen (also Sie sind jetzt hineingeboren) beeinflussen und alles dies wird Sie durch den Umgang mit Ihnen prägen. Manches schauen Sie sich ab, anderes wird Ihnen gelehrt und einiges erfahren Sie durch die Beziehungen und Interaktionen, die Sie eingehen. Das was Sie prägt, hat also seine Ursachen oder besser seine Geschichte „auf den anderen Inseln", von denen diese Menschen gekommen sind und hat zumindest in Bezug auf den Ursprung, nichts mit Ihnen zu tun. Stellen Sie sich diesen Vorgang über viele Generationen hinweg vor. Einiges verliert sich über die Zeit der „sozialen Vererbung", anderes verändert sich durch die Weitergabe und vieles erhält sich und prägt das „Lebensspiel" auf eine magisch anmutende Art und Weise immer wieder neu. Ihr so erworbenes „Realitäts- und Selbstkonzept" enthält auch die bewussten und unbewussten „Lebenspläne", nach denen Sie Ihr „Hier und Jetzt" und damit

Ihre Zukunft gestalten. Wie wir später sehen werden sind oft die unbewussten Teile dieser „Lebenspläne" das Problem. Denn das, was ich nicht kenne, kann ich selbstverständlich auch nicht ändern oder „steuern".

Jetzt stellt sich die Frage, warum Führungskräfte dies alles wissen müssen. Warum müssen sie sich erstens mit Prägungen beschäftigen, die nur schwer erinnerbar sind (Episode III) und warum gar mit Prägungen, die ihnen sowieso keine Chance der Erinnerung ermöglichen (Episoden I und II)? Es geht dabei um eine sehr nützliche Haltung:

Ich kann nur mit diesem Wissen und dem daraus folgenden Bewusstsein meine Gefühle, mein Denken und mein Verhalten, ganz gleich ob als Aktion oder als Reaktion, vor dem Hintergrund von einmal angeeigneten Mustern erkennen und verstehen. Muster, die in einem anderen (frühen) Kontext entstanden sind und die meine „Bewegung" im realen, aktuellen Kontext einschränken oder gar massiv behindern. Ob ich dann den ursprünglichen Kontext in dem das Muster gebildet wurde erinnere oder nicht, ist eine zweite Sache. Und ob ich meine Verhaltensmöglichkeiten mit diesem Wissen tatsächlich flexibler erweitern kann eine dritte. Die erste Sache ist aber, dass diese Haltung mich wachsam macht hinsichtlich der Frage, ob ich bezogen auf die aktuelle Realität agiere oder aufgrund eines festgelegten Musters (vergangene Realität). Mit dieser Haltung schaue ich aufmerksamer und veränderungsbereiter in die Realität. Sie erlaubt mir zwischen der Realität und meiner Vorstellung von der Realität zu unterscheiden. In vielen Coachingprozessen wird das Verhalten einer Führungskraft erst dann verständlich wenn man sie fragt, was sie denn diesbezüglich in ihrer Herkunftsfamilie gelernt hat.

Zweitens geht es darum, sich nicht nur als Produkt der Gesellschaft, sondern auch als Produkt der persönlichen, individuellen Lebensgeschichte zu begreifen. Und diese Geschichte beginnt in ihrer Relevanz für die Selbstbestimmtheit meines Lebens eben vor einigen Generationen. Ich bin nicht der Meinung, dass unser „Wille" lediglich eine festgelegte Konsequenz von biochemischen Prozessen in unserem Körper ist. Oder dass wir ganz und gar ein „ferngesteuertes" Produkt unserer Geschichte sind. Aber die Führungskräfte, mit denen ich in Coachingprozessen arbeite, gehen oft hinsichtlich ihrer Unabhängigkeit zu weit. Sie behandeln das, was sie tun, wie sie fühlen oder wie sie entscheiden, völlig unabhängig von ihrer individuellen Geschichte; so, als hätten sie sich das gerade völlig frei, unabhängig und selbstbestimmt ausgedacht. Und dadurch können sie ihre eigentlichen Beweggründe nicht mehr verstehen. Sie erleben sich als agierend und es ist schwer genug ihnen zu verdeutlichen, dass sie – systemisch betrachtet – reagieren. Dass sie in ihrem Reagieren auch noch bestimmt werden von den Strukturen, die ihre Vergangenheit geprägt hat, ist ihnen oft zu viel.

Viele Führungskräfte – und natürlich viele Menschen überhaupt – haben bezüglich ihres bisherigen Lebens – und ganz zu schweigen von der Geschichte ihrer Herkunftsfamilie – lediglich „die „Rohdaten" zur Hand. Sie wissen nicht, was sie in ihrem prägenden Lebensabschnitt beeinflusst hat, mit welchen alten – manchmal uralten – Themen sie durchs Leben laufen und wonach sie eigentlich wirklich suchen. Zu jeder aktuellen Sequenz in Ihrem heutigen Leben finden Sie eine bedeutsame „Vorgeschichte" aus Ihrer Vergangenheit und vielleicht sogar aus der Vergangenheit Ihrer Eltern. Die „Grundstruktur" Ihrer Persönlichkeitsbildung war mit ca. fünf Jahren weitgehend abgeschlossen. Danach geschah lediglich die „Feinstrukturarbeit" und vielleicht noch ein bedeutsamer, gröberer Umbau in der Pubertät. Dann ging es nur noch um Lernen und Integrieren – auch bedeutsam, aber für den Aufbau der großen Gesamtstruktur (Persönlichkeit) nicht so bedeutsam. Allan Shore fasst den Aspekt zusammen:

> „Der Anfang lebender Systeme bereitet den Boden für alle Aspekte des inneren und äußeren Funktionierens eines Organismus während der gesamten Lebenszeit. Was am Anfang passiert, beeinflusst unauslöschlich alles was folgt."[45]

So gesehen ist die Sache weitaus komplizierter. Aber es kommt noch vielschichtiger: Vieles von dem, was wir wahrnehmen, denken, fühlen und tun, ist darüber hinaus für uns auch noch „unbewusst".

Der Mensch als unbewusst handelndes Wesen – oder: Was ich genau weiß ist, dass ich nichts weiß

Viele Führungskräfte reagieren beleidigt, wenn man ihnen erklärt, dass der Anteil „unbewusster Prozesse", die ihren tagtäglichen Entscheidungen und Handlungen zugrunde liegen, sehr groß ist. Sie wehren sich sofort dagegen, weil es für sie gleichbedeutend ist mit Kontrollverlust, unreflektiertem Verhalten, und blindem Reagieren – es macht ihnen Angst. Gleichwohl kennen sie Zustände, welche sie als „Handeln und Entscheiden aus dem Bauch heraus" beschreiben oder Entscheidungen, die sie (neudeutsch) ihrer „emotionalen Intelligenz" zuordnen.

Daneben haben sie kein Problem damit, dass ihr PC, den sie jeden Tag als Arbeitsinstrument benutzen, nach ähnlichen Prinzipien arbeitet. Der Arbeitsspeicher hat nur eine begrenzte Arbeitskapazität, aber auf der Festplatte stehen vielmal mehr Arbeitsinstrumente (Programme) und Informationen (Daten) zur Verfügung. Im Hintergrund laufen Programme (Virus-, Backup-, oder Sortierprogramme), die das Arbeiten nicht stören und für den PC-Nutzer unbemerkt arbeiten. Beim Menschen ist es ähnlich – leider mal wieder etwas komplexer, aber auch etwas wilder und damit spannender.

Unser Gehirn besteht aus ca. 100 Milliarden Neuronen. Jede davon ist in der Lage ca. 10 000 Synapsen mit anderen Neuronen zu betreiben. Das ergibt, wie es Ansermet und Magistretti ausgerechnet haben, eine Summe von einer Billiarde Kontaktstellen.

> „Diese Zahl ist schwindelerregend, und zwar um so mehr, als die Wirksamkeit, mit der die Information von einem Neuron zum anderen an jeder dieser Kontaktstellen (den Synapsen) übertragen wird, im Laufe des Lebens in Abhängigkeit von der Erfah-

---

[45] Allan Shore in einem überarbeiteten und gekürzten Transkript der Übersetzung von Wolf Büntig, Vortrag bei der internationalen Konferenz „Humanistische Medizin" in Garmisch-Partenkirchen im November 2002.

rung variiert: Wir sind weit entfernt von der Vorstellung einer starren und binären Verschaltung." ⁴⁶

In dieser unvorstellbaren Komplexität unterscheiden wir hinsichtlich der innerpsychischen Wahrnehmung drei Zustände der „Bewusstheit". Erstens das, was wir als bewusstes Wahrnehmen, Denken und Fühlen erleben. Es bezieht sich hauptsächlich auf das „Hier und Jetzt", also das, was gerade geschieht. Und es geht um *das* innere Erleben, welches wir im Augenblick tatsächlich „erleben". Es ist uns bewusst. Wir beobachten uns sozusagen beim „Erleben". Wir merken, wie wir wahrnehmen, unsere Schlüsse ziehen und das Ganze emotional bewerten. Jeder von uns weiß, dass die Intensität der Wahrnehmung und damit der Grad der „Bewusstheit" dabei sehr variieren kann. So betrachtet ist „Sensibilität" nicht eine Frage der Wahrnehmung oder der komplexeren Verarbeitung dieser Wahrnehmung sondern eine Frage der mehr oder weniger vorhandenen Bewusstheit dieser individuellen Wahrnehmungs- und Verarbeitungsprozesse.

Das, was unbewusst geschieht, können wir in zwei Kategorien beschreiben. Zum einen benutzen wir unser „prozedurales Gedächtnis": Es handelt sich dabei um gespeicherte Erfahrungen, die ohne große Mühe in das „Bewusstsein" geholt werden können.

> „Auf den ersten Blick gestatten also die Systeme der Erinnerung einen Zugang zur Erfahrung, die in Form von Lernen oder Erinnern auf eine Weise gespeichert wurde, die eine bemerkenswerte Entsprechung mit dem ursprünglich Wahrgenommenen bewahrt. Durch die Mechanismen der synaptischen Plastizität, die die Bildung einer Spur im Nervensystem im Ausgang von der Wahrnehmung der Außenwelt ermöglichen, konstituiert sich eine innere Wirklichkeit, deren man sich bewusst ist oder die durch die Erinnerung ins Bewusstsein gerufen werden kann."⁴⁷

Wir können uns also bewusst erinnern und so unsere Erfahrungen mit schon mal gelösten Aufgaben oder bewältigten Anforderungen nutzen. Selbstverständlich können wir ebenfalls die nicht gelösten Aufgaben und die nicht bewältigten Anforderungen auswerten und entweder unter dem Motto „Jetzt weiß ich, wie es nicht geht" bearbeiten, um nach den übriggebliebenen Möglichkeiten zu suchen oder gar, indem wir diese Aufgaben und Anforderungen meiden. So setzen sich neue Anforderungen für uns meist aus alten, erinnerten Teilanforderungen zusammen und ergeben damit eine neue Kombination. Unser Gehirn fragt sich – etwas primitiv ausgedrückt – erstens: „Hatten wir das schon mal?" und zweitens: „Was hatten wir damit gemacht?" – und das in Hochgeschwindigkeit und in hoher Komplexität. Der Nachteil dieses sonst so wunderbaren Prozesses ist die Kontextbezogenheit des „Datensatzes", den wir uns hierfür durch Erfahrung angelegt haben. Oder besser ausgedrückt: Grundlage unseres Denkens, Fühlens und Handelns ist unsere höchstpersönliche „Realität". Das „Realitätsmodell", welches wir – besonders in den ersten Jahren unseres Lebens – auf der Grundlage von Erlebnissen und ausprobiertem Verhalten „konstruiert" haben. Über die Feh-

---

46 Francois Ansermet und Pierre Magistretti, „Die Individualität des Gehirns", Suhrkamp, Frankfurt am Main 2005, Seite 37.
47 ebenda, Seite 51

lerquelle, die mit der Generalisierung und damit mit der manchmal nicht zulässigen Vergleichbarkeit der Kontexte, in denen diese Erfahrungen gesammelt wurden, mit dem aktuellen Anforderungskontext einhergeht, haben wir schon gesprochen.

So weit so gut – kommen wir nun zu der spannenderen Kategorie unserer unbewussten „inneren Wirklichkeit": das „wirklich Unbewusste". Dafür müssen wir ein wenig ausholen.

Erstens: Eines der Grundprinzipien unseres Lernens oder besser unser „Lieblingsverarbeitungsprozess" ist das „Assoziieren". Das heißt, wir sind in der Lage, zu allem Verknüpfungen herzustellen. Zum Beispiel verknüpfen wir Reize der Außenwelt mit Zuständen unserer inneren Welt, die uns zu einem bestimmten Verhalten veranlassen. Wir verknüpfen verschiedene Erinnerungskontexte zu einer neuen Erfahrung. Jede Wahrnehmung löst in uns mit diesen Reizen verknüpfte Erinnerungen aus.

> „Unser Leben ist in gewissem Sinne ein ständiges Kommen und Gehen zwischen dem Augenblick (wo die primären sensorischen Systeme aktiv sind) und dem Aufrufen von Vorstellungen (wo die Gedächtnissysteme aktiv sind)." (...) Und „...die Wahrnehmung und das Ins-Bewusstsein-Rufen von Vorstellungen wird noch von einem anderen Phänomen begleitet, nämlich von den beteiligten Emotionen, von Empfindungen, die parallel zu ihrer Repräsentation (...) bewahrt werden."[48]

Wir haben also die Wahrnehmung, die durch eine Erfahrung verursacht ist und in unserem Gehirn eine „synaptische Spur" bildet, die wiedergefunden werden kann und dadurch die Wahrnehmung und damit die Erfahrung repräsentiert. Diese synaptischen Spuren können mit anderen assoziiert werden. Damit geht die „innere Wirklichkeit" über die „äußere Wirklichkeit" hinaus. Da die beiden assoziierten Spuren (oder Repräsentanten einer Erfahrung) zu einer neuen Konstruktion einer Spur verarbeitet werden können, welche letztlich mit den ursprünglich aufgezeichneten Spuren nichts mehr zu tun haben muss.[49]

Zweitens: Ein Großteil unserer „inneren Wirklichkeit" ist vollkommen unbewusst, das heißt, er ist uns nicht ohne weiteres zugänglich. Manche Bereiche sind uns gar nicht oder nur unter zur Hilfenahme von speziellen psychotherapeutischen Verfahren zugänglich. Aber lassen wir uns dieses Phänomen von dem Mann beschreiben, der das Konzept des „Unbewussten" als erster wissenschaftlich gefasst hat – Sigmund Freud.

> „Das Unbewusste ist der größere Kreis, der den kleineren des Bewussten in sich schließt; alles Bewusste hat eine unbewusste Vorstufe, während das Unbewusste auf dieser Stufe stehen bleiben und doch den vollen Wert einer psychischen Leistung beanspruchen kann. Das Unbewusste ist das eigentlich reale Psychische, uns nach seiner inneren Natur so unbekannt wie das reale der Außenwelt, und uns durch die Daten des Bewusstseins ebenso unvollständig gegeben wie die Außenwelt durch die Angaben unserer Sinnesorgane."[50]

---

48 ebenda, Seite 115
49 Vgl. ebenda Seite 98 ff.
50 Sigmund Freud, „Die Traumdeutung", Gesammelte Werke, Band 2/3, S. 617

Unbewusst bedeutet, dass ein Großteil der psychischen Prozesse in uns – also was wir wahrnehmen, wie wir das Wahrgenommene interpretieren, verarbeiten und bewerten, welche Verhaltensoptionen uns zur Verfügung stehen und nach welchen Entscheidungsprozessen wir ein geeignetes (an welcher Absicht orientiertes) Verhalten auswählen – von unserem Bewusstsein und damit von unserer Aufmerksamkeit unabhängig verläuft und dennoch unser Handeln beeinflusst oder manchmal sogar bestimmt. Dass es unbewusste Prozesse in uns gibt, hat erstens damit zu tun, dass die Komplexität der Informationen und der Verarbeitungsprozesse unseren bewussten „Arbeitsspeicher" überlastet. Aber es ist zweitens auch dadurch geprägt, dass wir bestimmte innere Geschehnisse gar nicht bewusst wahrnehmen wollen. Sie würden sonst nur schwer oder gar nicht lösbare „innere Konflikte" verursachen. So können sich schwer zu integrierende „Teile" unserer Persönlichkeit und die damit verbundenen Bedürfnisse eigenständig in unser Handeln mischen und sich damit Befriedigung erarbeiten, ohne dass wir jedes Mal ihre Berechtigung oder ihre Übereinstimmung mit dem, was wir gerade bewusst wollen, klären müssen. Bei fehlender Übereinstimmung ersinnt unser „psychischer Apparat" einen irgendwie gearteten Kompromiss zwischen beiden Anliegen, bezogen auf die Gestaltung unseres Handelns oder unseres Kommunikationsverhaltens. Nach Freuds Ansicht sorgt dabei die unbewusste Dynamik für die Abfuhr der Triebe.

Aber das Unbewusste ist noch vielschichtiger. Hier fügen wir nun die beiden oben beschriebenen Aspekte zusammen. Auch das Unbewusste arbeitet assoziativ. Das heißt, auch im Unbewussten bilden die gespeicherten synaptischen Spuren, die auf gemachten Erfahrungen beruhen, über den Vorgang der Assoziation, neue synaptische Spuren. Dieser Vorgang schafft eine eigene, komplexe innere Welt von Phantasievorstellungen.[51]

> „Diese innere unbewusste Realität, die sich in Szenarien von Phantasievorstellungen organisieren kann, ordnet auf neue und andere Weise die Repräsentationen an, die aus der Wahrnehmung behalten worden sind und zwar ohne direkten Bezug zu den Reizen der äußeren Wirklichkeit."[52]

> „Mit anderen Worten, die Erfahrung wird durch eine Gesamtheit von Spuren ersetzt, die sich assoziieren und kombinieren. Das System wird so komplex, dass es sich in Form neuer Reize organisiert."[53]

> „Die von den Mechanismen der Plastizität aufgezeichnete Spur kann Gegenstand zahlreicher Umgestaltungen sein, sich mit anderen Spuren assoziieren und so das Subjekt von dem Ereignis entfernen, das wirklich stattgefunden hat."[54]

Die Korrespondenz zwischen den Reizen der äußeren Wirklichkeit und den unbewussten Phantasievorstellungen ist nun eine zweifache. Ein äußerer Reiz kann nicht nur durch Assoziation eine kognitive Struktur (Denken) bilden, sondern darüber hinaus eine Struktur im unbewussten Szenario der Phantasievorstellungen auslösen, die dann wiederum als innerer Reiz

---

[51] ebenda FN 46
[52] ebenda FN 46
[53] ebenda FN 46
[54] ebenda FN 46

durch ihre Verknüpfung mit somatischen Zuständen und der daraus resultierenden notwendigen Spannungsabfuhr handlungsrelevant wird und damit auf die Reaktion des Individuums entscheidenden Einfluss nimmt.

Ansermet und Magistretti weisen darauf hin, dass nicht nur jeder sein eigenes Gehirn hat (seine eigene Organisationsstruktur), sonder auch jeder seine eigene „innere Wirklichkeit", die (und dabei beziehen sie sich auf Freud) genauso wie die Wahrnehmungen (von außen) das Bewusstsein (quasi von innen) speisen. Der größte Teil dieser „inneren Wirklichkeit" ist unbewusst und entzieht sich damit der bewussten Kontrolle durch das Individuum. Dies führt dazu, dass wir unsere Handlungsbeweggründe nie sofort ganz verstehen können. Sondern erst, wenn wir uns unsere Phantasievorstellungen, die unsere Entscheidung geprägt haben, bewusst gemacht haben.

Dieses „sich bewusst werden" hat seine Grenzen und es ist wesentlich leichter, wenn wir diesbezüglich durch hintergründiges Fragen eines anderen Menschen zu diesem „Bewusstwerdungsprozess" geführt werden. Aber einen nicht unwesentlichen Teil dieses „Bewusstmachens" kann ich selbst auslösen, indem ich mir selbst die Fragen nach den Hintergründen meines Handelns stelle. Dafür müssen die mein Handeln bestimmenden Phantasievorstellungen als solche entlarvt werden, um in umgekehrter Reihenfolge zu der eigentlichen Erfahrung zurückzukehren (Kindheit) und diese im Kontext meiner neuen erwachsenen Möglichkeiten neu (in der Jetzt-Realität) anzugehen. Wie das im Einzelnen geht, ist zu komplex, um es an dieser Stelle erklären zu können. Es lässt sich darüber hinaus leichter in einem Seminar oder einem Coachingprozess üben, als durch eine theoretische Anleitung. Unabdingbare Voraussetzung ist aber, dass ich in meiner Vorstellung von mir selbst das Phänomen des „Unbewussten" mit seiner oben beschriebenen Dynamik integriere. Denn ich kann nicht etwas finden, von dem ich glaube, dass es nicht existiert.

Also, fassen wir zusammen: Ich bin nicht in der Lage, mich selbst zu verstehen, aber ich kann es versuchen. Die psychische Struktur meiner menschlichen Natur wird dafür sorgen, dass ich es „in Gänze" niemals schaffen werde. Da ich aber nun weiß, das „sich selbst verstehen" kein sich automatisch einstellender Zustand ist, sondern durch besondere Aufmerksamkeit und besondere Anstrengung bewirkt wird, kann ich mir diese Aufmerksamkeit und Anstrengung abverlangen. Mit dem Ziel, wenigstens einen kleinen Teil von mir zu verstehen und damit mein Handeln bewusster und damit verantwortlicher zu steuern bzw. wenigstens im Nachhinein zu wissen, was los war. So betrachtet bin ich mir immer eine Überraschung.

Die verlorene Unabhängigkeit – oder: Der Mensch als leicht kränkbares Wesen

Einige Abschnitte zuvor haben wir schon über den Unterschied zwischen Menschen und Tieren hinsichtlich des „Denkens" und „Lernens" nachgedacht. Wir finden aber auch in unserer „Bauweise" viele strukturelle Ähnlichkeiten. Dies trifft ebenfalls auf die Bauweise unseres wichtigsten „Steuerungszentrums" zu – das menschliche Gehirn. Erst seit ca. 120 Jahren untersuchen wir naturwissenschaftlich seine Struktur und die in ihm stattfindenden Prozesse. Und obwohl in den letzten zehn Jahren durch die Computer- und Kernspin-Tomografie bedeutende Erkenntnisse gewonnen wurden, stehen wir hinsichtlich des Verstehens der Arbeitsweise – dieses, eines der kompliziertesten Systeme im Universum – erst am Anfang.

Viele Jahre glaubten die Hirnforscher an eine dreistufige Struktur des Gehirns. Drei relativ unabhängig von einander arbeitende Bereiche, die, wenn man sich die Entwicklung des menschlichen Gehirns bzw. die Entwicklung des menschlichen Fötus während der Schwangerschaft anschaut, den Schluss nahe legen, dass mit jedem Menschen die Stadien der evolutionären Entwicklung (Reptil-Säugetier-Mensch) neu durchschritten werden. Man unterschied das „Reptiliengehirn", das „limbische System" und den „Neokortex". Mittlerweile weiß man aber, dass diese Dreiteilung und die damit verbundenen funktionellen Zuschreibungen nicht der tatsächlichen Arbeitsweise des Gehirns entsprechen. Denn selbst Reptilien verfügen über ein limbisches System und „arbeiten" mit einem dem Neocortex ähnlichen Endhirn. Im Gehirn ist es eben wie überall: alles ist mit allem verbunden und die Leistung (oder der Output) ergibt sich aus der spezifischen „Zusammenarbeit" der unterschiedlichsten Funktionsbereiche. Letztere sind beim Menschen teilweise wesentlich weiterentwickelt und damit komplexer.

Dennoch ist es, will man den Menschen diesbezüglich näher beschreiben, nicht falsch von „denkenden Tieren" zu sprechen – auch wenn diese Bezeichnung den ein oder anderen Besitzer einer Großhirnrinde zu kränken scheint. Und ob Ethik und Moral lediglich eine Intelligenzleistung sind, etwas Eigenes, Zusätzliches darstellen oder gar eine als Konsequenz aus dem in uns angelegten und zum Überleben unabdingbaren „Kooperationszwang" resultiert[55], wird nach wie vor heiß diskutiert.

Wie bei den meisten anderen Lebewesen sind auch in uns Reaktions- oder Verhaltensprogramme angelegt, die unser Überleben sichern und in unüberschaubaren und bedrohlichen Situationen „ungefragt" die Führung übernehmen. In uns agieren dann instinktähnliche „Muster", die automatisch ablaufen und damit unsere körperliche Unversehrtheit, aber auch unsere seelische Integrität schützen und regeln. Sie führen uns auf Höchstgeschwindigkeit zum Kampf, zur Flucht oder zum „tot stellen". Das sind die drei möglichen Reaktionsmuster, die unseren tierischen Vorfahren zur Verfügung standen und die tief in uns verankert sind.

Manchmal kommt es vor, dass Menschen gar nicht bewusst bemerken, dass sie eine Situation als bedrohlich empfinden. Denn, und das ist die nächste Konsequenz, dafür müssten sie diesbezüglich einen Zugang zu ihren Gefühlen (limbisches System) haben – zu ihrem emotionalen Erleben.[56] Aber Menschen verfügen über die Fähigkeit diesen Zugang zumindest als bewusste Wahrnehmung zu verhindern oder zu reduzieren damit sie (wenn sie diese bedrohliche Situation nicht verlassen oder verändern können) nicht mehr dem anhaltenden Stress ausgeliefert sind. Natürlich „stresst" die Situation sie weiter, aber zumindest auf einer oberflächlichen Ebene fühlt es sich an, als ob man die Kontrolle wiedererlangt hätte.

---

55 Vgl.: Joachim Bauer, „Prinzip Menschlichkeit. Warum wir von Natur aus kooperieren", Heyne Verlag, München 2008

56 Zur Funktion von Gefühlen siehe S. 111 – 118

In meiner Praxis als Coach treffe ich – bedauerlicherweise gar nicht so selten – auf Führungskräfte, die völlig „hochgerüstet" also „bis an die Zähne bewaffnet", sich in Führungskontexten oder überhaupt in zwischenmenschlichen Begegnungen bewegen, als wären sie im Krieg. Natürlich ist diese Angriffsbereitschaft nur Schutz. Sie wollen diese „Kampfbereitschaft" aber nicht wahrhaben und die damit verbundene Schutzfunktion schon gar nicht. Die Krux ist: wenn sie ihre „Kampfautomatismen" wahrnehmen würden, müssten sie sich auch die dahinter liegenden Ängste eingestehen – und das wäre schrecklich. So kämpfen sie lieber weiter und gestalten dafür viele Interaktionen unnötiger Weise zum Kampf oder zumindest zum Wettbewerb, anstatt sich mit ihren Ängsten auseinander zu setzen. Für ein auf Kooperation und Entwicklung ausgerichtetes Führungsmodell ist dies natürlich extrem hinderlich.

Manche, andere Führungskräfte, benutzen lieber das „ich mache mich unsichtbar – Konzept" – also den „Tot-stell-Reflex" oder sind eben ständig auf der Flucht. Auf der Flucht vor Nähe zu anderen Menschen oder vor Bedeutung und Verantwortung – obwohl sie diesen Weg beruflich eingeschlagen haben. Manche müssen sogar selbst – natürlich unbewusst – Katastrophen herstellen (Kündigung) um den bedrohlichen Kontext verlassen zu können.

So gibt es „überaggressive" Führungskräfte und Führungskräfte, die kaum in der Lage sind angemessene Aggressionen zu entwickeln, um zum Beispiel Konflikte handeln zu können. Alle drei „Typen" sind gesteuert von Angst – Angst die sie als solche nicht wahrnehmen möchten und die sie somit erfolgreich verdrängen. Diese Ängste haben – wie wir bereits gesehen haben – ihren Ursprung in frühen Erfahrungen, wo zwischenmenschliche Begegnungen nicht das gesichert haben, was sie sichern sollten: Geborgenheit, Akzeptanz, Bedürfnisbefriedigung, Response und Liebe. So werden zwischenmenschliche Beziehungen eher als Frustrationskontexte oder sogar als Bedrohung abgespeichert und – konsequenterweise - bekämpft oder auf dem schnellsten Weg, fluchtartig, verlassen. In einem Coachingprozess können diese Festlegungen bearbeitet und damit verändert werden. Dies verspricht nicht nur Kontext angemesseneres Verhalten und stressfreieres Agieren, sonder auch ein „weiter Wachsen" der Persönlichkeit und damit vielleicht ein „glücklicheres" Leben. Aber manche Führungskräfte davon zu überzeugen, ist nicht leicht.

Dies führt uns zu einem weiteren Problem:

Die oben schon häufiger erwähnte Tatsache, dass sich unsere Sozialkompetenz, in der Hauptsache auf frühes, kontextbezogenes Lernen begründet und wir den damit verbundenen Mustern als Erwachsene zunächst einmal immer noch gnadenlos ausgeliefert sind sowie der Umstand, dass vieles in uns unbewusst geschieht und damit unserer Steuerung entzogen ist, kränkt Führungskräfte in ihrem Ego. Ganz zu schweigen von den „tief sitzenden", instinkthaften Verhaltensprozessen in Panik- oder Stresssituationen.

Professor Kets de Vries, ein bekannter Lehrer, Forscher und Autor zum Thema Unternehmensführung und Manager-Persönlichkeit hat dies in einem Interview bezogen auf Topmanager folgendermaßen beschrieben:

> „...Die Psyche eines Topmanagers ist sehr verschlungen. Allzu verrückt können solche Leute nicht sein, sonst erreichen sie keine führende Position; aber es sind ungeheuer

ehrgeizige, getriebene Menschen. Wenn ich sie dann näher studiere, stelle ich meistens Folgendes fest: Antriebe, die sie heute noch prägen, gehen oft auf Beziehungsmuster und Erlebnisse aus ihrer Kindheit zurück. So etwas hören Führungskräfte gar nicht gern; sie geben sich lieber der Illusion hin, sie hätten alles unter Kontrolle. Wenn ich ihnen dann sage, dass in ihrem Gehirn auch unbewusste Prozesse ablaufen, empfinden sie das als Kränkung."[57]

Führungskräfte möchten sich gerne selbstbestimmt, unabhängig und bewusst steuernd „fühlen" und erleben. Und damit dieses Selbstbild aufrechterhalten, welches mit dem, wie der normale Mensch nun eben mal funktioniert, nichts mehr zu tun hat. Also tun sie so, als hätten sie ihre Einstellungen, Reaktionen und Verhaltensweisen gerade erst vor kurzem und natürlich völlig eigenständig entwickelt und sich angeeignet. Sie negieren, dass sie bei aller Unabhängigkeit und Eigenständigkeit zum großen Teil ein Produkt ihrer ganz persönlichen Geschichte sind und dass ihr Verhalten von unbewussten Prozessen bestimmt wird.

Stößt man an die Grenzen seiner Führungsfähigkeit – was man meistens dadurch merkt, dass sich bestimmte zwischenmenschliche Vorhaben nicht umsetzen lassen, bestimmte Konflikte oder Probleme nicht lösen lassen oder dadurch, dass man in schwierigen Situationen handlungsunfähig und/oder verwirrt ist – glauben die meisten Führungskräfte es ginge jetzt darum, neue, nicht vorhandene, „Tools" zu erlernen, statt sich mit ihren „Grenzen" und „Blockaden", die eben meistens von Ängsten verursacht werden, zu beschäftigen. Dabei sind diese Führungskräfte schon „Lichtjahre" weiter als die, die sich lediglich über die falschen, dummen oder bequemen Mitarbeiter beschweren.

Aber gut, auch mit dem Neuerwerb von Werkzeugen kommen Führungskräfte alleine nicht weiter. Was sie benötigen, ist – eine kleine Widerholung sei erlaubt – eine Analyse ihrer Annahmen, Interpretationen, Glaubenssätze, Haltungen und emotionalen Befindlichkeit. So, wie sie auf bestimmte Situationen reagieren ist es eben leider nicht so neu und selbstbestimmt wie sie denken oder es gerne hätten.

Aber es gibt noch eine Kränkung, die uns manchmal davon abhält, die Realität zu sehen und sie dann zu gestalten: Die Tatsache, dass der Mensch sich nur in der Beziehung zu anderen Menschen – also in der Interaktion mit anderen Menschen – entwickeln kann. Das, was in den ersten Lebensjahren begonnen hat, nämlich dass wir ohne die Unterstützung, Pflege, Führung und den Schutz anderer Menschen (in unserer Herkunftsfamilie) nicht leben, wachsen und uns entwickeln konnten, ist nicht zu Ende. Auch dann, wenn wir uns unabhängig fühlen, können wir uns doch nur in der Beziehung zu anderen Menschen entwickeln. Das ist gerade für die Führungskräfte, die sich aus Frustrationsgründen früher als nötig „abnabeln" mussten, besonders schmerzlich. Denn diese Menschen glauben nicht, dass Beziehungen zu anderen Menschen befriedigend und entwicklungsbezogen gut werden können.

Der Grund für diese „Abhängigkeit" von anderen Menschen hinsichtlich des eigenen „Reifungs"- oder Entwicklungsprozesses ist, dass wir uns selbst nur im Kontakt und in der Inter-

---

[57] Havard Business Manager, „Chefs auf die Couch", Ein Gespräch mit Manfred R. R. Kets de Vries, April 2004, Seite 62 bis 73.

aktion mit anderen Menschen selbst erleben können. So wie Sie sich im Moment selbst wahrnehmen, nehmen Sie sich wahr als Produkt der vielen Selbstwahrnehmungen aus den bisherigen zwischenmenschlichen Kontakten und Interaktionen. Menschen benötigen für ihr „Gefühl von sich selbst" oder für ihr „gedankliches Konstrukt von sich selbst" interaktiven Response. Das heißt, Sie haben sich auf irgendeine Art und Weise verhalten und auf dieses Verhalten wurde von anderen Menschen (zum Beispiel von Ihren Eltern) reagiert. Da jede Reaktion auch eine Bewertung Ihres Verhaltens darstellt, haben Sie nicht nur die Verhaltensreaktionen, sondern auch die dazugehörigen Bewertungen internalisiert. Zum Beispiel: „Ich bin jemand, auf den andere Menschen so und so reagieren". „Ich muss deshalb so und so sein". „Ich bin so und so". Die ersten beiden Sätze werden Sie dann vergessen, und übrig bleibt ein Selbstkonzept. Um dieses Selbstkonzept zu ändern, müssen Sie im Kontakt zu anderen Menschen zu anderen Bewertungen als bisher kommen. Zum Beispiel: „Die heutigen Männer und Frauen (im Gegensatz zu den Eltern) reagieren auf mein Verhalten so und so (also anders)". „Ich muss deshalb anders als angenommen eher so und so sein". „Ich bin heute so und so". Man wird sich also nicht durch bloßes Nachdenken verändern oder weiterentwickeln können. Der Mensch braucht dafür das Erleben der eigenen Wirkung auf andere Menschen – den Response auf sich selbst. Und diese Abhängigkeit kränkt die narzisstische Führungskraft. Sie versucht dann um ihre Unabhängigkeit zu kämpfen und blockiert damit ihre persönliche Entwicklung.

Sozialkompetenz und emotionale Intelligenz – oder: Erst fühlen dann denken

Wir haben bis hierhin mehrfach über soziale Kompetenz gesprochen ohne genau zu definieren, was das eigentlich ist. Von Werner Stangl[58] und Christine Scheitler[59] wurde der Versuch unternommen, einen systematischen Überblick über die vielen in der Literatur vorhandenen Definitionen von Sozialkompetenz zu geben. Das Ergebnis ist eine verwirrende Auflistung.

Es ist sicher D. Golemans Verdienst, den Begriff der „emotionalen Intelligenz" in die Businesswelt integriert zu haben. Er hat damit emotionale Prozesse mit Kompetenz hinsichtlich Orientierung und Entscheidung verbunden. Eine Verbindung, die in der Zeit zuvor eher verpönt war. Emotionalität galt als eine, die erstrebenswerte Rationalität störende Größe, die unbedingt kontrolliert und ausgeschaltet werden musste. Leider beschäftigt sich auch Goleman hauptsächlich mit der Frage, wie sich emotionale Prozesse besser beherrschen lassen. Zu meinem Erfahrungshintergrund mit Führungskräften passt dies nicht. Hier geht es eher darum, die emotionalen Prozesse dem Erleben und damit dem Nutzen für die eigene Person wieder zur Verfügung zu stellen. Darüber hinaus ist es trotz Goleman und anderen nach wie vor schwierig, „Emotionale Intelligenz" zu definieren – also genau zu sagen, was das eigent-

---

[58] Werner Stangl, „Der Begriff der sozialen Kompetenz in der psychologischen Literatur" (Version 2.0). p@psych e-zine 3. Jg.; www.paedpsych.jk.uni-linz.ac.at/paedpsych/sozialkompetenz/, 2001.
[59] Christine Scheitler, „Soziale Kompetenz als strategischer Erfolgsfaktor für Führungskräfte", Peter Lang Verlag, Frankfurt 2005

lich ist. „Emotionale Intelligenz" ist nicht gleich zu setzen mit „Sozialer Kompetenz". Aber sie ist eine Voraussetzung bzw. ein wesentlicher Baustein für soziale Kompetenz. Zum sozialkompetenten Verhalten gehört auch die Identifikation mit einem gemeinschaftsorientierten Ziel und der Wille, bestimmte gemeinschaftsorientierte Werte zu berücksichtigen.

Aber versuchen wir zunächst einmal, ohne uns von den beiden Begrifflichkeiten verwirren und einengen zu lassen, zu beschreiben, worum es geht. Es geht um drei Aspekte:

1. Zunächst geht es um den Zugang zu einem Informationsverarbeitungssystem in uns selbst, welches hinsichtlich Komplexitätsverarbeitung und Geschwindigkeit alle unsere kognitiven Prozesse „in den Schatten stellt". Mit vielen Tieren verbindet uns ein Gehirnbereich – das schon erwähnte limbische System –, welches vortrefflich dazu geeignet ist, besonders in komplexen Kontexten, schnell für Orientierung zu sorgen und darüber hinaus ebenso in der Lage ist, uns wichtige Informationen, über den aktuellen Zustand unseres eigenen Systems (Befindlichkeit), zur Verfügung zu stellen. Alles dies geschieht emotional.

2. Da nicht nur wir alleine in unserer Persönlichkeit „ein kleines Universum" sind, sondern auch die anderen, also jeder, geht es darum, andere Menschen zu verstehen. Nicht nur zu verstehen, wie sie denken, sondern auch zu verstehen, was und wie sie fühlen und wie sie innerlich in ihrem Erleben und unabhängig von ihrem Erleben strukturiert sind. Um dies zu können, benötigen wir einen Zugang zu unseren Gefühlen und damit zu den Gefühlswelten anderer Menschen.

3. Da Gruppen von Menschen (Teams, Abteilungen, Unternehmen, Gesellschaften) mehr als bloß die Summe ihrer Mitglieder sind und eigene Gesetzmäßigkeiten und Dynamiken entwickeln, die in der Hauptsache emotional begründet sind, geht es darum, auch diese zu verstehen und sich dadurch in diesen sozialen Systemen „erfolgreich" bewegen zu können.

Letztlich kann man den ersten Punkt neben den beiden anderen – das Verstehen von anderen Menschen und das Verstehen von sozialen Systemen – auch als das „Verstehen der eigenen Person" beschreiben. Es geht also um „empathische" Fähigkeiten. Und diese Empathie ist bezogen auf mich selbst, bezieht sich auf andere Menschen und ist bezogen auf soziale Systeme (Gemeinschaften).

Aber der Reihe nach – schauen wir uns den ersten Punkt genauer an. Ich habe schon beschrieben, dass die meisten Wahrnehmungen, Zuordnungen, Interpretationen und komplexen Simulationen in uns unbewusst ablaufen und dass diese Tatsache – neben einigen Nachteilen – recht sinnvoll ist, um uns zusätzlich zu den Ergebnissen nicht mit den Verarbeitungsprozessen zu belasten. Auch habe ich die Komplexität der Inputs und die Komplexität der Verarbeitungsstrukturen beschrieben. Was sind aber vor diesem Hintergrund „Emotionen"? Es sind – wenn wir ihre Bedeutung für die Erkenntnis unserer Welt in den Vordergrund stellen – verdichtete Informationen. So wie ein Gedicht einen ganzen Kosmos von Betrachtungen, Empfindungen und Seinszuständen enthält, sind Gefühle quasi die Zusammenfassung oder das Ergebnis von vielen unbewussten Aktivitäten in der komplexen Verschaltung unseres neuronalen Netzes. Diese Ergebnisse werden uns auf einem Weg zur Verfügung gestellt, der die Geschwindigkeitsanforderung der Evolution berücksichtigt: „Hochgeschwindigkeit". Besser wissen was los ist, als gefressen zu werden oder wichtige Überlebens- oder Fortpflanzungsbedingungen zu verpassen. Da ist keine Zeit für lange abstrakte Denk-Analysen. Außerdem sind die Inputs (wahrgenommene Informationen, die handlungsrelevant interpretiert werden müssen), die wir, um uns in einem sozialen Interaktionssystem (Gruppe, Gemeinschaft) erfolgreich bewegen zu können, verarbeiten müssen, so komplex und vielschichtig, das unser langsames Denk- und Reflexionssystem damit überfordert ist. Unser Gesamtsystem schaltet dann auf den komplexeren und schnelleren Arbeitsmodus: die Intuition. Gefühle sind also einerseits das Ergebnis von komplexen, unbewussten Verarbeitungsprozessen.

Jetzt könnten wir, um es ein wenig übersichtlicher zu erklären, drei Ebenen des Fühlens unterscheiden.

- *Ebene 1:* Wir fühlen, wenn wir einen Input in unser Taktiles System erhalten – wenn uns jemand berührt.
- *Ebene 2:* Wir fühlen die „Statusberichte" unseres Körpers – Hunger, Durst, Kälte, Belastungsgrenzen, Lust, Wohlgefühl, bequem, unbequem, krank, gesund, etc..
- *Ebene 3:* Wir haben Gefühle, die sich auf Bedingungen unseres Umfeld beziehen, die eher beziehungsmäßiger Natur sind – ein mulmiges Gefühl in einer Situation, das Gefühl, dass uns jemand anlügt oder dass wir jemanden vertrauen können, Furcht vor jemandem, Liebe, Zuneigung.

Es ist an dieser Stelle wichtig, die Emotionen so differenziert zu betrachten. Deshalb finden Sie im Anhang (Text 2) eine differenzierte Auflistung von Gefühlen a) aus philosophischer Sicht und b) aus psychologischer Sicht. Denn haben manche Führungskräfte einmal erkannt, dass sie nur sehr eingeschränkten Zugang zu ihrem emotionalen Erleben haben, stellen sie die Frage: Was gibt es denn überhaupt für Gefühle? Und natürlich ist zunächst einmal die kognitive Betrachtung der Gefühlsvielfalt eine kleine Hilfe zum „Suchen" von erlebnismässigen Zugängen zu Emotionen.

Gefühle sind andererseits auch „Bewertungen". Ob ein bestimmtes Verhalten sich gut oder schlecht anfühlt, führt dazu, dass dieses Verhalten damit bewertet ist. Ob ein bestimmter Kontext sich sicher oder unsicher anfühlt, bewertet entweder den Kontext oder aber auch meine Möglichkeiten den Anforderungen des Kontextes zu begegnen. Somit erhält die Realität durch unsere Gefühle ihre „Bedeutung" für uns – und damit ihre Bedeutung überhaupt.

Selbstverständlich unterliegen unsere Gefühle ebenfalls diesem Prozess. Das heißt, wir haben auch Gefühle zu unseren Gefühlen und Gefühle (oder auch Bewertungen und Bedeutungen) über die Gefühle; die wir zu unseren Gefühlen haben. Diese Konstruktion ist nach oben hin offen und vieles davon „schweift" durch „die assoziative Unendlichkeit" unserer unbewussten „inneren Wirklichkeit". Die, wie wir oben schon besprochen haben, damit unser Verhalten nicht minder beeinflusst.

Eigentlich verhalten wir uns in den meisten Kontexten *wegen* unserer Gefühle. Vereinfacht dargestellt nehmen wir eine bestimmte Situation durch unsere individuelle, uns eigene Filterstruktur wahr, interpretieren sie und bewerten sie mit unseren Gefühlen. Diese Bewertungen lösen je nach Zielen Verhaltenssimulationen (denken) in die Zukunft aus. Die Ergebnisse der verschiedenen Simulationen bewerten wir wieder danach, wie sich das angenommene Verhaltensergebnis für uns „anfühlt". Dann wählen wir auf dieser bewerteten Grundlage das uns angemessen erscheinende Verhalten aus. Das heißt, Ziel unseres Verhaltens sind meist erwartete Gefühlszustände und Körperempfindungen, die wir durch unser Verhalten erzielen möchten. Das hört sich profan an, gilt aber leider auch für Führungskräfte in komplexen, sozialen Interaktionen. Was wir tun, tun wir, um bestimmte emotionale Zustände in uns herzustellen. Und diese Zustände lassen sich meist nicht ohne unser Verhalten und ohne die damit zusammenhängenden Konsequenzen für unsere Lebensumstände herstellen.

Menschen, die wenig bewussten, reflektierenden Zugang zu ihrem „fühlenden System" (gegenüber dem kognitiven, denkenden System) haben, kennen damit ihre eigentlichen, persönlichen Ziele nicht. Nämlich die Gefühle, die sie haben möchten – oder eben nicht haben möchten (Vermeidungsverhalten) – in ihrer differenzierten Erlebnisqualität und Bedeutung für sich selbst (den Fühlenden). Vielleicht lediglich in ihrer oberflächlichen Qualität von: fühlt sich gut oder schlecht an. Aber dennoch ist ihr Verhalten im „kleinen" wie im „großen" von der differenzierten Erlebnisqualität dieser individuellen, emotionalen Zustände bestimmt. Es lohnt sich also einiges davon bewusst zu erleben und damit zu „merken". Nicht nur, um noch einmal reflektierenden Einfluss zu nehmen, sondern einfach um das eigene „sein" und „bewegt sein" mitzuerleben, denn das ist „bewusstes Leben".

Es wurde aber auch schon erwähnt, dass das „fühlende System" irren kann. Denn erstens hat sich die Wahrnehmung auf Grund unserer ersten Wahrnehmungserfahrungen und deren erster Auswertung (z. B.: wichtig – unwichtig) zu einer ganz bestimmten Filterstruktur gebaut. Wir nehmen also nicht alles wahr, was wahrzunehmen wäre. Wir setzten Prioritäten schon beim „Hereinlassen" von Inputs. Und, dies bezieht auch die eigenen Gefühle (also gewissermaßen die „internen Inputs") mit ein. Zweitens interpretieren wir unsere Wahrnehmungen vor dem Hintergrund unserer bisherigen Erfahrungen hinsichtlich des Erfolgs unserer Interpretationen. Und der Erfolg bestimmt sich durch den Grad der Voraussagemöglichkeiten hinsichtlich eines Geschehnisses. Um uns in der Welt orientieren und bewegen zu können, hängt unser Erfolg, aber auch unser Überleben davon ab, ob wir in die Zukunft schauen können. Hält der Ast, auf dem ich stehe oder bricht er gleich? Woran halte ich mich dann fest? Dies gilt auch für Interaktionskontexte mit einem anderen Menschen oder in einer Gruppe. Ständig sind wir damit beschäftigt, Vorhersagen zu machen – also in die Zukunft zu blicken – und vergleichen die Ergebnisse mit dem, was wir wollen oder mit dem, was wir erwarten wie wir uns fühlen möchten. Wie wir bereits wissen, lernt unser Gehirn nach dem Prinzip: Die ersten Informationen sind die eindrücklichsten, besonders wenn sie zum Erfolg geführt haben und öfters wiederholt wurden. Sie führen sozusagen zu Verschaltungen auf denen, wenn sich weitere Erfahrungen zu diesen Erkenntnissen nicht grob widersprechen, die folgenden Erkenntnisse zu einem „Realitätskonzept" aufgebaut werden. Wie schon erwähnt machen wir diese grundlegenden Erfahrungen, was Interaktionsprozesse oder Verhalten in Beziehungen zu anderen

Menschen angeht, in einem sehr begrenzten Kontext, nämlich der Familie, mit ganz spezifischen Menschen. Viele Bewertungen erarbeiten wir uns aber nicht selbst, sondern übernehmen sie in den ersten Jahren von unseren Bezugspersonen, in den meisten Fällen Eltern und Geschwister. Wir übernehmen – also lernen – diese Bewertungen auch da, wo es um die Bewertung unserer eigene Befindlichkeit geht.

> „Die Welt, so wie sie das Kind nach und nach kennenlernt, ist kein Warenhauskatalog, sondern ein Set von Handlungs- und Interaktionsmöglichkeiten, die es zunächst passiv erlebt, sich dann abschaut und schließlich imitierend einübt. Beobachtungen und Imitationen erzeugen im kindlichen Gehirn ein Skript, das in Nervenzellnetzen gespeichert ist. Dieses Skript repräsentiert die Welt als Handlungssequenzen, und zwar in mehreren Dimensionen. Es beschreibt die typischen optischen Kennzeichen, anhand deren sich Aktionen, die sich anbahnen oder gerade ausgeführt werden, erkennen lassen; es beschreibt Ziel- und Endzustände und die Handlungsfolge, die notwendig ist, um sie zu erreichen; es beschreibt, wie sich der Vollzug einer Handlung für den Akteur körperlich anfühlt oder anfühlen würde; und es beschreibt schließlich den zu einer Handlungsfolge gehörenden affektiv-emotionalen Kontext. Das Kind speichert in seinen Netzwerken interne Arbeitsmodelle, nach denen Menschen in der Welt handeln und ihre sozialen Abläufe untereinander regeln."[60]

Diese früh gewonnenen Erfahrungen sind äußerst wichtig – denn etwas anderes haben wir zum Aufbau unseres Realitäts- und Selbstkonzeptes nicht zur Verfügung. Aber ein Teil dieser Weltsicht, Menschenbilder und „Gebrauchsanweisungen" (für spezifische Situationen des sozialen Lebens) sind nur bedingt übertragbar oder für das Leben als Erwachsener unbrauchbar. Natürlich speist sich unsere Intuition auch aus diesem unbewussten Realitätskonzept. Und so können die Schlussfolgerungen und die Bewertungen, die uns als Gefühle zur Verfügung stehen, zwar für unser internes Persönlichkeitssystem richtig aber hinsichtlich der potenziellen Betrachtungsweise und hinsichtlich der potenziellen Reaktions- oder Verhaltensmöglichkeiten in den realen Kontexten unangemessen oder gar falsch sein.

Hinzu kommt noch, dass unsere „unbewusste innere Wirklichkeit", wie oben schon erläutert, genau so wie unser Denken, assoziativ arbeitet und diese „assoziativen Ketten" sich bilden und verbinden, ohne dass wir daran bewusst teilhaben. Sie entwickeln so eine „innere Realität", die unser äußeres Verhalten beeinflusst oder gar bestimmt. Aber nur über unsere Emotionen erhalten wir einen Zugang zu der Struktur dieser „inneren Realität" und können so ihre „Bauweise" rückwärts gehend verstehen und wichtige Veränderungen – bzw. Realitätsanpassungen – vornehmen.

Vor diesem Hintergrund ist es nützlich, zwei „Realitäts-Analyse-Konzepte" zur Verfügung zu haben: das intuitive (emotionale) Konzept (oft als „Bauchgefühl" beschrieben) und das rational analytische Konzept (das bewusste Nachdenken). Zusammen (bzw. wenn sie einander korrigieren) sind sie „unschlagbar".

---

60 Joachim Bauer, (2005), S. 69

Es gibt aber Menschen (auch Führungskräfte), die kaum oder gar nicht in der Lage sind ihre Gefühle wahrzunehmen. Sie können auf der Ebene 1 und 2 wahrnehmen – also taktile Inputs und Körperbefindlichkeiten – aber nicht auf der Ebene 3.

> „Zu den klinischen Merkmalen der Alexithymiker gehören Schwierigkeiten mit der Beschreibung von – eigenen oder fremden – Gefühlen und ein stark eingeschränktes Gefühlsvokabular. Außerdem fällt es ihnen schwer zwischen den einzelnen Emotionen sowie zwischen Emotionen und körperlichen Empfindungen zu unterscheiden; es kann vorkommen, dass sie von einem flauen Gefühl im Magen, von Herzklopfen, Schwitzen und Benommenheit berichten, aber nicht wissen, dass sie Angst empfinden.[61] (...) Nicht dass Alexithymiker nichts empfinden, sie sind nur außerstande, ihre Gefühle genau zu erkennen und vor allem, sie in Worte zu fassen."[62]

Ich möchte nicht behaupten, dass viele Führungskräfte Alexithymiker sind und sich deshalb einer psychologischen Behandlung unterziehen sollten, aber ich würde so weit gehen zu sagen, dass bei einer Vielzahl meiner (männlichen) Coachingklienten die Nutzung der emotionalen Zugänge zur Realität stark eingeschränkt ist. Ähnlich wie im extremen Krankheitsbild werden emotionale Bewertungen und das intuitive Erfassen der Realität fast ausschließlich durch kognitive, logische Denkzusammenhänge ersetzt. Wenn man solch einen Menschen fragt, warum er so oder so entscheidet, bekommt man komplexe Philosophien und ineinander logisch verschachtelte Schlussfolgerungen und Geschichten zu hören. Aber der Hintergrund seiner Entscheidung hat nichts mit ihm selbst und schon gar nichts mit seinen persönlichen Bedürfnissen oder Wünschen zu tun.

Nun kann man an dieser Stelle, vielleicht abmildernd, auf die von Klaus-Uwe Adam festgestellte kollektive Unfähigkeit der Deutschen bezüglich der menschlichen „Fühlfunktion" hinweisen.[63] Er attestiert den Deutschen u. a. unterentwickeltes Fühlen und überbetontes Denken, gekoppelt mit Negativität. Das heißt, wir sind viele – wenigstens das.

Das Problem ist: Kann ich meine eigenen Gefühle nicht wahrnehmen und verstehen, kann ich auch die Gefühle anderer Menschen nicht wahrnehmen oder verstehen. Vielleicht, zum besseren Verständnis, noch mal eine Wiederholung zum Thema „Spiegelneuronen":

> „Nervenzellen des Gehirns, die im eigenen Körper einen bestimmten Vorgang, zum Beispiel eine Handlung oder eine Empfindung, steuern können, zugleich aber auch dann aktiv werden, wenn der gleiche Vorgang bei einer anderen Person nur beobachtet wird, heißen Spiegelnervenzellen bzw. Spiegelneuronen. Ihre Resonanz setzt spontan, unwillkürlich und ohne Nachdenken ein. Spiegelneuronen benutzen das neurobiologische Inventar des Beobachters, um ihn in einer Art inneren Simulation spüren zu las-

---

[61] Daniel Goleman, „Emotionale Intelligenz", DTB, München 1995
[62] ebenda S. 73
[63] K.-U. Adam, „Die Psyche der Deutschen", Patmos Verlag, Düsseldorf 2007

sen, was in anderen, die er beobachtet, vorgeht. Die Spiegelresonanz ist die neurobiologische Basis für spontanes, intuitives Verstehen ..."[64]

Die Gefühle anderer Menschen sind auch zum großen Teil deren Motivationsgrundlage zum Handeln und deren Bewertungen von Ergebnissen des eigenen oder fremden Handelns. So steht dem „Spezialisten für analytisches Denken" in seiner Realitätswahrnehmung ein gewaltiger Aspekt des zwischenmenschlichen Verhaltens nicht zu Verfügung. Viele Führungskräfte, die so „strukturiert" sind, können lediglich logische Denksysteme benutzen. Diese reduzieren aber die tatsächliche Komplexität des Lebens um ein Vielfaches und sind im Grunde genommen lediglich simple Verallgemeinerungen. Das einzelne Individuum kann so nicht mehr betrachtet werden.

Im Grunde genommen hat uns die Natur mit unserer Großhirnrinde einen kleinen „Zusatz" erarbeitet. Das heißt, das „Leben" findet, wie bei den meisten Tieren, so auch bei uns im „limbischen System" statt. Der Unterschied ist, dass wir uns unserer Selbst bewusst sind und dass wir darüber hinaus – komplexer als andere Spezies auf diesem Planeten – denken und lernen können. Dies ist aber lediglich eine hilfreiche Ergänzung. Es sollte mit dem eigentlichen, „gefühlten Leben" nicht verwechselt werden. Sie glauben nicht, wie vielen „Hochleistungscomputern" aber eingeschränkten „Menschen" man in Coachingprozessen begegnet.

Über das Leben im Scheinbaren – oder: Wann ist der Film zu Ende?

Die beschriebene Bedeutung von Gefühlen und emotionalen Prozessen hat noch eine andere wichtige Relevanz. In meiner Coachingarbeit treffe ich immer wieder auf Führungskräfte, die keine wirklichen *Kontakt*e eingehen. Sie sind nicht distanziert und unnahbar, wie man zunächst meinen könnte, oder verschlossen. Im Grunde genommen kann man sich ganz normal mit ihnen unterhalten – sogar über Emotionen. Aber auf die Dauer merkt man, dass man keine wirkliche Beziehung zu ihnen aufbauen kann – sie präsentieren ständig ein Bild ihrer selbst statt sich selbst. Ihre innere Frage scheint nicht zu sein: „Wie erlebe ich das, was ich da wahrnehme und wie bewerte ich es und wie möchte ich mich verhalten?" Sondern: „Wie sollte ich das erleben, sollte ich das bewerten und sollte ich mich verhalten, um den Regeln zu entsprechen, um einem bestimmten Modell meiner selbst zu entsprechen oder um meinem Marketingkonzept Rechnung zu tragen?". Man hat es dann sozusagen mit einer gedanklichen Konstruktion und nicht mit einem Menschen zu tun. Dieses „positive Verkaufen" ist eine Fähigkeit über die Führungskräfte selbstverständlich verfügen sollten. Es ist notwendig um sich in komplexen Systemen politisch erfolgreich bewegen zu können. Solange man weiß, dass es sich um eine geschickte PR-Strategie handelt, ist alles in Ordnung. Das Problem fängt an, wenn man selbst glaubt, dass es wirklich so ist, wie man es verkauft. Wenn man also nicht mehr zwischen dem Bild, welches man nach außen gibt und sich selbst, unterscheiden kann.

---

[64] J. Bauer, (2005), S. 55 u. 56

Ich kenne Führungskräfte, die so sehr mit ihrer PR-Strategie „verwachsen" sind, dass sie nicht mehr in der Lage sind, auch nur ein Defizit der eigenen Person oder des eigenen Verhaltens zu benennen – selbst, wenn sie es wollten. Sie können nur noch ihre „Goldseite" beschreiben. Und wo kein Defizit, da kein Lernprozess. So wundern sich diese Führungskräfte, warum ihre Chefs nicht so ganz mit ihnen einverstanden sind, warum sich ihre Mitarbeiter so falsch oder undankbar verhalten, warum ihre Ehen „in die Brüche" gehen, warum sie so wenig wirkliche nahe Freundschaften haben, und so weiter. Natürlich haben sie große Angst sich auch mit ihrer unfähigen, begrenzten oder „dunklen" Seite zu beschäftigen. Und sie sind sehr gekränkt, wenn man sie darauf hinweist.

So geraten manche Führungskräfte nach jahrelanger, erfolgreicher Arbeit in einen bedenklichen Zustand. Bisher haben hauptsächlich die Anforderungen – meist die des beruflichen Kontextes – bestimmt, was sie tun und sogar wie sie leben. Sie haben sich angewöhnt zu reagieren. Ihre weitere Persönlichkeitsentwicklung war lediglich auf die Bewältigung der äußeren Anforderungen „zugeschnitten". Bestimmte berufliche Aufgaben und Karriereschritte, vielleicht der Bau eines Hauses, das Aufziehen der Kinder, und so weiter. Das haben sie mit Bravour gemeistert. Sie haben sich die Kompetenzen und Erfahrungen angeeignet, die für die Bewältigung der *anstehenden* Aufgaben notwendig waren. Sie haben sich eingefügt in die jeweiligen sozialen Systeme; sie haben viele Regeln gesucht, gefunden und befolgt. Jetzt ist das Meiste bewältigt – es gibt nicht mehr viel zu tun, da man die Grenze der Karriere, und damit der Aufgaben, erreicht hat. Die äußeren Anforderungen schwinden – was jetzt? Jetzt folgt die Sinnkrise, denn sie haben verlernt zu wissen, was sie „von sich aus" interessiert, was sie selbst sinnvoll finden, was ihre Bedürfnisse sind, wie sie leben wollen, wie man Beziehungen baut und pflegt (ohne damit äußere Aufgaben und Probleme zu lösen) und *wer* sie unabhängig der beruflichen Identität sind. Manche schaffen sich neue äußere Anforderungen indem sie finanzielle Krisen gestalten oder ihre Ehe verlassen, um sich einer neuen Beziehungsdynamik zu stellen, die durch einen anderen Menschen einfach entsteht und nicht erarbeitet werden muss. Auch Krankheit ist ein Weg, neue Anforderungen zu schaffen. Aber all dies sind verzweifelte Versuche die persönlichen Defizite eines nicht eigenständigen, nicht selbstbewussten Menschen mit geringem Selbstwert zu verleugnen. Der „gesunde Weg" ist mit viel „Nachhol-Arbeit" verbunden und stellt grundlegende Fragen: Was sind meine Bedürfnisse? Was interessiert mich im Leben wirklich? Welche Beziehungen sind mir wichtig und wie gestalte ich sie „befriedigend"? Was wären für mich sinnvolle Aufgaben? Was ist mein Beitrag in meiner sozialen Welt und wie sollte er sein? Wie kann ich für mich sinnvoll leben? Gibt es in meinem Leben einen spirituellen Zugang?

Die Krux: Diese Fragen lassen sich nicht durch bloßes „Sinnieren" beantworten, sondern nur in der intensiven Interaktion mit vertrauten Menschen. Und die hat man ja in der Vergangenheit vernachlässigt oder noch schwieriger: diese Fähigkeit der Interaktion über sich selbst (und nicht über Sachzusammenhänge) hat man vielleicht nicht lernen können oder gar verlernt. Jetzt ist Mut gefordert! Mut, Dinge zu lernen, die man eigentlich vor dreißig oder vierzig Jahren hätte lernen sollen. Aber auch für den Rest, der ja Dank des medizinischen Fortschritts heut zu Tage recht lang geworden ist, lohnt es sich noch.

Das oben Beschriebene rankt sich um das Thema „Selbstachtung". Wenn es gut läuft, lernen wir in unseren ersten Jahren, dass es gut ist, auf sich selbst, auf das, was wir wirklich brauchen und wollen und auf die eigenen persönlichen Bedürfnisse Rücksicht zu nehmen. Beziehungsweise mehr noch: dafür zu sorgen, dass wir Befriedigung erleben und dass das, was wir brauchen und wollen das Leben bestimmt – dass wir mit unseren Bedürfnissen und dem was wir wollen und brauchen einen angemessenen „Platz" haben. Menschen, die so leben, fühlen eine klare Berechtigung ihrer Bedürfnisse und ihres „individuellen Wollens". Unabhängig davon, ob sie sich damit durchsetzen können oder ob das, was sie wollen, mit anderen in Einklang zu bringen ist. Wenn wir erst wissen, was wir wollen, können wir es auch mit anderen klären. Wie schon beschrieben, haben aber nicht wenige Führungskräfte den inneren Kontakt zu dem verloren, was sie, um ein sinnvolles, verantwortliches und befriedigendes (Arbeits-)Leben zu führen von anderen brauchen und von sich aus wollen. Und sie haben aufgegeben dafür zu sorgen. Somit achten sie sich selbst nicht mehr. Das ist schon traurig genug aber hinzukommt, dass nur ein Mensch, der sich selbst achtet in der Lage ist, andere zu achten. Und hier „landen" wir wieder bei grundlegenden Bedingungen der Sozialkompetenz.

Selbstwert – oder: Der geheime Grund für viele Konflikte und komplizierte Beziehungen

Das Phänomen der „Selbstachtung" ist so bedeutsam, dass wir uns die Wirkungszusammenhänge und ihren Einfluss auf zwischenmenschliche Beziehungen und Interaktionen genauer anschauen müssen. Denn hier haben wir den zentralen Baustein für „Empathielücken" im Umgang mit Mitarbeitern, den Grund für viele Konflikte und Beziehungsstörungen in der Zusammenarbeit und für die vielen alltäglichen Verwirrungen und Missverständnisse in der Kommunikation mit anderen.

Das Ergebnis der Selbstachtung ist der „Selbstwert". Selbstachtung ist quasi eine Haltung oder ein (inneres) Verhalten mir selbst gegenüber. Der Selbstwert ist das Ergebnis: ein Gefühl, welches hervorgeht aus der wertenden Vorstellung von mir selbst.

Virginia Satir, eine der wichtigsten Kommunikationswissenschaftlerinnen und Systemtherapeutinnen, die in den siebziger Jahren grundlegende Zusammenhänge und Gesetzmäßigkeiten der zwischenmenschlichen Interaktion entdeckt, kategorisiert und beschrieben haben, hat das Phänomen „Selbstwert" und seine zentrale Bedeutung am eindrücklichsten erläutert. Sie benutzt zur Erklärung des Phänomens „Selbstwert" das Bild eines Topfes (engl. „pot"), der in einem Menschen voll oder weniger voll, fast leer oder gar zerbrochen ist:

> „…in all den alltäglichen Erfahrungen meines beruflichen und privaten Lebens gelangte ich zu der Überzeugung, dass der entscheidende Faktor für das, was sich in einem Menschen abspielt, die Vorstellung von dem eigenen Wert ist, die jeder mit sich herumträgt…(…).

Integrität, Ehrlichkeit, Verantwortlichkeit, Leidenschaft, Liebe – alles strömt frei aus dem Menschen, dessen Pott voll ist. Er weiß, dass er etwas bedeutet und dass die Welt ein kleines Stückchen reicher ist, weil er da ist. Er glaubt an seine eigenen Fähigkeiten. Er ist fähig, andere um Hilfe zu bitten, aber er glaubt an seine eigene Entscheidungsfähigkeit und an die Kräfte in sich selbst. Weil er sich selbst wertschätzt, kann er auch den Wert seiner Mitmenschen wahrnehmen und achten. Er strahlt Vertrauen und Hoffnung aus. Er hat seine Gefühle nicht mit Regeln belegt. Er akzeptiert alles an sich selbst als menschlich.

Sehr vitale Menschen sind die meiste Zeit „oben" (high-pot)." ... [65]

Hoher oder niedriger Selbstwert ist etwas, mit dem wir nicht auf dieser Welt ankommen. Sondern wir lernen ihn. Oder genauer: Der Selbstwert ist das Produkt von Erfahrungen, die wir über die Art und Weise wie andere mit uns umgegangen sind, gemacht haben. Und bekommen wir einen negativen Response auf unser Dasein oder unser Verhalten häufig, verfestigt sich dieses, an dieser Stelle unserer Persönlichkeit, negative Selbstbild. Wir fangen sogar an, es zu bestätigen. Da wir ja glauben, dass wir so (negativ) sind, verhalten wir uns dann auch so, dass andere Menschen entsprechend mit uns umgehen müssen. Das Selbstkonzept arbeitet damit als „selbsterfüllende Prophezeiung".

Mit diesem „low-pot-Zustand" verstärkt sich, verständlicherweise, unsere Angst, abgelehnt zu werden. Und vielleicht muss ich an dieser Stelle, einmal deutlicher als bisher sagen, weil viele Führungskräfte, denen ich begegne dies als nicht selbstverständlich erachten, dass der Wunsch, von anderen angenommen, akzeptiert und wertgeschätzt zu werden (und damit geliebt zu werden) ein Wunsch ist, der tief in unserem menschlichen Dasein und unserer Existenz als ein soziales Wesen verwurzelt ist. Wir können nicht entscheiden, ob wir diesen Wunsch haben oder nicht. Er ist einfach da und mit unserer Existenz verbunden. Und wir können, wie bei so vielen grundsätzlichen Bedürfnissen, uns diesen Wunsch nicht selbst erfüllen. Er ist unausweichlich auf andere Menschen gerichtet und in seiner Erfüllung von ihnen abhängig. Evolutionstechnisch kann man ihn als einen Garant für unser Überleben durch Gemeinschaft betrachten. Und ohne unsere Fähigkeit, uns in „Rudeln" oder besser „Gemeinschaften" zu bewegen, wären wir im Rahmen unseres viele tausend Jahre bestehenden Konkurrenzkampfes um die Vorherrschaft auf diesem Planeten nicht so weit gekommen. Dennoch ist – nennen wir es jetzt Bedürfnis, um damit seine allgemeingültige psychosomatische Präsenz hervorzuheben – dieses Bedürfnis nach Wertschätzung und Anerkennung eigentlich leicht zu befriedigen. Ich brauche dafür lediglich ehrlichen, authentischen Kontakt zu anderen Menschen. Und genau das ist aber leider das Problem des „low-pot-Zustandes". Denn mit einer negativen Vorstellung von mir selbst und mit den damit verbundenen Ängsten, fühle ich mich nicht wert und habe ich nicht den Mut, einen (auch auf meine Bedürfnisse bezogen) ehrlichen und authentischen Kontakt zu anderen Menschen aufzubauen zu können. Mit dem negativen Selbstwert („low-pot") verbunden ist eine Blockade unserer Bedürfnisse und Gefühle, die auf andere Menschen gerichtet sind oder von ihnen stimuliert werden. An-

---

[65] Virginia Satir, „Selbstwert und Kommunikation", Klett-Cotta Verlag, Stuttgart 2004, S. 39

ders ausgedrückt: wir stehen innerlich nicht zu dem, wie wir die Dinge wahrnehmen, was wir denken und was wir fühlen. Wir stehen nicht dazu, weil wir Angst vor der Ablehnung haben bzw. unsere Gefühle und Bedürfnisse innerlich schon abgewertet und damit abgelehnt haben. Und so isolieren wir uns emotional und vereinsamen – ohne es, in dieser Dramatik, bewusst wahrnehmen und damit reflektieren zu können.

Grundsätzlich ist der Zusammenhang – die Dynamik – zwischen Außenwelt und dem inneren Stand des „Selbstwert-Potts" wechselseitig: Jede zwischenmenschliche Interaktion hat zum einen Auswirkungen auf die Menge, die in diesem „Selbstwert-Pott" vorhanden ist. Aber es ist nicht der Andere, der die Menge in diesem Pott steuert, sondern ich selbst bewerte das, was der Andere zu mir sagt oder wie er sich zu mir verhält in Auswirkung auf mein Selbstverständnis und steuere damit die Menge im „Selbstwert-Pott".

Zum anderen wirkt das Verhalten meines Gegenübers, je nach Menge im Selbstwert-Pott, unterschiedlich auf die Menge im Selbstwert-Pott. Laufe ich zu einem gegebenen Zeitpunkt mit einem niedrigen „Selbstwert-Level" umher, bin ich empfindlicher gegenüber den kritischen Äußerungen anderer. Feedback, welches mein Handeln in Frage stellt, landet dann schnell auf der Seins-Ebene und erlebt sich in mir als grundsätzliche Abwertung meiner Person – was wiederum zu einer Senkung des Selbstwert-Levels führt.

Da der Zustand mit einem geringen Selbstwert ein „schmerzhafter" Zustand ist, schützen wir unseren Selbstwert (bzw. den übrig gebliebenen kleinen Rest) natürlich auch vor weiteren Beeinträchtigungen. Das heißt, wir begegnen einer Interaktion, von der wir erwarten, dass sie den eigenen Selbstwert negativ beeinträchtigt – die Psychologen sprechen dann von einer „erwarteten Kränkung" – quasi im „abgesicherten Modus" oder gar mit dem Prinzip „Angriff ist die beste Verteidigung". Damit bestätigen wir aber das Selbstbild wieder und vergeben uns damit die Möglichkeit es positiv zu verändern.

Virginia Satir beschreibt vier universelle Reaktionsmuster, die dazu dienen, eine drohende Ablehnung zu umgehen und das damit verbundene „Selbstwert-Schwächegefühl" zu verbergen:

- die Beschwichtigung oder Unterwerfung (placating), welche verhindert, dass die andere Person ärgerlich wird;
- das Anklagen (blaming), welches Stärke vortäuschen soll;
- das Rationalisieren (computing), was die Bedrohung in ihrer Dramatik verharmlost;
- das Ablenken (distracting), welches die Bedrohung ignoriert.[66]

Keine dieser Kommunikationsformen ist „ehrlich" und „kongruent". Sie dienen dazu, den erniedrigten Selbstwert, der nun wie selbstverständlich zur eigenen Person gehört, und die mit dieser Kränkung verbundenen (schmerzenden) Gefühle der eigenen Wertlosigkeit, vor sich selbst und vor anderen zu verbergen und zu kompensieren.

---

66 Ebenda, Seite 85 und 86

Virginia Satir glaubt, dass nur ca. ein Prozent der Bevölkerung zu kongruenten Reaktionen in der Lage ist. Allerdings betont sie auch, dass, da der Selbstwert ein erlerntes Selbstkonzept sei, er jederzeit verändert werden kann. Ein hoher Selbstwert führt automatisch zu einem kongruenten, authentischen Verhalten in der Kommunikation mit anderen.

Jetzt stellt sich die Frage, wie das Verhalten eines anderen Menschen mir gegenüber überhaupt – als Erwachsener – zu einer Selbstwertbeeinträchtigung führen kann. Die Antwort: eigentlich gar nicht. Außer, – und so funktioniert es dann eben doch – das angebotene negative Fremdbild korrespondiert wunderbar mit einem entsprechenden (vielleicht unbewusst) vorhandenen, negativen Selbstbild an dieser spezifischen Stelle meiner Person. Dann bin ich es, der dann innerlich sagt: „Genau, der Mensch hat recht – ich bin so (schlecht), da sieht man es mal wieder".

Ein hoher Selbstwert ist die Voraussetzung für erfolgreiches Lernen. Und das ist der „Link" zur Führungsaufgabe: Möchte ich, dass meine Mitarbeiter sich entwickeln, sich neue Fähigkeiten aneignen, kompetenter werden, muss ich dafür sorgen, dass ihr Selbstwert nicht beeinträchtigt wird. Oder mehr noch, ich muss ihren Selbstwert „heben". Aber zunächst einmal muss ich erkennen, wenn sie sich in einem Zustand geringen Selbstwertes befinden. Dabei unterscheiden wir zwei Kategorien. Erstens kann es sein, dass eine persönliche Lebenskrise die betreffende Person so durcheinander rüttelt, dass ihr sonst einigermaßen stabiler Selbstwert ordentlich ins Wanken gerät und es zu einigen „low-level-Zuständen" kommt. Die Krise stellt dann bisherige, grundsätzliche Annahmen über die eigene Person, die persönlichen Ziele, die Beziehungen zu anderen Menschen sowie verschiedene Sinnzusammenhänge in Frage. Werden diese „Hinterfragungen" bewusst „durchgearbeitet", was anstrengend, schmerzlich und langwierig werden kann, landet die Person mit wieder stabilem Selbstwert auf einem anderen Reifegrad. Das Ergebnis ist eine Persönlichkeitsentwicklung.

Zweitens gibt es Menschen – und ich glaube auch, dass es sich dabei um eine beachtliche Menge handelt, vielleicht sogar um den größeren Teil – die zu bestimmten Aspekten ihrer Person einen grundsätzlich niedrigen oder labilen Selbstwert mit sich herumtragen. Sie schützen sich an diesen Persönlichkeitsstellen durch Kompensationen, Betäubungen (Drogen) oder indem sie ihre tiefen Unsicherheiten vor anderen und auch vor sich selbst – wie oben beschrieben – verstecken.

Dabei geht es wiederum um zwei Bereiche, die von Zweifel und Unsicherheit betroffen sein können: Zum einen bezogen auf Fähigkeiten oder bestimmte Fähigkeitsbereiche. Diese Menschen erhielten im Laufe ihrer individuellen Entwicklung, in der Zeit wo sie ihre ersten Fähigkeiten bewusst entwickelt und erlernt haben (ca. ab drei Jahren), wenig positive Bestätigung. Sie mussten ihre Ergebnisse selbst bewerten und waren damit nie sicher, wie die anderen wichtigen Menschen in ihrem Leben (Eltern) über ihre Kompetenzen denken und fühlen. Und dies hat sie diesbezüglich in Unsicherheit gehalten. Diese Menschen haben einen erhöhten Bedarf an positiver Bestätigung für die Dinge, die sie wirklich gut können. Die Crux ist nur, dass sie diese Bestätigungen nicht so gerne annehmen, weil sie sich dadurch wiederum ihrer tiefen Unsicherheit bewusst werden – mit all den „Schmerzen", die damit verbunden sind.

In der anderen Kategorie, bei Menschen mit labilem Selbstwert, ist die tiefe Verunsicherung nicht bezogen auf Fähigkeiten, Kompetenzen, Lernvermögen oder Leistungsfähigkeit sondern betrifft die gesamte Person in ihrer Daseinsberechtigung, in ihrer Beachtenswertigkeit, in ihrer Akzeptanz als Mann/Frau oder in ihrer grundsätzlichen Werthaftigkeit „als Mensch" für andere Menschen. Diese Menschen können nicht glauben, dass sie wichtig sind, dass sie geliebt und wertgeschätzt werden können oder dass andere Menschen wirklich an ihnen interessiert sind. Sie wurden in noch früherer Zeit (bis ca. drei Jahre) durch emotionale Vernachlässigung in der Entwicklung eines angemessenen Selbstwertgefühls gestört und behindert. Bei dieser „emotionalen Vernachlässigung" – so mag der Leser denken – handelt es sich wohl um extreme Situationen, wie sie für Straßenkinder, die beispielsweise in Brasilien oder sonst wo auf der Welt völlig verwahrlost aufwachsen, zutreffen – aber weit gefehlt. Auch unsere westliche Wohlstandsgesellschaft hält, bezüglich der Bedürfnisbefriedigung, die für das gesunde Entwickeln eines Säuglings und Kleinkindes notwendig ist, einige von Mangel an emotionaler Zuwendung geprägte (und dennoch gesellschaftlich als „normal" und unbedenklich empfundene) Abläufe in Familien bereit.[67] Oft fallen diese Menschen als Mitarbeiter eher durch große Leistungsbereitschaft und überaus hohe Loyalität auf, da sie sich ihre Daseinsberechtigung gewissermaßen zu „erarbeiten" versuchen. Oder im Gegenteil durch ständige, trotzige Verweigerung. Wie kann man sie als Vorgesetzter angemessen führen? Liebevoll und vorsichtig – ansonsten kann ein tiefenpsychologisches Coaching oder ein „Stück" Therapie helfen.

Unabhängig davon, wie die Selbstwertsituation eines Mitarbeiters zustande kommt, er ist nur in der Lage zu lernen, sich zu entwickeln, kreativ und flexibel zu sein und komplexe Anforderungen langfristig zu meistern, wenn sein Selbstwert eine angemessene, „gesunde" Höhe und Stabilität hat. Das bedeutet, dass ich als Führungskraft Rücksicht auf den Selbstwert meiner Mitarbeiter nehmen muss. Treffe ich sie mit „leerem Pott" an, muss ich anders mit ihnen umgehen als wenn sie mir mit „vollem Pott" begegnen. Darüber hinaus muss eines meiner grundsätzlichen Entwicklungsziele für meine Mitarbeiter ein „hoher Selbstwert" sein.

Aber es gibt noch einen zweiten wichtigen Zusammenhang zwischen Führungsverhalten und Selbstwert: Authentisches Verhalten ist nur mit einem „high-pot-level" möglich. Das heißt, wenn unser Ziel ist, als Führungskraft authentisch zu sein, müssen wir uns mit unserem Selbstwert auseinandersetzen. Das bedeutet für unser Anliegen der Selbstreflexion, dass wir zunächst einmal in der Lage sein müssen unseren Selbstwert-Zustand wahrnehmen zu können. Versuchen Sie einmal herauszufinden, wie voll oder leer ihr „Pot" ist, wenn Sie morgens die Firma betreten. Jede Interaktion aber auch jede vermisste Interaktion hat eine Auswirkung auf den level in ihrem „Pot".

---

[67] Vgl. hierzu: Hans u. Inge Krenz, (Hg), „Risikofaktor Mutterleib", Vandenhoeck & Ruprecht Verlag, Göttingen 2006

Wie geht verändern? Oder:
Ihr Gehirn arbeitet so, wie Sie es benutzen

Bisher haben wir uns eingehend mit der Determiniertheit des Menschen beschäftigt. Er ist, neben seiner vererbten „Gen-Ausstattung" und der damit zusammenhängenden „physiologischen Identität", determiniert durch seine Erfahrungen, die er seit seinem „Start" in diesem Leben macht, auswertet und generalisiert. Dabei hat er auf den verschiedenen Stufen seiner Entwicklung durch die dann stattfindenden physischen und psychischen Prozesse spezifische und damit begrenzte Möglichkeiten sich selbst und seine Umgebung zu verstehen und zu definieren. Hinzu kommt, dass zu jeder Stufe seiner Entwicklung verschiedene gesellschaftliche Erwartungen seines jeweiligen Kulturkreises gehören, die ihn in seiner Entwicklung „führen". Er ist so geworden, weil er diese und jene Erfahrungen gemacht hat und er fühlt und denkt so, wie er fühlt und denkt, weil er sich und seine Umgebung vor dem Hintergrund seiner Entwicklung so erlebt.

Es ist wichtig, diese starke Determinierung – auch wenn sie hochgradig individuell stattfindet – zu betonen, da sie von vielen Führungskräften, wie oben schon ausgeführt, geleugnet wird. Die Leugnung dieses Zusammenhanges versucht die Abhängigkeit von der eigenen persönlichen Geschichte zu ignorieren und führt dazu, dass das Ergebnis dieser Geschichte – die Persönlichkeit – nur schwer zu verändern bzw. weiterzuentwickeln ist. So wie bei einem Menschen, der den weiteren Weg sucht aber ignoriert, von wo er kommt und nach welchen Prinzipien er bisher die Richtungen seiner Reise bestimmt hat. Erschwerend kommt natürlich hinzu, dass ihm, wie oben besprochen, ein Großteil seiner Erfahrungen, durch die vielen unbewussten Prozesse, nur schwer oder auch gar nicht zur Verfügung steht.

In meinen Coachingprozessen bin ich erleichtert, wenn ich den Eindruck gewinne, dass dieses Verständnis vorhanden ist oder aber sich zu entwickeln beginnt.

> „Wie alle lernfähigen Gehirne ist auch das Gehirn des Menschen am tiefgreifenden und am nachhaltigsten während der Phase der Hirnentwicklung programmierbar." (…) „Wichtige, während der frühen Kindheit und im Jugendalter gemachten Erfahrungen haben zur Stabilisierung bestimmter neuronaler Verschaltungen geführt. Diese einmal gebahnten Verschaltungsmuster sind auch im späteren Leben besonders leicht und durch gewisse Wahrnehmungen und Erlebnisse aktivierbar und werden dann bestimmend für das, was >>in uns vorgeht<<, wie wir in bestimmten Situationen fühlen, denken und handeln. Das geschieht meist unbewusst und wie von einem inneren Programm gesteuert.
>
> Um derartige Programmierungen später wieder auflösen zu können, müssen sie als bereits erfolgte Installationen bewusst gemacht und erkannt werden."[68]

---

[68] Gerald Hüther, „Bedienungsanleitung für ein menschliches Gehirn", Vandenhoeck & Ruprecht Verlag, Göttingen 2002, Seite 23 und 24

Erst vor wenigen Jahren haben Wissenschaftler durch die neuen Techniken und Instrumente im Bereich der Hirnforschung eine bahnbrechende Entdeckung gemacht: Unser Gehirn arbeitet nach einer „gebrauchsorientierten Plastizität"[69]. Das heißt, es ist so, wie es „benutzt" wird – also außerordentlich flexibel. Wird es anders „benutzt" als wie bisher, verändert es seine Struktur und ermöglicht damit neue Handlungsoptionen. Immer wieder benutzte Schaltungen im Gehirn führen dazu, dass diese „neuronalen Wege" durch die permanente Inanspruchnahme „komfortabel" ausgebaut werden – quasi wie leicht und schnell befahrbare Autobahnen. Neue Verschaltungen sind dann eher wie „Feldwege", auf denen man sich zunächst mühselig einen Weg „bahnen" muss. Benutzt man sie aber häufig, werden auch aus ihnen „Autobahn-Verschaltungen", die Hochgeschwindigkeit zulassen. Die ehemaligen Autobahnen wachsen dann (in unserem Landschaftsbild) wieder etwas zu. Wir können also Vieles im Nachhinein verändern oder neu gestalten.

Je komplexer und tiefgreifender die „Programme"[70], welche wir verändern wollen aber sind, desto notwendiger ist es, sich die gesamte „Programmstruktur" bewusst zu machen – was nicht immer alleine geht. Dabei sind die einzelnen „Programmbestandteile" entweder mit tatsächlich erlebten Erfahrungen (mit allen Sinnen) verbunden oder beziehen sich als ebenfalls innerlich erlebte Schlussfolgerung unserer „inneren Welt" auf eben diese. Um das emotionale Erleben, welches meine Handlungsoptionen bestimmt, zu verändern, benötige ich sozusagen die „richtige Stelle" in der Programmstruktur. Sie zu finden setzt voraus, dass ich mir die komplexe Struktur bewusst mache und herausfinde, welche Annahmen über die Realität (mein Selbstkonzept miteinbezogen) verändert werden müssen. Diese Veränderung des „Realitätskonzeptes" an dieser bestimmten Stelle ist nicht leicht. Manche Programme sind so tief „eingebrannt", dass sich eine Veränderung auf der Verhaltens- oder auf der „Interpretation-der-inneren-und-äußeren-Welt-Ebene" völlig „unorganisch" anfühlt. Oft müssen wir, wenn wir uns anders als gewohnt verhalten, sogar anstrengende Peinlichkeitsgefühle in Kauf nehmen. Peinlichkeit deshalb, weil wir in Bereichen, in denen uns die Veränderung wichtig ist, offen, unerfahren, unbeholfen und ungeschützt mit dem „in die Welt treten", was wir wirklich wollen. Wir zeigen uns damit dann wirklich und fühlen unsere Angst davor, dass es „schief gehen kann", dass wir scheitern oder abgewertet werden. Wir fühlen uns dann unsicher, ungeschützt, und voller ängstlicher Erwartungen und Sehnsüchte, es möge doch bitte anders ausgehen, als wir insgeheim befürchten. Peinlichkeit ist ein Gefühl, welches sich mit der Befürchtung einstellt, abgewertet zu werden. Fast alle Veränderungen, die sich auf Interaktionsbereiche (also Kontakt und Beziehung zu anderen Menschen) beziehen, sind leider zunächst mit diesen Peinlichkeitsgefühlen verbunden. Also: „Augen auf und durch."

---

69   Vgl. ebenda
70   Ich benutze das Wort „Programm" für einen Zusammenhang, der ähnlich wie in der IT aus komplexen inneren Anweisungen (wenn, dann) besteht und automatisch bzw. unbewusst abläuft. Ähnlich wie beim PC ist lediglich die Arbeitsoberfläche sichtbar.

Der „innere Dialog" – oder:
Wie sprechen Sie eigentlich mit sich selbst?

Um Veränderungen der eigenen Person „in Angriff zu nehmen" steht uns ein bedeutendes Arbeitsinstrument auf der „Betriebssystem-Ebene" zur Verfügung: der „innere Dialog". Wir haben oben schon darüber gesprochen, dass wir auch zu uns selbst eine Beziehung haben. Also, uns selbst gegenüber eine Position, eine Haltung beziehen. Diese Beziehung zu uns selbst zeigt und manifestiert sich in der Art und Weise, wie wir mit uns selbst „reden". Natürlich vollzieht sich diese Kommunikation meist, ohne dass wir mit uns selbst wirklich laut sprechen. Sie vollzieht sich sogar häufig auch ohne gedachte Worte. Es ist so etwas wie eine gefühlte Haltung uns selbst gegenüber. Diese Haltung betrifft uns als Person generell – also was halten wir wirklich („unter uns selbst") von uns selbst. Wie denken Sie über sich selbst als Mensch, als Mann oder Frau, als Kollege und Kollegin, etc. Und, diese Haltung bewertet immer alle unsere Handlungen – unser Verhalten. Unser Verhalten im Rahmen unseres Selbstmanagements, in Interaktionen und Beziehungen und natürlich auch unser Handeln und Verhalten in der „dinglichen Welt". Der „innere Dialog" läuft immer mit. Er steuert sogar unser Verhalten, da unser Handeln (auch das Kommunikationshandeln) meistens die Konsequenz unserer Haltungen uns selbst oder unseres Verhaltens gegenüber ist.

Der „innere Dialog" etabliert sich im Laufe unserer ersten Lebensjahre und erhält damit auch seinen „Stil". Dieser Stil ist das, was uns hier am meisten interessiert, denn er ist Ausdruck unserer grundsätzlichen Einstellung uns selbst gegenüber. Sie glauben gar nicht wie viele Menschen mit sich selbst einen unhöflichen, abwertenden oder ruppigen Stil pflegen. Es ist genau wie gegenüber anderen Menschen. Wir verhalten uns immer dann wenig wertschätzend, wenn wir von unserem gegenüber wenig halten. Und meist entsteht daraus nicht gerade eine langfristige, vertrauensvolle Beziehung. Bezüglich uns selbst haben wir aber keine Wahlmöglichkeiten – wir müssen mit uns leben. Und hätten wir nicht die vielen negativen Betrachtungen, mit denen uns andere – ob zurecht oder nicht – begegnet sind, übernommen, könnten wir mit uns selbst ganz gut auskommen – eben: wertschätzend, verständnisvoll, fehlertolerant, vertrauensvoll, zuversichtlich und liebevoll. Das heißt, das, was Sie sich für die Beziehungen zu Ihren Mitarbeitern positiv vorgenommen haben, sollten Sie zunächst auf sich selbst anwenden. Oder drastischer noch: wenn Sie nicht wertschätzend mit sich selbst umgehen bzw. „sprechen" können, können Sie es mit anderen Menschen auch nicht.

Also, achten Sie einmal darauf, wie Sie mit sich selbst sprechen, welche Haltungen Sie sich selbst gegenüber einnehmen. Und versuchen Sie einmal offen, ehrlich und liebevoll mit sich selbst zu sein. Diese Veränderung im Kommunikationsstil mit sich selbst ist grundlegender und „mächtiger" als so manche veränderte Verhaltensweise gegenüber anderen Menschen, denn sie ist tiefgreifender. Menschen, die sich mögen, sind sicherer, flexibler, lernfähiger und offener.

Nun, das ist alles leicht gesagt. Vielleicht ist es Ihnen gar nicht möglich, Ihren Kommunikationsstil sich selbst gegenüber zu ändern. Aber Sie können herausfinden, wie dieser Stil „ausschaut". Wenn Sie dann zu dem Schluss kommen, ihn ändern zu wollen, sollten Sie einen

Coach aufsuchen. Wie gesagt, die Veränderungen oder besser die Entwicklung, die Sie dadurch „in Gang bringen", ist höchst effektiv und vielschichtig.

„Bilder sind eben Bilder!" – oder: Wie man die Selbstreflexion und das differenzierte Verstehen am sichersten verhindert

Um uns in Selbstreflexion üben zu können, müssen wir uns auch mit dem hartnäckigsten Gegner der kritischen Selbstreflexion auseinandersetzen – dem „Selbstbild". Jeder Mensch hat eine mehr oder weniger detaillierte Vorstellung von sich selbst als individuelle Persönlichkeit. Wie das Meiste, was uns – zumindest von der „Software-Seite" her – ausmacht, ist es ein Produkt unserer Kommunikation mit anderen Menschen. Oben haben wir ja schon besprochen, dass Menschen sich eigentlich nur im Kontakt mit anderen Menschen als „Selbst" wahrnehmen und damit auch verändern oder entwickeln können. Die Fähigkeit, dass wir „über uns selbst" reflektieren können ist nur möglich, weil wir auch zu uns selbst, quasi in Distanz treten können und dabei eine Vorstellung von uns selbst entwickeln.

Dem gegenüber gibt es ein „Fremdbild", also das Bild, welches ein anderer von mir hat. Von diesem „Fremdbild" gibt es streng genommen zwei Versionen. Das wirkliche „Fremdbild", nämlich die Vorstellung, die ein anderer Mensch von mir hat. Und das Fremdbild von dem ich glaube, dass es andere Menschen von mir haben. Also meine Vorstellungen über meine Wirkung und deren Folgen hinsichtlich der Konstruktion meiner Persönlichkeit bei anderen Menschen. Letzteres ist kein Fremdbild, sondern eine Teil meines Selbstbildes. Meist ist mir mein „wirkliches Fremdbild" nur wenig bekannt.

Beide „Bilder" von mir selbst, sind Konstruktionen. Genauso wie meine Vorstellung von der Realität eine mir eigene Konstruktion ist und nicht die Realität selbst. Wenn aber das „Selbstbild" und das „Fremdbild" beides „Bilder" sind, muss es auch ein „wahres Selbst" geben. Dieses „wahre Selbst" ist von mir und von anderen nur in Teilen erfassbar. Wie viele Führungskräfte schon schmerzlich erfahren haben, ist in manchen Situationen das „Fremdbild" dem „wahren Selbst" näher als das „Selbstbild". Ob der Mensch wirklich ein „wahres Selbst" besitzt oder ob wir es immer mit einer „Konstruktion unserer Selbst" zu tun haben, darin sind sich die Wissenschaftler und Philosophen uneins. Der Zusammenhang dieser beiden Wahrnehmungs- und Interpretationsperspektiven (Selbst- und Fremdbild) ist darüber hinaus, schaut man auf die Beziehung zweier Menschen, erkenntnistheoretisch recht kompliziert. Ronald D. Laing hat es zugegebenermaßen etwas verwirrend, aber durchaus anschaulich in der ihm eigenen „lyrischen" Art beschrieben:

> „...Ich sehe dich und du siehst mich. Ich erfahre dich, und du erfährst mich. Ich sehe dein Verhalten. Du siehst mein Verhalten. Aber ich sehe nicht deine Erfahrung von mir, habe sie nie gesehen und werde sie nie sehen. Ebenso kannst du nicht meine Erfahrung von dir „sehen". Meine Erfahrung von dir ist nicht „in" mir. Sie ist einfach du, wie ich dich erfahre. Und ich erfahre dich nicht als in mir. Gleichfalls nehme ich an, dass du mich nicht als in dir erfährst. „Meine Erfahrung von dir" ist nur ein ande-

rer Ausdruck von „du, wie ich dich erfahre", und „deine Erfahrung von mir" entspricht dem „ich, wie du mich erfährst". (...)... deine Erfahrung von mir ist unsichtbar für mich, und meine Erfahrung von dir ist unsichtbar für dich."[71]

Wie genau entsteht ein Selbstbild? Nun, der aufmerksame Leser weiß es bereits: Meine Vorstellung von mir selbst ist zunächst – zum größten Teil – ein Produkt der Reaktionen anderer Menschen auf mich. Die ersten Menschen, die auf mich reagiert haben, waren meine Eltern. Wenn sie sich z. B. mir liebevoll zugewendet haben, so entstand in mir die Annahme, dass ich wohl ein liebenswürdiger Mensch sein muss. So werden die vielzähligen Reaktionen, die ein Kind aus seinem Umfeld auf sich selbst erfährt, zu einem Bild über sich selbst zusammengefügt. Erst sehr viel später, wenn das Selbstbild in den Grundlagen entworfen ist, lernt der Mensch die Subjektivität des Reagierenden (z. B. die Eltern) einzubeziehen und seine Reaktion hinsichtlich der Aussage über ihn selbst zu relativieren und darin auch die „Eigenarten" des Reagierenden zu sehen. Selbstverständlich basteln wir im Laufe unseres Lebens – zumindest bis in die zwanziger Jahre, und in einigen wenigen Aspekten auch noch später – weiter an unserem „Bild von uns Selbst". Die Grundkonzeption dieser Konstruktion ist aber wieder so früh in unserer Entwicklung erstellt, dass uns die Fähigkeit, die Reaktionen des Gegenübers als etwas ihm Eigenes und damit zu Relativierendes zu verstehen, hinsichtlich des Selbstbild-Aufbaus wenig nützt.

So ist dieses Bild als Ergebnis unserer Interaktionserfahrungen ein gewaltiges Konstrukt, das wir auf keinen Fall leichtfertig verändern mögen. Man muss sich die Struktur eines Selbstkonzeptes (diesen Begriff können wir mit dem Begriff „Selbstbild" gleichsetzen) vorstellen wie ein komplexes Bauwerk, bei dem eine Änderung an einer Stelle Konsequenzen für die gesamte Statik des Bauwerkes hat. So gesehen macht jede „Selbstkonzept-Änderung" größere, aufwendige Umbauarbeiten notwendig. Und das klingt nach Arbeit, die wir uns gerne ersparen. Je grundsätzlicher diese Änderung ist, desto mehr Angst verursacht sie. Angst, in der persönlichen Identität verunsichert zu sein, oder nicht mehr ganz genau zu wissen, wer man ist. Es ist also schwer das „Bild von sich selbst" zu ändern. Die Frage ist auch, warum ich das mühsam aufgebaute Konstrukt ändern soll – um es dem „Fremdbild" anzupassen? Nein. Das Problem ist, dass manche „Selbstbilder" die eigene Persönlichkeit „einsperren" und somit eine Weiterentwicklung blockieren. Die Abwehr oder die Verteidigung des Selbstkonzeptes richtet sich nicht nur nach außen, indem Reaktionen und Erfahrungen der Außenwelt, welche das Konzept in Frage stellen, negiert werden. Die Verteidigung richtet sich auch nach innen, auf die Wahrnehmung von Bedürfnissen, Gefühlen und eigene emotionale Reaktionen auf andere. Es kann nicht sein, was nicht sein darf. So gestalten wir lieber die Welt so, dass sie zu unserem Selbstbild passt, als dass wir das verwirrende Risiko eingehen, unser Bild von uns selbst zu verändern. Und darin sind wir äußerst geschickt und kompetent – im „Biegen" der Realität zugunsten unseres Selbstbildes. Dabei spielt es keine Rolle, ob es sich um die „äußere Realität" oder um die „innere Realität" handelt. Das führt uns zu Folgendem:

---

[71] Ronald, D. Laing, „Phänomenologie der Erfahrung", Suhrkamp Verlag, Frankfurt am Main 1969

„Alles im Griff"

Wenn Sie den manchmal anstrengenden und unbequemen Selbstreflexionsprozess sicher verhindern oder eindämmen wollen, dann geht dies am besten mit der weit verbreiteten Haltung „Alles im Griff". Selbstverständlich freue ich mich, wenn Menschen das Gefühl haben, „Herr der Lage" zu sein. Aber leider hat es wesentliche Nachteile: Es stimmt meistens nicht. Die Prozesse, die wir steuern, oder besser auf die wir reagieren, sind so komplex, dass der Glaube, sie wirklich beherrschen zu können, völlig unrealistisch ist. Wenn wir bei diesem Glauben bleiben wollen, müssen wir die Komplexität der Situation reduzieren. Diese Fähigkeit des Menschen, in seinem Kopf die Komplexität der Realität auf wenige Zusammenhänge reduzieren zu können, ist eine wichtige und brauchbare Fähigkeit. Sie ist sehr nützlich in gefährlichen Notsituationen in denen wir, um zu überleben, alles an Wahrnehmung und Reflexion konzentrieren auf die Frage: „Wo ist der Ausgang?". In allen anderern Situationen darf man nicht wirklich glauben, dass diese „reduzierte Sonderkonstruktion" wirklich die Realität ist. Dies trifft zu auf mein eigenes Verständnis von mir selbst aber auch auf das „Verstehen" von anderen Menschen. Wie oben schon mehrfach angesprochen, ist beides nur bedingt verstehbar. Vor allen Dingen trifft es zu auf das „Innenleben" von Organisationen. Und um die Aufgaben diese aufzubauen, zu entwickeln und zu steuern geht es in der Führungsaufgabe. Aber, je mehr ich weiß, dass ich wenig weiß, desto eher bin ich in der Lage durch differenzierte Fragen wenigstens etwas von meinem Gegenüber, von mir selbst oder den sichtbaren und unsichtbaren Prozessen in Organisationen zu verstehen. Der doch möglichst „liebevolle" Kampf mit – und manchmal auch gegen – diese Bilder gehört zu den größten Herausforderungen in Coachingprozessen mit Führungskräften.

Dürfen Führungskräfte Probleme haben?

Ein Personalentwickler einer großen Versicherung brachte es kürzlich in einer Auftragsverhandlung um eine „Cultural Due Diligence" auf den Punkt. Es ging darum, die beiden Kulturen zweier zu verschmelzender Unternehmen hinsichtlich der zu erwartenden kulturellen Konfliktfelder zu untersuchen. Als ich ihm dazu riet, die bisher zu Tage getretenen „Probleme" zu analysieren und zu bearbeiten, damit die Untersuchung der immerhin schon vorangeschrittenen Integration nicht zu aufwendig und kostenintensiv wird, behauptete er, es gäbe keine Probleme, höchstens Störungen. Er denke, so erklärte er, nur lösungsorientiert. Von daher gäbe es eigentlich nur fehlende Lösungen, nach denen man suchen müsse – aber keine Probleme. So denken viele Führungskräfte. Sie glauben, man müsse „Probleme" nicht verstehen, sondern lediglich lösen und sie wundern sich dann darüber, dass sie sich nicht lösen lassen. Dies schreiben sie dann allerdings meist der Unfähigkeit anderer Menschen zu.

Ich halte viel von einer „positiven" Haltung und Sichtweise, aber man sollte sie nicht mit Oberflächlichkeit und Ignoranz verwechseln. Probleme oder Störungen müssen, um gelöst und behoben zu werden, zunächst einmal verstanden werden. Und um diese „Probleme" zu verstehen, muss ich mich mit ihnen befassen. Ich muss mich auf sie einlassen mit all dem

Ärger oder den anderen „negativen" Gefühlen, die damit verbunden sind. Würden Sie sich von einem Arzt operieren lassen, der nicht genau weiß, „was Ihnen fehlt" und womit das, „was Ihnen fehlt", zusammenhängt? Der vielleicht behauptet, er wäre nur damit beschäftigt, dass Sie wieder besser funktionieren und der Rest interessiere ihn nicht? Und sind Sie nicht auch daran interessiert, dass er nicht nur analysiert wie das Problem zusammenhängt – also wie es funktioniert -, sondern darüber hinaus auch Ihre damit zusammenhängenden Wahrnehmungen, Empfindungen, Überlegungen und vielleicht Schmerzen versteht?

Bezogen auf „Kleinigkeiten", also auf „Probleme", die schnell und leicht zu beheben sind und keinerlei mittel- oder langfristige Konsequenzen verursachen, ist die Notwendigkeit, das Problem zu verstehen, nicht gegeben. Wenn mir etwas auf den Boden fällt, hebe ich es auf. Ich denke darüber nicht lange nach – ganz lösungsorientiert. Wenn mir öfters oder gar dauernd etwas auf den Boden fällt, sollte ich darüber nachdenken. Es könnte sich um eine wirkliche „Krankheit" handeln. Ich sollte auch darüber nachdenken, wenn mit etwas sehr wertvolles zu Boden fällt, da ich offensichtlich nicht die, dem Wert entsprechenden Sicherheitsmaßnahmen benutzt habe.

Der Unterschied zwischen problemorientierter und lösungsorientierter Sichtweise ist der, dass wir es da, wo „Probleme" (Einschränkungen, Konflikte, Enttäuschungen, Kränkungen, Desorientierungen) wirklich „durchdrungen" und verstanden werden, mit „Wachstumsprozessen" zu tun haben. Man könnte auch „Reifungsprozesse" dazu sagen – das gilt für Menschen wie für Organisationen. Beim „Wachsen" finden wir im Gegensatz zum „Lösen" immer die der Problemkonstellation zu Grunde liegenden Strukturen und Prozesse. Beides muss geklärt und verändert werden, so dass das Ergebnis ein „höheres Niveau" ist, welches die neuen Anforderungen beherrscht. Ein Beispiel: Eine Führungskraft, die im Medienbereich in einer verantwortungsvollen und exponierten Stellung – mit vielen geschäftlichen Kontakten zu prominenten Menschen – gearbeitet hat, muss sich einen anderen Arbeitsplatz suchen (die Gründe hierfür spielen für unser Beispiel keine Rolle). Ihre größte Angst ist, aus diesem Kontakt-Netzwerk mit prominenten Menschen herauszufallen, was verständlich ist. Der lösungsorientierte Ansatz würde jetzt nach Strategien suchen, diese Kontakte zu sichern. Dies ist sicher auch für eine bestimmte Zeit notwendig, da diese Kontakte für die Suche nach einer neuen Tätigkeit eine große Rolle spielen. Aber viel grundlegender wird es, wenn wir fragen, was der Führungskraft eigentlich genau passiert, wenn dieses Netzwerk nicht mehr so wie vorher zur Verfügung steht. Was genau ist eigentlich die Angst? Wovor genau? Dann stellt sich heraus, dass wir es mit einer „Identitätsproblematik" zu tun haben. Unsere Führungskraft hat sich in der Frage: „Wer bin ich eigentlich?" bisher über die Kontakte zu prominenten Personen des öffentlichen Lebens definiert – und das über viele Jahre und damit eine lange Zeit ihres Lebens. Die eigene Selbstdefinition, das persönliche Selbstverständnis, die eigene Identität und der damit verbundene Selbstwert waren abhängig von den Interaktionen mit diesen Menschen. Ohne die Bestätigung des Kontaktes zu diesen prominenten Menschen fällt die Führungskraft bezüglich ihrer Identität in ein „tiefes Loch". Sie weiß nicht mehr, wer sie ist und was sie ausmacht. Sie fühlt sich desorientiert, unsicher und bekommt Angst. Der drohende Kontaktverlust stößt sie in die „Unbedeutsamkeit", eine Angst, die jedem Menschen als eine der „Grundängste" zu Eigen ist. Der aber unsere Führungskraft, die über all die Jahre kein wirkliches, unabhängiges Privatleben aufgebaut hat, nichts entgegenzusetzen hat. Wir haben es also mit einer wirklichen, tiefen Identitätskrise zu tun. In Anerkennung dessen hat unsere Führungskraft nun die Chance, ihre eigene Identität unabhängig ihrer beruflichen Existenz zu finden. Sicher ein anstrengender und zunächst schmerzlicher Prozess – aber es lohnt sich. Das Ergebnis ist dann eine „wirkliche Identität" und damit eine „gereifte" Persönlichkeit. Dieser tiefgreifende und wichtige Zusammenhang wäre in einem lösungsorientierten Ansatz niemals zu Tage getreten. Und das „Unbewusste" unserer Führungskraft hätte alles daran gesetzt, dieses „Defizit" nicht sichtbar werden zu lassen.

Lösungsorientierte Interventionen sind schnelle „Selbstregulationsprozesse" ohne bedeutende Prozess- oder gar Strukturveränderungen eines Systems. Eine sehr wichtige, systemstabilisierende, alltagstaugliche Vorgehensweise, die auf viele „Störungen/Probleme" anzuwenden, sinnvoll ist. Aber sie ist ungeeignet für grundlegende „Probleme". Hier angewendet blockiert und verhindert sie „Wachstum" und „Reifung" – bei Menschen, Beziehungen, Teams und Organisationen.

Jetzt stellt sich natürlich die Frage: „Wann ist, bezogen auf eine Problemkonstellation, die Selbstregulierung und wann ein grundlegender „Umbau" des Systems vonnöten. Nun, die Antwort ist ganz einfach: Immer, wenn die Selbstregulation keine sinnvolle und befriedigende Änderung bewirkt, ist ein „gröberer" Umbau angezeigt. Manchmal erhält man allerdings – wie in unserem Beispiel – keine zweite Chance, dann ist Vorsicht geboten, da sonst einiges unwiderruflich „zerbricht". Dies gilt vor allen Dingen auch für Teams und Organisationen. Also, es lohnt sich, „Probleme" zu haben – die Möglichkeit einer „Reifung", eines qualitativen „Wachstums" „lauert" dahinter. Für unsere Frage der Selbstreflexion erübrigt sich die Frage nach der Vorgehensweise. Denn das Ziel der Selbstreflexion ist qualitatives Wachstum.

Dürfen Führungskräfte Angst haben?

Den Leser mag es vielleicht verwundern, wie oft in diesem Text bisher der Begriff „Angst" verwendet wurde. Und dies in einem Buch, welches sich an erfolgreiche Menschen (denn sonst wären es keine Führungskräfte) wendet. Doch zum „Menschsein" gehört die Angst. Trotzdem, das Wort schreckt Führungskräfte sehr, da sie den Begriff mit außerordentlichen Kontexten (zum Beispiel lebensbedrohliche Situationen), Feigheit oder psychischen Störungen verbinden. Psychologisch betrachtet sieht es anders aus. Angst ist ein ganz normales „Alarmsignal". Sobald wir in eine von uns als „gefährlich" bewertete Situation geraten, fühlen wir Angst, die zum einen unseren Körper auf ein Energielevel setzt, welches kämpfen, flüchten oder tot stellen erlaubt. Und zum anderen sorgt das „Signal" dafür, dass unsere Wahrnehmungssysteme zu äußerster Aufmerksamkeit (entweder in der „Breite" oder in der „Tiefe") wechseln. Dafür werden je nach „Dringlichkeit" oder „Lautstärke" des Alarmsignals – also je nach „Größe" der Angst – bestimmte Prozesse im Körper stimuliert und andere zeitweise abgeschaltet beziehungsweise reduziert.

Wir unterscheiden Unwohlsein, Unsicherheit, „ein ungutes Gefühl", Stress, Abwehr, Vorsicht, Sorgen, Befürchtungen, und vieles mehr. Aus der psychologischen Perspektive handelt es sich immer um Angst, aber erstens um unterschiedliche „Stärken" von Angst, mit damit verbundenen unterschiedlichen Spannungszuständen und Dringlichkeitsstufen hinsichtlich der Handlungsrelevanz. Und zweitens um Gefühle, die wir entweder nicht an irgendwelche Anlässe oder Bedrohungen festmachen können – also eine „freischwebenden" Angst – oder Gefühle, die mit einem zu erwartenden negativen Ereignis verbunden sind. Das Letzte nennen wir „Furcht".

Ohne Angst können wir nicht leben; sie sichert unser Überleben. Und ohne Angst sind wir zum Beispiel nicht aufmerksam. Denn das „Angst-Alarm-Signal" stellt diesen Zustand der erhöhten Aufmerksamkeit erst her. Und ohne eine angemessen „höhere" Aufmerksamkeit sollte niemand eine viel befahrene Strasse überqueren.

Wovor haben wir Angst? Wir haben Angst, verletzt zu werden. Diese „Verletzung" kann körperlicher Art oder aber auch – als „Kränkung" oder als „Frustration" – psychischer Art sein.

Jetzt gibt es aber manchmal das Problem, dass ein Teil unserer Persönlichkeit der Ansicht ist, eine bestimmte Situation kompetent und in unserem Interesse managen zu können und ein anderer Teil von uns – vielleicht auch unbewusst – glaubt, dass unsere Möglichkeiten die Situation zu beherrschen, nicht ausreichen. Sie reichen seiner Meinung nach nicht aus, weil er entweder unsere Möglichkeiten anders einschätzt oder aber die Gefährlichkeit der Situation, hinsichtlich der zur Verfügung stehenden Möglichkeiten, bedrohlicher einschätzt. Dann wird der zweite „Teil" das notwendige „Alarmsignal" auslösen. Beharrt der erste „Teil" auf seine Meinung, so entsteht ein Konflikt. Wenn sich dieser Konflikt in einem Selbstreflexionsprozess nicht klären lässt, agieren beide Teile gleichzeitig. Damit das System nicht „tilt"[72], einer bewusst und der andere unbewusst. Da der Teil, der ängstlich ist, von Führungskräften weniger erwünscht ist, können Sie leicht erraten, wer unbewusst und wer bewusst agieren darf.

Ob man eine Situation als bedrohlich empfindet oder nicht, hängt damit zusammen, wie man sie interpretiert. Hinsichtlich der Interpretation verwenden wir aber oftmals – wie schon besprochen – alte, scheinbar bewährte Interpretationsmuster. Auch hinsichtlich der Einschätzung unserer Kompetenz, die Situation zu managen benutzen wir – aus Geschwindigkeitsgründen – bestehende Interpretationsmuster. Beides kann falsch, aber beides kann auch richtig sein.

Unbewusste Ängste bestimmen unser Verhalten genauso wie bewusste Ängste, nur, dass wir uns nicht erklären können, warum wir uns so verhalten oder so „vorsichtig" sind. „Vorsicht" ist hinsichtlich der „freien Bewegung" in einem Kontext eine zusätzliche Anforderung und damit eine Einschränkung. Von daher lohnt es, sich die Ängste bewusst zu machen, um die Einschätzung der Bedrohlichkeit wie die Einschätzung der Möglichkeiten zu überprüfen und damit die Berechtigung der Einschränkung zu entscheiden. Wie wir oben schon besprochen haben, können unsere Einschätzungen und Interpretationen recht alt sein und in Kontexten entstanden sein, die mit dem aktuellen Kontext wenig zu tun haben oder aber unsere bis

---

72 Zustand eines Flipper-Spielgerätes, welches nach zu unsanftem Stoßen und Rempeln alle Funktionen blockiert und damit den Spieler sanktioniert.

hierhin gewachsenen Möglichkeiten unberücksichtigt lassen. Unsere Interpretationen können aber auch richtig sein. Nur, wir mögen die Ergebnisse nicht, weil sie nicht unseren Erwartungen an uns selbst – unserem Selbstbild – entsprechen.

Um sich die eigenen Ängste bewusst zu machen muss man aber – zunächst einmal wenigstens theoretisch – glauben, dass Ängste existieren, beziehungsweise existieren könnten und vor allen Dingen existieren „dürfen". Und zwar häufiger und relevanter, als man vielleicht bis dato angenommen hat. Vielleicht ist es sogar so, dass unserer Ängste – egal, ob wir sie bewusst wahrnehmen wollen/können oder nicht – den größten Teil unseres Lebens bestimmen.

Neben der Unterscheidung zwischen „Angst" und „Furcht" können wir drei „Klassen" von Ängsten unterscheiden. Zunächst haben wir die Ängste, die wirklich aktuell entstehen und, vom spezifischen Individuum betrachtet, angemessene Reaktionen auf einen „gefährlichen" Kontext sind. Anforderungen und Veränderungen, die uns überfordern, Menschen, die wir vielleicht verlieren, körperliche Bedrohungen und so weiter.

Die nächste Kategorie sind die „alten Ängste", die wir mit uns herumtragen und die durch Kontexte, die uns an die „alten Kontexte" in denen sie entstanden sind erinnern, reaktiviert werden. Die Angst, alleingelassen oder nicht geliebt zu werden, die Angst zu versagen, die Angst abgewertet oder verletzt zu werden und vieles mehr. Hier handelt es sich um Angstreaktionen, die zu einem frühen Zeitpunkt entstanden sind und sich zu diesem Zeitpunkt auf eine reale Bedrohung und real eingeschränkte Handlungsmöglichkeiten bezogen. Da es sich dabei um erste grundlegende physische Erfahrungen oder um grundlegende Interaktionserfahrungen handelt, bleiben die emotionalen Reaktionen für alle ähnlichen Kontexte aktiv. Sie speisen somit heutige, reale Kontexte mit Angstgefühlen und vielleicht Angstreaktionen unabhängig der Tatsache, dass das Individuum heute Möglichkeiten besitzt die Situation für sich zu beherrschen.

Neben diesen beiden „Angst-Kategorien" verbinden alle Menschen sogenannte Grundängste. Es sind die Angst vor dem Tod, die Angst vor der Freiheit, die Angst vor der Isolation und die Angst vor der Sinnlosigkeit.[73] Irvin D. Yalom nennt sie die „vier letzten Dinge".

Die Angst vor dem Tod ist am leichtesten zu verstehen, obwohl sie radikal aus dem gesellschaftlichen Leben verbannt wird.

> „Der Tod wird kommen und es gibt kein Entfliehen vor ihm. Es ist eine schreckliche Wahrheit, und wir antworten auf sie mit tödlicher Panik. „Alles", in Spinozas Worten, „bemüht sich darum, auf seinem eigenen Dasein zu bestehen"; ein existentieller Kernkonflikt ist die Spannung zwischen der Bewusstheit von der Unausweichlichkeit des Todes und dem Wunsch weiterzuexistieren." [74]

Die Angst vor der Freiheit besitzt besonders für die Übernahme von Führungsverantwortung Relevanz.

---

[73] Vgl. I. D. Yalom, 2005
[74] I. D. Yalom, „Liebe, Hoffnung, Psychotherapie", btb-Verlag, München 2004, Seite 240

> „…die Freiheit ist aus der Perspektive des letzten Grundes an Furcht gebunden. In ihrer existentiellen Bedeutung heißt „Freiheit" die Abwesenheit von äußeren Strukturen. Im Gegensatz zur alltäglichen Erfahrung betritt (und verlässt) das menschliche Wesen kein wohlgeordnetes Universum mit einem ihm innewohnenden Platz. Das Individuum hat vielmehr die völlige Verantwortung – im Sinne von Urheberschaft – für seine oder ihre eigene Welt, Lebensentwurf, Entscheidungen und Handlungen. „Freiheit" in diesem Sinn hat eine erschreckende Bedeutung: Sie bedeutet, dass es unter uns keinen Grund gibt – nichts, eine Leere, einen Abgrund. Der Zusammenprall zwischen unserer Begegnung mit der Grundlosigkeit und unserem Wunsch nach Grund und Struktur ist eine existentielle Schlüsseldynamik."[75]

So berührt die Absicht eines Menschen, für das Gelingen eines Projektes oder den Erfolg einer Organisation wie auch für das Gedeihen seines Lebens überhaupt die (gesamte) Verantwortung zu übernehmen, diese Grundangst vor der Freiheit. Das mag den Leser verwundern, denn Freiheit ist ihm in seinem Denken vielleicht eher als erstrebenswertes Ziel denn als Angst begegnet. Aber wahre Freiheit ist nach Yalom etwas Erschreckendes. Je größer die Freiheit, desto größer die Verantwortung. Denn Freiheit ermöglicht uns die Wahl der Entscheidungen und damit die Verantwortung für diese Entscheidung.

Yalom geht aber noch weiter und beschreibt im Rückgriff auf Kant, Sartre und Heidegger die Welt als von uns konstruiert.

> „Sartres Auffassung von Freiheit ist weitreichend: Das menschliche Wesen ist nicht nur frei, sondern auch zu Freiheit verurteilt. Außerdem reicht die Freiheit über die Verantwortung für die Welt (das heißt für die Erfüllung der Welt mit Bedeutung) hinaus: Man ist auch vollständig verantwortlich für sein Leben, nicht nur für seine Handlungen, sondern auch für seine Versäumnisse zu handeln".[76] Und weiter: "Sowohl sich selbst und seine Welt zu konstruieren (zu verantworten) als auch sich seiner Verantwortung bewusst zu sein, ist eine sehr erschreckende Einsicht. Betrachten Sie nur die Implikationen. Nichts in der Welt hat Bedeutung, außer durch unsere eigene Schöpfung. Es gibt keine Regeln, keine ethischen Systeme, keine Werte, es gibt überhaupt keine externe Referenz; es gibt keinen großartigen Entwurf im Universum. (...) Die Existenz auf diese Weise zu erfahren ist eine schwindelerregende Empfindung. Nichts ist mehr so, wie es zu sein schien. Der Boden unter unseren Füssen scheint sich zu öffnen. Tatsächlich ist *Bodenlosigkeit* ein üblicherweise benutzter Begriff für eine subjektive Erfahrung der Bewusstheit von Verantwortung. Viele existentialistische Philosophen haben die Angst der Bodenlosigkeit als „Urangst" beschrieben – die grundlegenste Angst, eine Angst, die sogar tiefer reicht als die Angst, die mit dem Tod verknüpft ist."[77] (...) „Worum es geht, ist, sich seiner eigenen persönlichen Verantwor-

---

[75] ebenda, Seite 241
[76] Irving D. Yalom, 2005
[77] ebenda S. 264 – 265

tung für sein Leben und seinen Prozess der Veränderung zu stellen. Und hinter dieser Bewusstheit der Verantwortung lauert immer die Furcht vor der Bodenlosigkeit"[78].

Das bedeutet: bin ich mir meiner Verantwortung bewusst, kann ich das nur, indem ich meine Freiheit begreife. Das Begreifen dieser großen Freiheit, dass das was ich erlebe zum großen Teil von mir selbst geschaffen ist, führt mich zum Erleben der „Bodenlosigkeit", welche wiederum eine so große Angst erzeugt, dass die meisten Menschen mit der Verleugnung dieser Freiheit und damit auch mit der Verleugnung der Verantwortung beschäftigt sind. Dieser Zusammenhang zwischen Verantwortung und der Angst vor der Bodenlosigkeit ist natürlich nur selten ein bewusst erlebter Zusammenhang. Aber die Übernahme von wirklicher Verantwortung „rührt" unbewusst an diesem großen existentiellen Thema und damit an diesen tiefen Ängsten. Und das (unbewusste) Erschrecken vor diesen Ängste macht hinsichtlich der Verantwortungsübernahme zurückhaltend. Da sich diese Dynamik unbewusst vollzieht und wir keine große Lust empfinden, uns diesem existentiellen Thema zu stellen, benutzen wir die uns gut bekannte Lösung: wir tun es und wir tun es doch nicht. Wir übernehmen Verantwortung und doch nicht wirklich.

So ist die individuelle Möglichkeit Verantwortung zu übernehmen verbunden mit einer persönlichen Reife. Wenn wir uns darüber im Klaren sind, dass wir das, was uns zum Beispiel unzufrieden macht, oft selbst mitgeschaffen haben, können wir es auch ändern. So müssen Führungskräfte in Coachingprozessen mühsam und nur mit äußerstem Missmut lernen, welcher ihr eigener Anteil an der Problemlage, die sie verändert haben möchten, ist. Und dieser eigene Anteil ist oft nicht gerade unbedeutend. Dies bezieht sich nicht nur auf ihr Verhalten, sondern auch auf ihre Haltungen, ihre Werte, ihre Interpretationen und dem, was sie als ihr „Wollen" begreifen. Diese große unbewusste Angst vor der „Bodenlosigkeit" bringt uns oft dazu, nicht einzusehen, dass wir vieles ändern können und dass wir die meisten Probleme mitgeschaffen haben – und sei es nur durch unsere Erwartungen. Verantwortung ergibt sich also durch die Akzeptanz der Freiheit. Freiheit ist etwas, was wir aushalten können müssen. Und je nach dem mit welcher Grundausrüstung an „sich in der Welt gehalten fühlen" wir von früher her ausgestattet worden sind, können wir uns dieser Freiheit und der damit verbundenen Angst stellen.

Es gibt Menschen, die übernehmen gerne Verantwortung, es gibt Menschen, die sich sehr schwer damit tun und Menschen, die geradezu vor Verantwortung fliehen. Diese Zuordnung ist natürlich ein wichtiges Kriterium bei der Besetzung von Führungspositionen. Viele Führungskräfte übernehmen „im ersten Schritt" gerne und bereitwillig Verantwortung bis zu dem Punkt, wo etwas nicht so gelingt, wie sie es sich vorgestellt haben. Dann machen sie alles und alle anderen dafür verantwortlich – nur nicht sich selbst. Sie verhindern damit die Konsequenz, sich und ihr Verhalten oder ihre Wahrnehmungen und Denkkonzepte in Frage zu stellen und damit verändern zu müssen. Wir erinnern uns daran, dass Verantwortungsübernahme eine entscheidendes Kriterium der Führungswirkung ist (siehe Kapitel 2).

---

[78] ebenda S. 270 – 271

Eine besonders herausfordernde Verantwortungsübernahme ist die „unternehmerische Verantwortung", die sich – wie im zweiten Kapitel beschrieben – nicht nur auf den Unternehmer oder die Geschäftsleitung eines Unternehmens bezieht, sondern, da wo sie wahrgenommen wird, ein Qualitätsmerkmal guter Führungskräfte ist. Ein wesentlicher Aspekt, der diese „unternehmerische Verantwortung" auszeichnet sind die mit ihr verbundenen wirklichen Entscheidungsoptionen, die hinsichtlich ihrer Ergebnisse nur sehr eingeschränkt vorhersehbar sind. Mit jedem Entscheidungsschritt werden weitere Optionen geöffnet und bestehende vernichtet. Wie im Leben überhaupt, ob bezogen auf die persönliche Karriere wie auch bezogen auf das gesamte Leben eines Menschen. Mit jedem Schritt, mit jeder Entscheidung öffnen und schließen sich, oft unwiderruflich, Optionen. Diese bewusste Reise „durch ein unbekanntes Land" bedeutet wirklich Verantwortung zu übernehmen. Und mit der so wirklich übernommenen Verantwortung verbindet sich, nicht nur bezogen auf unternehmensinterne Projekte und Aufgaben, sondern das Leben überhaupt betreffend, eben ein noch tiefgreifenderes Problem. Wirklich Verantwortung übernehmen (und nicht nur so tun) bedeutet wirklich Mut haben, weil die Übernahme von Verantwortung immer auch in die Freiheit führt und damit an die uns Menschen eigene Angst vor dieser Freiheit „rührt".

Die dritte „letzte Angelegenheit" nennt Yalom die „existentielle Isolation" – nicht die Isolation im zwischenmenschlichen, sondern eine grundlegende.

> „Ganz gleich, wie nah wir uns kommen können, es bleibt eine letzte unüberbrückbare Kluft; jeder von uns betritt seine Existenz allein und muss wieder alleine von ihr scheiden. Der existentielle Konflikt ist daher die Spannung zwischen unserer Bewusstheit von unserer absoluten Isolation und unserem Wunsch nach Kontakt, nach Schutz, unserem Wunsch, ein Teil von etwas Größerem zu sein."[79]

Die vierte und letzte „letzte Angelegenheit" ist die „Angst vor der Sinnlosigkeit". Yalom schreibt:

> „…Warum leben wir? Wie sollen wir leben? Wenn es keinen vorbestimmten Plan für uns gibt, dann muss jeder von uns seinen eigenen Sinn im Leben konstruieren. Aber kann der Sinn, den wir uns selbst geben, stabil genug sein, um unser eigenes Leben zu tragen? Dieser existentielle dynamische Konflikt rührt von dem Dilemma eines sinnsuchenden Geschöpfes her, das in ein Universum hineingeworfen ist, das keinen Sinn hat."[80]

Gerade die letzte Behauptung Yaloms, die er mit Vertretern der existentiellen Philosophie teilt, ist sicher eine streitbare. Verschiedene Philosophien und Religionen unserer Welt haben dieser Behauptung etwas entgegenzusetzen. Auch bieten sie Orientierung hinsichtlich der ersten drei „letzten Angelegenheiten". Dennoch ist es nicht zu bezweifeln, dass es diese Ängste in Richtung der vier „letzten Angelegenheiten" in jedem Menschen gibt. Ob zum Beispiel die religiösen Seinsbetrachtungen nun die Funktion haben, diese Ängste zu lindern

---

[79] ebenda, Seite 241
[80] ebenda, Seite 242

und aushaltbar zu machen oder ob sie wirkliche Antworten geben auf die vier grundlegenden Fragen – Existieren wir nach dem Tod irgendwie weiter? Ist unser Dasein vorherbestimmt? Sind wir wirklich alleine? Hat unser Dasein einen Sinn? – bleibt offen.

Diese grundlegenden Ängste bestimmen unser Dasein und werden von uns so weit wie möglich verdrängt. Dennoch dringen sie in die „Alltagsängste" unseres Lebens ein, da diese uns in Form einer Analogie zu diesen Grund-Lebens-Fragen beschäftigen. Bekomme ich nach Abschluss des Projektes ein weiteres? Verstehen mich die Kollegen? Tue ich wirklich das Richtige in Bezug auf andere Menschen, für die ich verantwortlich bin? Lebe ich so richtig, oder wofür Karriere? Was ist das Wichtigste in meinem Leben? Bin ich erfolgreich? Und so weiter. Man könnte auch sagen, dass alle Ängste, die wir haben, mit diesen „Grundängsten" verwandt oder auf sie zurückzuführen sind.

Eine weitere interessante Kategorisierung unserer Ängste wurde von Fritz Riemann erarbeitet. Er unterscheidet:

- Die Angst vor der Selbsthingabe, als Ich-Verlust und Abhängigkeit erlebt;
- Die Angst vor der Selbstwerdung, als Ungeborgenheit und Isolierung erlebt;
- Die Angst vor der Wandlung, als Vergänglichkeit und Unsicherheit erlebt;
- Die Angst vor der Notwendigkeit, als Endgültigkeit und Unfreiheit erlebt.

> Alle möglichen Ängste sind letztlich immer Varianten dieser vier Grundängste und hängen mit den vier Grundimpulsen zusammen, die ebenfalls zu unserem Dasein gehören und sich auch paarweise ergänzen und widersprechen: Als Streben nach Selbstbewahrung und Absonderung, mit dem Gegenstreben nach Selbsthingabe und Zugehörigkeit; und andererseits als Streben nach Dauer und Sicherheit, mit dem Gegenstreben nach Wandlung und Risiko. Zu jeder Strebung gehört die Angst vor der Gegenstrebung."[81]

Vor dem Hintergrund der Auseinandersetzung eines jeden Menschen mit diesen Grundängsten – die sich vermischen und kombinieren – entwirft Riemann vier Persönlichkeitstypen. Hier werden die Ängste, bzw. die mehr oder weniger gelungenen Auseinandersetzungen mit ihnen, als die Persönlichkeit prägenden oder besser noch die Persönlichkeit (im Kern) strukturierenden Dynamiken verstanden.

Mit jedem Streben ist also auch Angst verbunden, oder: Das Streben kann auch als eine Auseinandersetzung mit oder als Leugnung der Ängste verstanden werden. Wenn wir unsere persönlichen Ängste (in allen drei Kategorien: aktuell, alt, grundsätzlich) nicht verstehen oder noch nicht einmal kennen, dann kennen oder verstehen wir einen großen Teil unserer Person und unseres Verhaltens nicht. Ängste, die nicht sein dürfen, werden dem Bewusstsein entzogen und wirken dennoch auf unser Verhalten und unser „in der Welt sein" überhaupt. Ängste zu haben und sich mit ihnen auseinander zu setzen ist nicht ängstlich; aber so zu tun als gäbe es sie nicht ist wirklich ängstlich und unreif.

---

[81] Fritz Riemann, „Grundformen der Angst", Ernst Reinhard Verlag, München 1975, Seite 15 – 16

Wenn wir davon ausgehen, dass Führungskräfte „normale" Menschen sind und normale Menschen zum größten Teil von Ängsten bestimmt werden, dann ist die Frage, ob Führungskräfte Ängste haben dürfen vergleichbar mit der Frage, ob Führungskräfte auch Lust empfinden können – also ziemlich verrückt und unnötig.

Es ist in Coachingprozessen für mich ziemlich nervig und aufwendig, immer wieder eine Haltung zu erarbeiten, in der Ängste ihre wahre Existenz leben dürfen: nämlich fünfzig Prozent unseres Lebens – und damit auch unseres Arbeitens.

Einige „dringliche" Betätigungsfelder für die Selbstreflexion

„Wir gebrauchen nie zweimal dasselbe Gehirn."

[Robert Turner, Neurobiologe]

Konflikte – oder: Alles wiederholt sich wie von selbst

Eine der schwierigsten Führungskontexte, behaupten viele Führungskräfte, sind Konflikte. Warum eigentlich?

Um diese Frage zu beantworten, lassen sich viele Erklärungen, die eher individueller, persönlicher Natur sind (dazu später) finden. Aber es gibt für die Aufregung bei Konflikten auch einige allgemeine Beschreibungen. Zunächst sind kleine oder große Konflikte kleine oder große Kampfsituationen. In Kampfsituationen finden – auch wenn es nicht um Leben oder Tod geht – Hormonausschüttungen und damit verbundene biologisch/chemische Körperprozesse statt, die auf der Emotionsebene fast gar nicht und auf der Verhaltensebene, je nachdem, nicht so leicht zu steuern sind. Das heißt: Konflikte machen Gefühle, zuweilen sehr starke Gefühle, auch manchmal unerwartete Gefühle und das mögen – wie oben schon erläutert – Führungskräfte nicht so gerne. Gefühle und dann noch schwer kontrollierbare Prozesse „draußen" wie „drinnen"? Oh je; wo doch Kontrolle das Höchste ist. Der Umgang mit Konflikten ist auch ein Umgang mit Aggressionen. Und da tun wir uns, besonders in der positiven Vorstellung und Nutzung von Aggressionen, bekanntlich nicht leicht.

Zum anderen arbeiten viele Führungskräfte nach dem alten „Harmoniemodell". Ihre Vorstellung ist: Je weniger Konflikte sich in der Interaktion zwischen ihnen und ihren Mitarbeitern oder zwischen ihren Mitarbeitern zeigen, desto besser funktionieren die Prozesse und desto besser ist die Stimmung und die Zusammenarbeit. Das dies nicht stimmt, liegt auf der Hand. Konflikte dienen oft dazu, Systeme weiter zu entwickeln, Blockaden abzubauen, Missverständnisse zu klären, Offenheit und damit Kontakt sicher zu stellen, unklare Positionen zu klären, Diskrepanzen aus dem Weg zu räumen oder Gefahren für den Erhalt des Systems abzuwehren. Eine angemessene Streitkultur ist der Garant für Kreativität und Entwicklungsinteresse. Widersprechende Mitarbeiter sind auch ein Zeichen für Engagement und Selbstständigkeit. Nur in einer Kultur, in der die Mitarbeiter an dem effektiven Erreichen der gemeinsamen Ziele interessiert sind und wo nicht Missgunst und persönliches Fortkommen im Vordergrund stehen, werden Konflikte offen ausgetragen.

Jedoch sind für die Anwendung der Selbstreflexion die individuellen, persönlichen Erklärungen für die Schwierigkeiten mit Konflikten interessanter. Wir alle haben eine lange Lerngeschichte mit Konflikten. Diese Erfahrungen haben sich zu teils bewussten aber größtenteils unbewussten „Konflikt-Profilen" zusammengefügt. Ein Profil, das Haltungen und Gefühle aktiviert die dazugehörige Wahrnehmung strukturiert und das Verhaltensrepertoire festlegt.

Die ersten Konflikte hatten wir in der Symbiose mit unserer Mutter, wenn unterschiedliche Interessen der beiden Personen (Mutter und Kind) im Spiel waren. Der Ablauf und Ausgang dieser Konflikte hat viel dazu beigetragen, mit wie viel Selbstbewusstsein und mit wie viel Klarheit wir heute zu dem stehen, was wir wollen oder nicht wollen und mit wie viel Zuversicht oder Angst wir dem Ende eines Konfliktes entgegenschauen. Ob wir gefühlsmäßig mehr mit der Abwehr einer Bedrohung oder mit dem Gestalten von Möglichkeiten beschäftigt sind. Auch einige Zeit später hatten wir Konflikte, diesmal mit beiden Elternteilen – jeweils einem oder im „Doppelpack". Hier lernten wir vielleicht dass Konflikte mit Männern anders sind als Konflikte mit Frauen. Wir stritten auch auf der Peer-Ebene mit unseren Geschwistern, Kindergarten- oder Klassenkammeraden, unseren Freunden, fremden Kindern usw. – und machten dabei prägende Erfahrungen.

Neben dieser Position als „Mitstreiter" waren wir auch in großem Umfang Beobachter und Betroffener von Konfliktsituationen und Konfliktaustragungen. Als Betroffener hatten die Konflikte um uns herum Auswirkungen auf uns selbst – zum Beispiel, wenn unsere Eltern Konflikte miteinander ausgetragen haben. Als Beobachter haben wir die Gefühle der Konfliktbeteiligten mitgefühlt manchmal so, als wären wir mitbeteiligt. Manchmal wurden wir aber auch direkt oder indirekt miteinbezogen und mussten „verrückte" Lösungen schaffen, aus der Angst heraus, eine Seite (ein Elternteil) zu verlieren. Die Psychologen nennen dies „Triangulierung". Und selbstverständlich haben wir auch hier unsere höchst persönlichen Muster entwickelt, die wir – oft unbewusst – immer noch anwenden, wenn wir zwischen die Fronten geraten oder wir einen Streit zwischen zwei unserer Mitarbeiter regeln müssen.

Interessante Fragen zu unserer „Konflikt-Lerngeschichte" sind: In welcher Atmosphäre fanden diese Konflikte statt? Was war das Ziel dieser Auseinandersetzung? Wie respektvoll waren diese Auseinandersetzungen bei aller Unterschiedlichkeit? Gab es einen angemessenen Austausch der Argumente? Blieben beide Streitenden so lange beieinander bis eine Klärung gefunden war oder riss der Kontakt ab? War der Austausch der Gedanken und Gefühle offen? Durften Gefühle sein? Waren die Strategien und Kampfmittel fair? Wurde wirklich nach einem Ausweg und einer für beide Seiten zufriedenstellenden Lösung gesucht? War ein grundsätzlicher Fortbestand der Beziehung selbstverständlich oder bedroht? Alles dies hat unsere grundsätzlichen Einstellungen und unsere emotionale Haltung gegenüber Konfliktsituationen entscheidend geprägt.

Diese Einstellungen (Annahmen) und emotionalen Haltungen „laden" sich, wenn wir eine Konfliktsituation „am Horizont" erahnen, sofort. Sie ermöglichen oder reduzieren unsere Verhaltensoptionen und gestalten über die damit verbundenen Wahrnehmungs-, Verarbeitungs- und Verhaltensmuster auch den Ausgang der Konfliktsituation. Sie sind entweder allgemein (jede Konfliktsituation) oder spezifisch an einen bestimmten Konfliktkontext gebunden, meist aber beides. Sie können jetzt, in diesem Moment, schon prüfen, welche Gefühle und Gestimmtheiten sich bei Ihnen einstellen, wenn Sie bloß allgemein an Konfliktkontexte denken.

Gut wäre, wenn wir in einem Konfliktkontext einen einigermaßen realitätsnahen – und das bedeutet immer: unabhängig von den einschränkenden Erfahrungen vergangener Kontexte – Zugang zu dem, was wir wollen, was der andere will und was in diesem aktuellen Kontext sinnvoll ist, haben. Dies auf der Basis hoher Selbstreflexion, empathischen Empfindens für die Position unseres Gegenübers, orientiert an unseren persönlichen Wertvorstellungen und getragen von der Zuversicht, dass Konflikte, weil sie das Zusammenleben regeln, für beide Seiten ein Gewinn sind. Grundsätzlich schafft ein offen und respektvoll ausgetragener Konflikt eine brauchbare Lösung für beide Seiten, sorgt für Nähe zwischen den Konfliktpartnern und optimiert damit die Zusammenarbeit. Soweit zum „Konflikt-Schlaraffenland".

Das Problem ist meist ein dreifaches:

- Erstens agieren die oben beschriebenen Muster in einer hohen Geschwindigkeit. Das heißt, wir können Ihre Aktivierung nicht verhindern, sondern wir müssen, während sie sich „laden" und während sie ihren Zugriff auf das operative System (Verhalten) „starten", einen „Reflexions-Stop" – und damit „Verhaltensstop" – einbauen. Und mit den Möglichkeiten unserer Selbstwahrnehmung (Welche Prozesse laufen automatisch in mir ab?), und den Möglichkeiten unserer rationalen Reflexion (Welche Erinnerungen sind damit verknüpft?) den Unterschied zwischen dem Modell „in unserem Kopf" und der Realität überprüfen. Dann haben wir eine kleine Chance, dem durchlaufenden Muster zu entkommen und neue Optionen umzusetzen. Gleichzeitig machen wir dann Erfahrungen, die, wenn wir diese wiederholt erleben, die alten Konfliktbilder verändern. Wie gesagt, es geht immer darum, die Realität wahrzunehmen und viele „ungebundene" Verhaltensmöglichkeiten zur Verfügung zu haben.

- Zweitens handelt es sich bei den ablaufenden Mustern größtenteils um emotionale Prozesse. „Da ist es wieder, unser Problem…", wir benötigen dazu einen ungetrübten Zugang zu unserem limbischen System – zu dem, was wir fühlen und woran diese Gefühle geknüpft sind.

- Drittens handelt es sich bei unseren Erwartungen nicht nur um sachliche Zielvorstellungen, sondern, auch hier, um (emotionale) Bedürfnisse, um eine bestimmte Form der Beziehung zu unserem gegenüber (auch verbunden mit Gefühlen und Bedürfnissen) und um unseren Wunsch, als eigenständige Person respektiert und wertgeschätzt zu werden. Die meisten Konflikte liegen deshalb nicht auf einer Sachebene, sondern „tummeln" sich in den unausgesprochenen Beziehungsvorstellungen und den damit verbundenen Kränkungen. Vieles davon ist leider auch noch unbewusst und kann nur mühsam in das Bewusstsein „gezerrt" werden.

Gäbe es unsere Biographie mit den in ihr enthaltenen und festlegenden Konflikterfahrungen nicht und könnten wir offen über unsere Bedürfnisse, Gefühle und Kränkungsängste sprechen, wäre ein Konflikt Folgendes:

Es begegnen sich zwei Menschen, die Erwartungen aneinander haben, die der jeweils andere entweder nicht kennt oder nicht erfüllen möchte. Gehen wir nun davon aus, dass sie sich sonst nichts Böses wollen und auch wirklich an einer gemeinsamen Lösung interessiert sind, werden beide Seiten für die jeweiligen Erwartungen wie für das Nicht-erfüllen der Erwartungen ihre Gründe haben. Diese Gründe wiederum sind voller Annahmen über den Anderen oder die gemeinsame Beziehung oder den Kontext, in dem sich die Interaktion abspielt, und können, wenn sie von beiden Seiten offen mitgeteilt werden, gemeinsam überprüft und verhandelt werden.

Diese Überprüfung der Annahmen und Erwartungen ist, wie Sie aber nun wissen, nicht leicht:

1. Ich muss die in mir ablaufenden emotionalen und kognitiven Muster wahrnehmen.
2. Ich muss wissen, dass sie sich in der Regel hauptsächlich auf einen spezifischen in der Vergangenheit liegenden Kontext beziehen.
3. Ich muss meine Erwartungen an den anderen dem aktuellen Kontext und der aktuellen Beziehung anpassen.
4. Ich muss diese Erwartungen und die ihnen zugrunde liegenden Annahmen mitteilen und den anderen bitten, mir seine Erwartungen und Annahmen im Detail zu erläutern.
5. Dann kann ich in eine Interaktion eintreten, die dazu dient sich gegenseitig zu verstehen, die Annahmen hinsichtlich ihres Realitätsbezuges zu „bewerten" und die jeweiligen Wertvorstellungen hinsichtlich der Suche nach einer gemeinsamen Schnittmenge auszutauschen.
6. Dies alles in einer gegenseitig wertschätzenden und offenen Kommunikation.

Immer wenn Sie mindestes einen (oder – wie so oft – eben mehrere) der sechs Punkte auslassen, wird der Konflikt kompliziert und unüberschaubar. Um den Konflikt zu lösen, müsste dann die jeweils fehlende Stufe nachgeholt werden. Probieren Sie es einmal selbst, in dem Sie sich einen immer wieder auftretenden einfachen Konflikt aus Ihrem familiären Zusammenleben vornehmen und schauen, welchen der sechs Punkte Sie zusammen nachholen müssen. Die ersten drei Punkte brauchen Sie übrigens lediglich bei sich selbst sicherzustellen.

Warum sich aber das oben beschriebene „Sechs-Punkte-Programm" so realitätsfern anhört, ist in Punkt 3 enthalten: In den meisten Konflikten begegnen sich – zumindest partiell – keine erwachsenen Menschen. Da richten sich kindliche Bedürfnisse und Erwartungen an vermeintliche Eltern oder andere Kinder. Oder der andere wird aus einer überhöhten Elternposition heraus zum Kind deklariert. Ein ziemliches Durcheinander an Beziehungen. Konflikte zwischen wirklich erwachsenen Menschen sind leicht zu klären. Aber die kindlichen Erwartungen machen Konflikte deshalb schwierig, weil sie für den, der sie hat (die kindlichen Erwartungen), als solche nicht so leicht erkennbar werden dürfen, da dieses Erkennen oft als kränkend erlebt wird.

An dieser Stelle muss ich etwas erläutern, das bisher nicht so ausführlich erläutert wurde:

Menschen haben unterschiedliche Alter! Es klingt erstaunlich, aber das Alter, das Sie in manchen Situationen leben, ist nicht immer das Alter, welches in ihrem Personalausweis vermerkt ist. Wir „regredieren", wie es die Psychologen nennen, in verschiedenen sozialen Kontexten in unterschiedliche Lebensalterszustände. Sie kennen die Meetings, in denen Sie sich gefragt haben, in welchen Kindergarten Sie sich verirrt haben. Auf der anderen Seite wäre eine Party, in der die Beteiligten nicht in der Lage sind, wenigstens bis ins „jugendlichen Alter" zu regredieren, höchst öde. Auch kreative Prozesse sind meist mit einem jüngeren Zustand des System „Persönlichkeit" verbunden. Und Sie kennen vielleicht andererseits die Meetings, in denen Kreativität verlangt wird aber gleichzeitig auf sehr „erwachsen vernünftiges" Verhalten geachtet wird – das funktioniert natürlich nicht.

Wir haben es also mal wieder mit der menschlichen „Fähigkeit" zu tun, in jüngere „Systemzustände" gehen zu können (um die damit verbundenen Ressourcen und Fähigkeiten zu nutzen), die in Konfliktsituationen zum Problem werden kann. Es wird zum Problem, weil in diesen „jüngeren Systemzuständen" nicht nur bestimmte Ressourcen und Fähigkeiten leichter zugänglich sind, sondern auch die mit diesem Lebensabschnitt verbundenen Problemkonstellationen wieder auftauchen. Letztere geben sogar den Grund, warum wir gerne in diese Altersabschnitte zurückkehren – wenn es nicht gerade um Partys geht. Wir hoffen einige „alte offene Rechnungen" zu begleichen, alte Kränkungen wieder gut machen zu können, ungestillte Sehnsüchte und Bedürfnisse doch noch zu befriedigen – und vieles mehr.

Wenn Sie jetzt zu dem oben Gesagten die Thematik „Selbstwert", die Thematik „Selbstbild versus Fremdbild" und die „Untiefen" der Kommunikation, auf die wir später noch zu sprechen kommen, hinzu addieren, erhalten Sie einen angemessenen Eindruck von der Komplexität der Konfliktdynamik zwischen zwei Menschen – von Konflikten innerhalb Gruppen oder einer Organisation ganz zu schweigen. Dennoch sollte Sie dies alles nicht entmutigen, denn ich glaube ja nach wie vor, dass die Anerkennung der realen Komplexität die Dinge „am Ende des Tages" (aber leider auch erst dann) vereinfacht.

Einen weiteren Zusammenhang müssen wir uns noch näher anschauen: Von David Kantor und William Lehr[82] wurde ein „Konfliktmodell" entwickelt, welches zur Orientierung in unternehmensinternen Konfliktkontexten sehr geeignet ist. Um es zu verstehen, müssen wir noch eine kurze Vorbetrachtung machen. Normalerweise „bewegen" wir uns beruflich in vier Beziehungskategorien.

---

[82] David Kantor und William Lehr, "Inside the Family", Jossey Bass, San Francisco, 1977

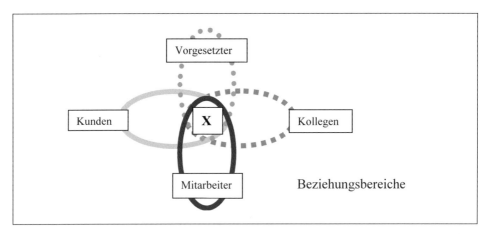

Also, Sie arbeiten in der X-Position und haben normalerweise einen Vorgesetzten, verschiedene Mitarbeiter, verschiedene Kollegen und Kunden und/oder Lieferanten. Diese Unterscheidung ist wichtig, da für jeden Bereich verschiedene Bedingungen hinsichtlich der Konfliktdynamik gelten. Die folgende Erläuterung gilt zunächst nur für die untere, fettgedruckte Ellipse in der Grafik – also, Sie und Ihre Mitarbeiter. Wenn Sie nun mit einem Ihrer Mitarbeiter einen irgendwie gearteten Konflikt haben, sind drei – so das „Konfliktmodell" – Konfliktkategorien möglich:

- Meaning-Konflikte

    Bei „Meaning-Konflikten" treffen zwei Menschen zusammen und geraten in einen Konflikt, weil sie sich an unterschiedlichen Zielen, Interessen, Werten, Vorstellungen, Erfahrungen, Positionen, Anschauungen, Denkmodellen etc. orientieren. Nur haben Sie entweder diese Unterschiede nicht ausgetauscht und/oder sie verfügen über keine Regeln, wie bei diesen Unterschieden Entscheidungen geregelt werden. Je klarer, detaillierter empathischer und einander verstehender die beiden Kommunikationspartner auf diese Unterschiede schauen, desto geringer ist das Konfliktpotenzial. Je wertschätzender sie sich in diesen Unterschieden begegnen und je klarer sie Austausch und Entscheidung voneinander trennen, desto geringer ist die Wahrscheinlichkeit, sich gegenseitig zu ärgern.

    Meaning-Konflikte müssen ausdiskutiert werden (allerdings nicht jedes Mal an der gleichen Stelle) und dürfen nicht sogleich mit Hierarchiegewalt beendet werden, sonst werden die Mitarbeiter ihre Meinungen bei sich behalten und ihre Kreativität, Verantwortungsübernahme und ihr Mitdenken zurücknehmen. Wenn Sie also Mitarbeiter schnell frustrieren und demotivieren wollen, dann am besten, indem Sie Meaning-Auseinandersetzungen mit Gewalt beenden. Das führt und zur nächsten Konfliktkategorie.

- Power-Konflikte

    In „Power-Konflikten" geht es um die Macht. Wer hat „das Sagen"? Wer bestimmt? Wer geht vor? Wer gibt vor? Im „fettgedruckten Bereich" müssen Power-Konflikte mit Mitarbeitern gewonnen werden. Denn wer die Organisation steuert und verantwortet ist doch definiert – Sie! Power-Konflikte haben keinen Inhalt. Sie nutzen zwar irgendeinen Inhalt, um den Konflikt daran auszutragen, aber es geht dabei nicht um diesen Inhalt, sondern um die Beziehung und deren Hierarchisierung. Power-Konflikte kann man daran erkennen, dass der Inhalt wechselt und der Wettbewerb um die Entscheiderposition weiter im Vordergrund bleibt.

- Affect-Konflikte

    Die dritte Kategorie von Konflikten sind die so genannten „Affect-Konflikte". In Affect-Konflikten hat der eine den anderen gekränkt oder „verletzt" und darüber geraten die beiden in einen Konflikt. Die Lösung: sich entschuldigen. Denn egal in welcher Position Sie arbeiten, es gibt keinen Grund, jemanden zu kränken. Der Unterschied ist: Wenn ein Mitarbeiter Sie gekränkt hat, dann müssen Sie ihn das wissen lassen und ihm ein Setting bieten, welches es ihm erleichtert, sich bei Ihnen zu entschuldigen. Das macht zwar keinen Spaß, denn man ist ja gekränkt und beleidigt, aber dafür werden Sie auch besser bezahlt (hoffentlich).

Sie sehen, dass es angeraten ist, sich je nach Konflikt-Kategorie anders zu verhalten. Alle Konflikte lassen sich in diese drei Arten einteilen. Und tatsächlich ist mir bisher noch keine vierte oder weitere Kategorie begegnet. Selbstverständlich gibt es erstens Mischungen dieser Kategorien und zweitens kann der Konflikt durch die Kategorien „wandern".

Im Rahmen der oberen Ellipse sieht die Welt bezüglich der Power-Konflikte anders aus, denn da sind Sie der Mitarbeiter. Und Power-Konflikte mit Vorgesetzten machen absolut keinen Sinn, wenn man an einer mittel- bis langfristigen Zusammenarbeit interessiert ist. Ihr Vorgesetzter muss ja den Konflikt für sich entscheiden, sonst gefährdet er seine Position. Im „Kollegenbereich (rechte Ellipse)" heißt Power „Wettbewerb" und „Konkurrenz" und es ist gut, wenn Sie Ihre diesbezüglichen Werte und Regeln bewusst entschieden und festgelegt haben, damit Sie im Ernstfall weder Zeit verlieren noch Dinge tun, die Sie später hinsichtlich Ihrer Wertvorstellungen bereuen.

Mit Kunden (linke Ellipse) sollte man alles dies nicht haben, da es geschäftsschädigend ist – aber es lässt sich, zugegeben, manchmal nicht vermeiden. Wenn Sie im „fettgedruckten Bereich" nicht wissen, in welcher Kategorie sich der Konflikt abspielt oder welches die Hauptkategorie der Konfliktdynamik ist, empfiehlt sich das „Sicherheitsprogramm": Zunächst in die Meaningkategorie schauen, dann sicherheitshalber die Affectkategorie prüfen und wenn Sie dort nichts entdecken, auf der Powerebene den Konflikt klären.

Letzteres müssen Sie dennoch vorsichtig tun. Die Regel heißt, der Konflikt muss gewonnen werden, aber der Mitarbeiter muss weitgehend „unbeschädigt" (Gesichtsverlust) aus dem Konflikt „rauskommen". Besonders bei jungen Führungsnachwuchskräften im Highpotential-Format ist besondere Vorsicht geraten. Diese jungen Leute sind wie junge Stiere und natürlich müssen sie ab und an ihre „Hörner" ausprobieren und sich im "Zweikampf" üben. Wenn Sie dann jedes Mal Ihren „Jungstier" von der Weide jagen, können Sie Ihre Führungskräfteentwicklung „an den Nagel hängen" – hier sind väterliche Nervenstärke und Toleranz hilfreich.

In meinen Coachingworkshops begegne ich oft Führungskräften, die eine regelrechte Angst vor Konfliktkontexten haben – ob direkt beteiligt oder marginal betroffen. Deshalb bemühe ich mich, ihnen neben dem biografischen Verständnis ihrer Ängste und Unsicherheiten, Instrumente und Techniken an die Hand zu geben, die sie in Konfliktsituationen stark machen. Nicht damit sie den Konflikt gewinnen und sie sich gegenüber ihren Mitarbeitern gnadenlos durchsetzen können, sondern, nur eine starke und selbstsichere Führungskraft kann eine kompetente, wertschätzende und gerechte Führungskraft sein. Angst macht blind und aggressiv.

Nur mit hohem Selbstwert kann ich empathisch auf andere Menschen eingehen und mit Klarheit und Sensibilität versuchen, den spezifischen Kontext und die entstandene Konfliktdynamik zu verstehen.

Kommunikation und Interaktion – oder: „Wenn ich die Antwort noch nicht gehört habe, weiß ich noch nicht, was ich gesagt habe"

Wie schon gesagt ist die Kommunikation die Kernkompetenz der Führungskraft – das eigentliche „Arbeitsinstrument". Alle zu steuernden Prozesse werden durch Kommunikation gesteuert. Die meisten Probleme sind Kommunikationsprobleme. Kommunikationsverhalten ist nur dann erfolgreich, wenn es authentisch ist, also mit dem übereinstimmt, was der Kommunizierende wirklich denkt, fühlt und will.

Um gerade dieses wichtige „Arbeitsinstrument" einer ständigen Selbstreflexion zu unterziehen, muss man sich einige grundlegende Aspekte der Kommunikation klar machen. (Im Grund genommen darf man, ohne die Grundlagen der menschlichen Kommunikation anhand der einschlägigen Literatur „studiert" und verstanden zu haben als Führungskraft „nicht vor die Tür treten".)

Schauen wir uns also die wichtigsten Aspekte in einem kurzen Überblick an[83]:

1. Die Inhalte, welche von einem Menschen zu einem anderen Menschen transportiert werden sollen, lassen sich gar nicht transportieren. Das „Transportmodell" (anhand der Sprache) entspricht nicht der Wirklichkeit und ist deshalb auch nicht brauchbar. Rupert Lay hat es treffend beschrieben:

> „In der Kommunikationstheorie spricht man von einem Container-Metaphern-Realismus. Gemeint ist folgendes: Viele Menschen nehmen, wie schon gesagt, fälschlicherweise an, es sei möglich, eine Information identisch zu reproduzieren, als ob sie mittels eines Containers von Person A zur Person B transportiert werden könnte. Als Container kommen in Frage gesprochene Worte …(…)…, schriftliche Texte …(…)…, elektrische Übertragungen (Telefon), elektronische Datenträger……. Nun aber existieren Informationen ausschließlich in (oder auf) menschlichen Großhirnen, die sie auf

---

[83] Eine ausführliche aber dennoch kompakte Einführung erhalten Sie bei: Paul Watzlawik, Janet H. Beavin u. Don D. Jackson, „Menschliche Kommunikation", Hans Huber Verlag, Bern 2000

Grund optischer oder akustischer Signale erzeugen. „Objektiv" existieren also bestenfalls informationserzeugende Signale. ...."[84]

Das bedeutet, in meinem Gehirn existiert eine „Informationswelt" an Bildern, Gefühlen, Erinnerungen, Assoziationen und vielleicht noch andere sinnesspezifische Inhalte[85], die ich nicht einfach „hinüber transportieren" kann, sondern „im Kopf" des Gegenübers ähnlich erzeugen muss. Die Betonung liegt auf „ähnlich". Denn es ist nicht möglich eine „eins-zu-eins-Welt" gedanklich mit einem anderen Menschen zu teilen. Dies ist, wie oben schon einmal erläutert, eine harte Realität, die viele Menschen ignorieren. Obwohl es kaum zu ertragen ist. mit der persönlichen Gedanken- und Gefühlswelt in Wirklichkeit so alleine zu sein.[86]

Der nächste Aspekt ist, dass ich sie wirklich „erzeugen" muss. Das heißt, ich muss Signale senden, die mit hoher Wahrscheinlichkeit diese „ähnliche Welt" in meinem Gegenüber erzeugen. Das bedeutet logischerweise auch, Kommunikation erfordert ein Höchstmaß an Empathie. "Wenn ich die Antwort noch nicht gehört habe, weiß ich noch nicht, was ich gesagt habe". Oder etwas theoretischer ausgedrückt: Der Inhalt einer Botschaft erhält seine Bedeutung – und damit seinen Inhalt – durch die Reaktion des Gegenübers. Um dafür zu sorgen, dass mein Gegenüber mich „versteht", muss ich, um die dafür richtigen Botschaften zu senden, die Filter und Interpretationsmuster meines Gesprächspartners kennen – zumindest so gut wie möglich. Technisch betrachtet interveniere ich in ein komplexes System, ohne zu wissen wie genau mein Input verarbeitet wird. Ein „Bermuda-Dreieck" von Missverständnissen. Je besser ich das „gegenüberliegende" System in seinen Verarbeitungsprinzipien kenne, desto größer ist die Wahrscheinlichkeit, dass ich die Inputs sende, die zu dem Ergebnis führen, welches ich meine. In meinen Coachings oder Seminaren erstaunt mich immer wieder, wie wenig Führungskräfte über ihre Mitarbeiter wissen. Sie wissen oft nicht, wie diese privat leben, für was sie sich wirklich interessieren, wie ihre bisherige Geschichte ist und was in ihrem Leben sie geprägt hat. Ganz zu schweigen davon was sie hinsichtlich ihres Arbeitsplatzes oder der Zusammenarbeit motiviert, stört, gefällt, sorgt, etc.. Ohne davon zumindest einen Eindruck zu haben, habe ich keine Chance zu wissen, was mit meinen „Inputs" (Botschaften, z. B. in einem Gespräch) geschieht. Das heißt, ich kann nicht wissen, ob ich überhaupt verstanden werde. Und je weniger ich mein Gegenüber kenne, desto mehr „Feedbackschleifen" muss ich in meine Kommunikation einfügen, um zu kontrollieren, ob ich verstanden wurde und verstanden habe.

2. Wir haben die Thematik der „Beziehungsbotschaften" oben schon einmal beschrieben.[87] Jede Botschaft enthält Informationen darüber, wie der Sender die Beziehung versteht bzw. verstehen möchte. Im Rahmen der Beziehungsdefinitionen erhält die Sachinformation ih-

---

84 Rupert Lay, 1997
85 Wir repräsentieren die Aussenwelt und unsere Innenwelt in den Sinnesmodalitäten Sehen, Hören, Riechen, Schmecken und Fühlen.
86 Vgl. I. D. Yalom, 2005, Seite 131 – 133
87 Vgl. hierzu Seite 34 – 36

re Bedeutung. Der Austausch von Beziehungsbotschaften geschieht schnell und oft unbewusst. *Jede* Botschaft enthält einen Beziehungsaspekt – vor diesem Hintergrund sollten Führungskräfte wissen, was sie auf dieser Ebene „empfangen", aber auf jeden Fall, was sie auf dieser Ebene „senden". Die Kunst besteht darin, Mitarbeitern in der Zusammenarbeit *die* Beziehungsangebote zu „machen", die sinnvoll sind bzw. die man auch machen möchte. Oft kommunizieren Führungskräfte in einer Art und Weise, die im Gegensatz zu ihren Absichten, die Beziehung zum Mitarbeiter zu gestalten, steht. Die Beziehungsbotschaften in der Kommunikation „heraus zu hören" ist ein wesentlicher Teil der Kommunikationskompetenz. Fragen Sie Ihre/n Lebenspartner/in und Ihre Freunde, wie das „wirkt" was sie sagen und überprüfen Sie, ob Sie eine Beziehung genau so „anbieten" wollten.

3. Neben diesen beiden Ebenen in der Kommunikation, die schon verwirrend genug sind, da sie gleichzeitig und in einander verwoben geschehen, kommunizieren wir in zwei Modi: digital und analog.[88] Dabei werden die Sachebenen meist digital und die Beziehungsbotschaften eher analog vermittelt. Digital meint eine vereinbarte Bezeichnung eines Dinges oder eines Geschehnisses. Wobei das Objekt mit seiner Bezeichnung nichts zu tun haben muss.

> „Es gibt letztlich keinen zwingenden Grund, weshalb die fünf Buchstaben k, a, t, z und e in dieser Reihenfolge ein bestimmtes Tier benennen sollen – es besteht lediglich ein semantisches Übereinkommen für diese Beziehung zwischen Wort und Objekt (disignatum), aber außerhalb dieses Übereinkommens ergibt sich keinerlei weitere Beziehung....."[89]

Analog bezeichnet eine Information, die als Analogie zu einem Objekt oder zu einem Geschehnis führt.

> „Wenn ich – um eines der von Bateson angeführten Beispiele zu verwenden – den Kühlschrank öffne und meine Katze herbeikommt, sich an meine Beine schmiegt und miaut, so bedeutet das nicht: <<Ich will Milch!>> (...), sondern apeliert an eine ganz bestimmte Beziehungsform zwischen ihr und mir, nämlich: <<Sei meine Mutter!>>, da dieses Verhalten nur zwischen Jungtieren und ihren Eltern, aber nicht zwischen erwachsenen Tieren vorkommt."[90]

Beide Kommunikationsformen haben Grenzen. Die digitale „Kommunikationswelt" ermöglicht zwar die Logik, aber sie ist abstrakt. Das heißt sie ist weit weg von dem eigentlichen real Erfahrenen und ist nicht in der Lage Beziehungen zu beschreiben. Die analoge Kommunikation ist „unscharf", kann zwei oder mehrere Bedeutungen gleichzeitig enthalten, kennt keine Zeiten und keine einfache Verneinung. Hinzu kommt, dass wir in der Kommunikation ständig Informationen von der einen in die andere „Sprache" (Ana-

---

88 Vgl. Gregory Bateson, „Ökologie des Geistes", Surkamp, Frankfurt am Main 1988², S. 376 ff.
89 Watzlawik, et al, 2000, Seite 62
90 ebenda, Seite 63

Kommunikation und Interaktion 143

log/Digital) übersetzen müssen.[91] – und dies macht Kommunikation zum Wagnis. Oder anders ausgedrückt: das „Missverstehen" ist „an der Tagesordnung" und zwingt zu permanenter Überprüfung und Klärung. Aber letzteres gehört nicht zur „Lieblingsbeschäftigung" von Führungskräften, die ja meist selbst zum Führen keine Zeit haben.

4. In der zwischenmenschlichen Kommunikation lassen sich drei Formen[92] unterscheiden:
   - Die „offene" Kommunikation. In der „offenen Kommunikation" teilt der Kommunizierende das, was er wahrnimmt, denkt und fühlt „offen" mit. Die Auswahl der Informationen folgt keiner „hidden agenda". Das Prinzip der Auswahl ist die Authentizität. Die Themen sind für beide bedeutsam. (Beispiel: „Mich stört in unserer Zusammenarbeit die Art und Weise wie Sie …")
   - Die „triviale" Kommunikation. Hier werden weniger bedeutsame innere Prozesse nach Außen kommuniziert. Es ist auch eine Art offene Kommunikation, aber die Inhalte haben, außer den Kontakt zu halten, nicht viel Bedeutung auf der Beziehungsebene. (Beispiel: „Oh, wie das heute wieder regnet …") Aus der kontaktgestaltenden „trivialen Kommunikation" können im Verlauf bedeutsame Ereignisse für die Gesprächspartner entstehen. Die „triviale Kommunikation" ist somit in der zwischenmenschlichen Beziehung eine wichtige Phase um beziehungsrelevante Themen zu ermöglichen.
   - Die „strategische" Kommunikation. In der „strategischen" Kommunikation sind die Kommunikationsinhalte und -prozesse einem Ziel, einer strategischen und oft verborgenen Absicht untergeordnet. (Beispiel: der „Smalltalk" mit Kunden) Der Kommunizierende generiert Informationen über sich so, dass ein geplantes Ergebnis (z. B. ein bestimmtes Image) bei seinem Kommunikationspartner entsteht. Dabei müssen die Informationen, die er über sich mitteilt nicht unbedingt der Wahrheit entsprechen. In der strategischen Kommunikation agieren die Gesprächspartner nicht authentisch. Auf die Frage, ob ein Kaffee gewünscht ist, antwortet der Gesprächspartner nicht auf der Grundlage seines Bedürfnisses, sondern so, dass die Konsequenzen seiner Antwort von ihm kontrolliert werden können. Sie haben es bestimmt schon erraten, Führungskräfte sind oft sehr gut geübt in der „strategischen Kommunikation". Sie haben wenig Übung und Mut zur „offenen Kommunikation". Um authentische Beziehungen zu Mitarbeitern eingehen zu können, müssen sie aber offen kommunizieren.

5. Mittlerweile müsste sich herumgesprochen haben, dass man nicht „nicht" kommunizieren kann und das „alles" Kommunikation bzw. „Botschaft" ist. Nicht nur alles Verbale und Nonverbale, auch das bewusst oder unbewusst gestaltete Kommunikationssetting – also der Ort und die Umfeldbedingungen. Jede „Nichtreaktion, jede unterlassene Aktion, jede Zurückhaltung, Pause oder „Nicht-Anwesenheit" ist eine Botschaft.

Daraus folgt: Kommunikationsprozesse sind in ihrer Bedeutungs- oder Inhaltsstruktur irrsinnig komplex. Um ein vielfaches komplexer, als wir es zur problemlosen Steuerung gerne hätten. Und wesentlich komplexer, als es ein Mensch wahrnehmen kann. Für wich-

---

91 ebenda, Seite 66 ff.
92 nach einem Vortrag von Hans Krens, 2004 in Molenhoek, Niederlande

tige Kommunikationskontexte lohnt es, sich dies zu vergegenwärtigen. Dies erzeugt „Demut" vor der Komplexität und diese wiederum „entschleunigt" unser Agieren, was uns behutsamer und vorsichtiger handeln lässt. Das bedeutet auch, dass ich in einer Kommunikationssituation nicht wissen kann, welche Informationen mein Gegenüber aus dem vorhandenen „Informationsuniversum" eines Interaktionskontextes zur „Navigation" benutzt. Neben der Tatsache, dass mein Gegenüber, aufgrund seiner ihm eigenen Wahrnehmungsfilter und Interpretationskonzepte aber auch seiner Position in unserer Beziehung, den Interaktionskontext völlig anders erlebt als ich selbst, muss ich auch akzeptieren, dass ich nicht weiß, was ich an Botschaften sende. Die Gesamtheit meiner gesendeten Informationen ist für mich unüberschaubar. Es lohnt sich also nachzufragen oder zumindest achtsam die Reaktionen des Gesprächspartners wahrzunehmen. Aus den Reaktionen meines Gegenübers kann ich auf meine gesendeten Informationen schließen.

6. Kommunikationsbotschaften erzeugen Wirkungen, verfolgen aber nicht immer eine bewusste Absicht. Oft kommunizieren wir, ohne genau zu wissen, was die Absicht unserer Intervention in ein System (Mensch, Beziehung, Team, Organisation) ist. Analysieren Sie einmal für eine halbe Stunde dort, wo Sie in einen Kontext intervenieren – also kommunizieren – Ihre wirkliche Absicht, ganz ehrlich. Oder versuchen Sie einmal die Intention Ihres Gesprächspartners zu verstehen; (auch in unbedeutend erscheinenden Interaktionssequenzen) Sie werden sich wundern.

Es ist noch komplizierter: „Hinter" der Absicht existiert meistens auch eine „Meta-Absicht", und vielleicht hinter dieser „Meta-Absicht" wieder eine „Meta-Absicht" und dahinter wieder eine „Meta-Absicht", und so weiter. Zum Beispiel strecke ich jemandem die Hand entgegen, weil ich ihn begrüßen will (Absicht). Ich begrüße ihn, weil ich dadurch die Anerkennung eines Beobachters dieser Situation erhalte (Meta-Absicht 1). Ich beabsichtige die Anerkennung dieses Beobachters zu erhalten, weil dieser eine wichtige „Einflussperson" für den Erhalt eines bestimmten Auftrags ist (Meta-Absicht 2). Diesen Auftrag benötige ich wiederum, um in meinem Firmenumfeld an Reputation zu gewinnen (Meta-Absicht 3) – und so weiter. Das kennen Sie aus Ihrem Alltag. Kommunikation ist also hinsichtlich ihres Zielkontextes vielschichtig und mehrdimensional.

7. Eine „gelungene" Kommunikation besteht aus Botschaft und „Response". Letzteres ist wiederum eine Botschaft, die wiederum eines „Response" bedarf und so weiter. Fehlender „Response" wird vom Gegenüber „gnadenlos" durch Annahmen und damit durch Phantasievorstellungen ersetzt. Viele Führungskräfte begreifen die Kommunikation zwischen sich und ihren Mitarbeitern als „auf sich selbst bezogen", was scheinbar keinen „Response" notwendig macht. Sie ändern aber nichts an der Tatsache, dass ihr fehlender Response ersetzt wird durch eine ihnen unterstellte Reaktion, die wiederum Grundlage für neue Handlungsstrategien des Mitarbeiters ist. Umgekehrt brauchen sie den „Response" bezogen auf ihre Intervention, um zu wissen wie diese verarbeitet wurde. Außerdem: einen „Response" zu verweigern oder vorhandenen „Response" zu ignorieren bedeutet, „den anderen im Regen stehen zu lassen". Es ist schlichtweg wenig wertschätzend.

Kommunikation und Interaktion

8. Kommunikation ist „kreisförmig" – sie hat keinen Anfang und kein Ende. Jede Ursache-Wirkungs-Struktur ist eine beliebige Interpunktion und damit nur *eine* Sicht auf die Realität der Interaktion. Denn jeder „Anfang" ist wiederum lediglich eine Reaktion auf das, was vorher geschehen ist. Jedoch können wir Menschen kaum anders als zumindest den Anfang eines Geschehens festzulegen und damit dem wirklichen Chaos in der Kommunikation eine Struktur zu geben – was nicht bedeutet, dass es die richtige (auch für die Realität des anderen) ist. Vertrauen die Mitarbeiter einer nicht authentisch kommunizierenden Führungskraft nicht, weil diese nicht authentisch kommuniziert, oder kommuniziert die Führungskraft nicht authentisch, weil sie das Vertrauen ihrer Mitarbeiter nicht hat? (beides).

An dieser Stelle halte ich ein. Vielleicht haben Sie nun Lust bekommen, sich mit dem Thema „Kommunikation" und mit Ihren persönlichen Kommunikationsmöglichkeiten zu beschäftigen. Es gäbe noch viel zu diesem Thema zu sagen – allgemein wie speziell. Aber alle Aspekte der menschlichen Kommunikation können hier und in dieser Kürze nicht behandelt werden. Auch hier geht es darum, aufzuzeigen, dass eine intensive und ständige Selbstreflexion kein Luxus ist. Sie ist pure Notwendigkeit um sich selbst verständlich zu machen und andere zu verstehen.

Das Wesentliche in der zwischenmenschlichen Kommunikation ist, dass ein Kontakt zwischen zwei Menschen hergestellt wird, der sich dadurch auszeichnet, dass es einen, für beide wahrnehmbaren, gegenseitigen, emotionalen Bezug aufeinander gibt. Ohne diese aufeinander bezogene Emotionalität ist kein Kontakt möglich. Ergo, werden Sie sagen, haben Führungskräfte nicht immer (vielleicht selten) Kontakt zu ihren Mitarbeitern oder Kollegen. Antwort: Richtig!

Käme nun ein Außerirdischer auf diesen Planeten, um die Kommunikation zwischen zwei „(menschlichen) biologischen Einheiten" zu beobachten, gelangte er zu folgender Feststellung:

Wenn diese „biologischen Einheiten" endlich einen (wechselseitig, emotionalen) Kontakt aufgebaut haben und einigermaßen sichergestellt haben, dass die Sprache auf einer für beide gültigen Kategorisierung der Objekt- und Prozesswelt beruht (einfach ausgedrückt: gegenseitig die Worte verstehen und für was diese stehen), dann bleibt das Problem, dass die jeweiligen Bedeutungen, bezogen auf den Inhalt wie auch bezogen auf das, was in diesem Moment zwischen ihnen geschieht, für beide völlig unterschiedlich sein können – ohne dass sie zwangsläufig von den Unterschieden wissen. Von der Unterschiedlichkeit der Ziele und der Werte ganz zu schweigen. Sie werden dann trotzdem (versteckt in elaborierten Sachdiskussionen) ihre Beziehung so lange miteinander aushandeln bis beide (ohne darüber zu sprechen) einigermaßen damit einverstanden sind – egal, wie diese Beziehung dann am Ende ausschaut. Und sie werden sich die ganze Zeit ihre alten, kontextähnlichen Erfahrungen und deren erwartete Konsequenzen (Muster) „um die Ohren hauen" und damit eine Menge Verwirrung stiften. Zumal der größte Teil dieses Interpretierens und „Verstehens" auf der Basis gemachter Erfahrungen, völlig unbewusst geschieht. Wenn jetzt noch die auf beiden Seiten mögliche bewusste strategische Ausrichtung des kommunikativen Agierens und Reagierens hinzukommt (Strategien der persönlichen PR-Abteilung), wird es ziemlich unübersichtlich. Gute Unterhaltung!

Zeit, Zeit, Zeit ... – oder: Das Lieblingsthema von Führungskräften

Führungskräfte haben ein Lieblingsthema: „Zeitmanagement". Sie haben das Gefühl, keine Zeit zu haben oder mit der Zeit nicht zurecht zu kommen. Sie beschreiben eine unbefriedigende work-life-balance, eine quantitative Überlastung, die Angst, den Zuständigkeitsbereich in einem bestimmten Zeitraum nicht wirklich beherrschen und steuern zu können, oder erklären, wie sie desorientiert gegen den Ansturm von immer neuen Aufgaben ankämpfen. Entweder sie sind ärgerlich auf den fordernden Chef oder die „egoistische" Firma, machen sich selbst große Vorwürfe ob ihres „Zeitmanagementdefizits" oder arbeiten einfach „rund um die Uhr" – „bis zum Umfallen". Mitunter kaufen sie sich dann hoffnungsvoll neue Kalendersysteme, updaten ihr Outlooksystem oder rennen in entsprechende Seminare und lassen sich erzählen, dass sie Prioritäten setzen sollen.

Grundsätzlich ist gegen eine äußerst hohe zeitliche Beanspruchung zum Berufseinstieg, nach dem Wechsel in eine neue Aufgabenstellung und während der Durchführung von besonderen Projekten nichts einzuwenden. Bleibt die hohe zeitliche Beanspruchung aber über einen langen Zeitraum konstant bestehen und wird damit zum normalen Arbeitseinsatz, ist Skepsis geraten.

Neun Hintergründe für das Zeit-Management-Problem, die in Coachingprozessen häufig deutlich werden, möchte ich im Folgenden näher erläutern:

1. Das Kulturthema

Wie viel und wie lange in einem Unternehmen gearbeitet wird, bestimmt leider nicht allein der Vorgesetzte der Führungskraft und auch nicht der notwendige Aufwand und Einsatz, der zur Bearbeitung von anstehenden Aufgaben notwendig ist. Die Unternehmenskultur mit ihren unausgesprochenen Regeln bestimmt, wann ein täglicher Zeitaufwand genügend ist, ob die Führungskraft früher oder später als ihre Mitarbeiter das Haus betreten oder verlassen sollte, ob die konzentrierteste Arbeitszeit innerhalb oder nach der Kernarbeitszeit stattfindet, oder wie angestrengt man eigentlich aussehen muss, um zu beweisen, dass man sich wirklich angestrengt hat. Diese „Kulturanforderungen" sind nicht alle änderbar. Aber es gibt Bereiche, die mit etwas Unangepasstheit (oder nennen wir es Mut) Spielräume eröffnen und sichern. Es verlangt von der Führungskraft lediglich ein „sich positionieren" und ein entsprechendes Maß an Konfliktbereitschaft. Das heißt, viele Führungskräfte leiden nicht unter „zu wenig Zeit", sondern unter unsinnigen Regeln, die sie aus Karrieregründen einhalten wollen.

2. Reaktiv statt Aktiv

Natürlich ist Zeitorganisation auch Prioritätensetzung. Aber der eigentliche Hintergrund hierfür ist die Haltung, das zu verantwortende Aufgabengebiet mit seinen Prozessen „aktiv" statt „reaktiv" zu gestalten. Der oben besprochene „Masterplan"[93] hilft, das Aufgabengebiet konzeptionell zu fassen und zu planen, die notwendigen Prozesse zu definieren, die damit verbundenen Prioritäten zu setzen, die benötigten Ressourcen zu bestimmen und das eigene Verhalten als Steuerungsverhalten zu begreifen. Leider treffe ich nur auf wenige Führungs-

---

93 Siehe Seite 52 – 53

kräfte, die mir auf Anfrage ihren „Masterplan" darlegen können. Die meisten haben für die Erstellung dieses Steuerungsinstruments keine Zeit. Aber erst wenn ich wirklich weiß, wie genau die Funktion meiner Organisation definiert ist, mit welchem Selbstverständnis diese Funktion ausgeübt wird und welche Ziele und Strategien wir wirklich verfolgen, kann ich entsprechende Prioritäten setzen.

Zur regelmäßigen Zustandserhebung und zur aktiven Steuerung meiner Organisation benötige ich ein geeignetes „Kenndatensystem". Ich benutze hier bewusst das Wort „Kenn-Daten" und nicht „Kenn-Zahlen", da die Merkmale, an denen ich den Zustand meiner Organisation ablesen kann, mehr sind als reine Zahlen. Zu den Zahlen addieren sich einige „weiche Faktoren", die potenzielle Konflikte oder Störungen der Dynamik anzeigen. Erfolgreiche Führungskräfte unterscheiden sich von weniger erfolgreichen Führungskräften unter anderem durch das Vorhandensein und das Benutzen eines solchen Kenndatensystems, welches den Zustand einer Organisation (Wirtschaftlichkeit, Effizienz, Effektivität, Kultur etc.) durch wenige Daten beschreibt. Die Erarbeitung eines solchen Kenndatensystems ist zunächst ein aufwändiger Lernprozess: Neben der Definition der Kenndaten müssen diese zunächst regelmäßig hinsichtlich ihrer Brauchbarkeit überprüft werden. Ich verzichte an dieser Stelle darauf, zu erklären, was Kenndaten sind, da die meisten Führungskräfte, mit denen ich darüber gesprochen habe, wussten, worum es geht. Die Schwierigkeit ist eher die Auswahl bzw. das Finden geeigneter Merkmale für Zustände. Aber die Schwierigkeiten beginnen noch früher, nämlich bei der Definition, was wünschbare oder erstrebte Zustände der Organisation sind. Hierfür benötige ich eine „Organisationsvision". Das heißt, eine Vorstellung über den optimalen Zustand meiner Organisation. Die Erarbeitung eines geeigneten Kenndatensystems zur Zustandsbeschreibung und zur Steuerung meiner Organisation ist kein Prozess, den ich als Führungskraft mal so eben nebenbei erarbeiten kann. Einige Wochenenden Arbeit sind dafür angemessen. Neben der Definition eines Zielzustandes und der Definition der Kenndaten muss ich ebenfalls herausfinden, wie ich diese Daten effizient und sicher erheben kann. Und selbstverständlich muss ich mein so gestaltetes Steuerungssystem (Cockpit) immer wieder hinsichtlich seines Realitätsbezuges überprüfen. Denn Organisationen wandeln sich und damit auch ihre „Zustandserkennungsmerkmale". Am Ende kann ich damit, auch wenn die Erarbeitung zunächst aufwendig ist, wesentlich effizienter und zielorientierter meine Organisation steuern.

3. Kompetenzdefizite der Mitarbeiter
Ein wesentlicher „Zeitfresser" sind die Defizite Ihrer Mitarbeiter. Je kompetenter Ihre Mitarbeiter sind, desto mehr (und qualitativer) können Sie delegieren. Aber, das Entwickeln der Mitarbeiter kostet wiederum Zeit. So belassen es viele Führungskräfte bei dem vorhandenen Kompetenzstatus ihrer Mitarbeiter und erledigen die Aufgaben, die diese noch nicht können – und so niemals lernen werden – lieber selbst. Das erinnert mich an eine mir lieb gewordene alte Dame, die ihren Haushalt nicht mehr zu ihrer Zufriedenheit alleine führen konnte. Sie wollte sich aber erst eine Unterstützung suchen, wenn sie ihre Wohnung tipp-topp zum Vorzeigen aufgeräumt hat. Sie hat nie eine Unterstützung suchen und damit finden können und musste ihr Leben in einer für sie chaotischen Wohnung beenden. Mit dem Thema „Mitarbeiterentwicklung" haben wir uns ja oben schon einmal beschäftigt.

4. Die persönliche Arbeitsorganisation

Die persönliche Arbeitsorganisation der Führungskraft ist ein weiterer, wesentlicher Faktor, der unnötig Zeit und Energie verbrauchen kann. Denn selbst wenn ich weiß wohin es geht und wer mit welcher Zuständigkeit welche Ergebnisse erarbeitet, bleibt die Anforderung, den persönlichen Arbeitsalltag (reportings, meetings, Kundenkontakte, Informationsmanagement etc.) effizient und effektiv zu „bewegen". Zwei Gesichtspunkte sind hier wichtig: Erstens sollte man sich hinsichtlich der vorhandenen tools kundig machen. Wie speichere ich Informationen, wie bereite ich Entscheidungen vor, wie koordiniere ich Termine und Projekte, und vieles mehr. Zweitens hat jeder Mensch eine individuelle Art und Weise effizient und effektiv zu arbeiten. Die Strukturen und Prozesse des Arbeitsalltages müssen diesem individuellen Arbeitsprofil „Rechnung tragen". Die hilfreichen „tools" lassen sich von Kollegen abgucken, aus Büchern und in Seminaren lernen und in Selbstversuchen (trial and error) erarbeiten. Das persönliche Arbeitsprofil ist meist von realitätsverzerrenden Selbstbildern und ungeprüften inneren Ansprüchen überlagert – und damit oft schwer zu finden aber in unserem Sinne natürlich „Zielgebiet" der Selbstreflexion. Feedback vom Vorgesetzten, von Kollegen, Familienmitgliedern und vielleicht einem Coach kann hier helfen.

5. Funktionsfremde Tätigkeiten

Die „Lieblingsbeschäftigungen", die man eigentlich nicht mehr machen darf, sind oft ein weitere Grund für Zeitdruck und Chaos. Oben im Rahmen des „Delegierens von Verantwortung" haben wir sie schon behandelt. Lösung: bewusster, wohlwollender Umgang mit sich selbst und mit den Sehnsüchten nach „fühlbarer", konkrete Ergebnisse erzeugender Arbeit.

6. Der Mythos der Planbarkeit

Tatsächlich trifft man immer noch auf Führungskräfte, die glauben, sie könnten ihren Tag durchplanen. Sie glauben immer noch nicht, dass Vieles unvorhergesehen eintritt und dass Vorgesetzte nicht wirklich kalkulierbar sind. So wundern sie sich jeden Abend, warum sie zu den geplanten Aufgaben nicht gekommen sind und widmen sich diesen wenn alle weg sind und sie keiner mehr stört. Je nach Führungsebene und -aufgabe ist der Anteil der unvorhergesehenen Anforderungen größer als der planbare Bereich. Ich muss dann, ob ich will oder nicht, dieses Zeitkontingent freihalten und den „Rest" in meine („optimale") Organisation delegieren.

7. Die fehlenden (privaten) Alternativen

Wenn man Führungskräfte fragt, was sie denn mit ihrer gewonnen Zeit, von der sie träumen, anfangen wollen ist man überrascht, dass sie nichts Konkretes vorhaben. Sie wollen irgendetwas anderes tun; außer arbeiten – aber sie wissen nicht was. Sie träumen von freier Zeit, die sie, wenn sie erst zur Verfügung steht, schon füllen werden. Aber Menschen können sich nur für konkrete Anliegen und Ziele, die emotional von Bedeutung sind, engagieren. Man muss wissen, wofür man etwas nicht oder weniger tut. Und wofür man auf die Belohnungen die mit der Arbeit verbunden sind, verzichtet. Der Wunsch, mehr Freizeit zu haben hilft hier wenig, weil er keinen Inhalt hat. Es existiert kein wirkliches, mir wichtiges Anliegen, welches die Chance hat, mit der Arbeit zu konkurrieren. Ohne eine ernst zu nehmende Konkurrenz zur Arbeit zu sein, hat kein anderes Thema eine Chance. Themen wie: „sich ausruhen" oder „sich fit halten" etc. dienen lediglich der Erhaltung der Arbeitskraft und sind somit keine ernst zu nehmenden Konkurrenten – mit der Chance, zu gewinnen. In Coachingprozessen nähere ich mich diesem Thema meist von sehr weit „oben" mit der Frage: „Was wollen Sie eigentlich auf diesem Planeten – in der kurzen Zeit, die Ihnen hier zur Verfügung steht?" Dann tauchen oft doch noch andere Themen auf, für die es sich lohnt Zeit zu erkämpfen und zu sichern.

8. Das Vermeiden

Manchmal ist es noch extremer. Ohne es genau zu merken vermeiden Führungskräfte mit ihrem Einsatz von Arbeit das, was sie, wenn die Arbeit in dem Maße nicht vorhanden wäre, tun würden oder ihrer Meinung nach tun müssten. Zum Beispiel: den Kontakt mit den Erwartungen des Ehepartners, Arbeiten im Haushalt, die Auseinandersetzungen mit den Kindern, die Steuererklärung, oder schlicht: die Leere. Arbeiten ist eine ideale Vermeidungsstrategie. Viel zu arbeiten ist gesellschaftlich anerkannt, undurchschaubar und hinsichtlich des Sinns nicht überprüfbar. Die Alternative ist, den unerwünschten oder unbefriedigenden Lebensbereichen „die Stirn zu zeigen" und das private Leben so zu gestalten, dass es „erfüllend" ist. Manchmal müssen dafür lange herausgeschobene Lernanforderungen bewältigt werden: zum Beispiel wie man Freunde findet, Beziehungen nach den eigenen Wünschen gestaltet werden können oder wie die eigenen Bedürfnisse – falls man noch Kontakt dazu hat – im Zusammenleben mit den Familienmitgliedern wieder an Bedeutung erlangen. Wir haben es hier meist mit drei Vermeidungszielen zu tun: private Kompetenzschwächen, Beziehungsanforderungen und Zielkonflikte hinsichtlich unterschiedlicher Bedürfnisse.

9. Mangelnde Verantwortungsübernahme

Natürlich gibt es auch den Faktor, der uns an anderer Stelle schon häufiger begegnet ist: „die Vermeidung von Verantwortungsübernahme" für die höchst persönliche Prioritätensetzung. Wenn ich vor mir und vor anderen behaupte, für bestimmte Dinge (wie zum Beispiel echte Führungsaufgaben) keine Zeit zu haben, muss ich nicht entscheiden, ob diese Dinge wirklich wichtig für mich sind und in welcher Priorisierung sie zu meinen sonstigen Aufgaben stehen. Nach diesem Konzept schieben viele Führungskräfte ihre Fachaufgaben vor die Führungsaufgaben, weil sie wissen, dass sie mit dieser Priorisierung meist auf Verständnis stoßen. Gleichzeitig können sie so für sich und auch anderen gegenüber das Bild aufrechterhalten, dass sie diese Aufgaben dennoch wichtig finden – nur eben keine Zeit dazu haben. Aber in Wirklichkeit klären sie die Bedeutung von Führungsaufgaben nicht mit ihrem Vorgesetzten oder ordnen gar ihre Arbeitsfelder und damit ihre Organisation so, dass sie die Aufgaben wahrnehmen können, die sie wirklich wichtig finden.

Selbstverständlich gilt dies für alle Aufgaben, die Führungskräfte in Zeit-Interessens-Konflikte bringen. Und es gilt auch für die Anliegen, die wir dem privaten Bereich zuordnen würden. So lange ich zum Beispiel keine Zeit für meine Kinder habe, brauche ich für das wie und was ich mit Ihnen als Vater oder Mutter tue, keine Verantwortung zu übernehmen.

Netzwerke und Beziehungen – oder:
Die Grundausstattung fürs Leben

Gerade das Zeit-Thema, welches ja eng mit den Fragen zur persönlichen work-life-balance verknüpft ist, führt uns zu den „tragenden Netzwerken" im privaten Bereich. Wir haben sie wiederholt angesprochen aber es lohnt sich, das Thema noch einmal direkt und grundsätzlich anzuschauen. „Tragende Netzwerke" sind für den Erfolg (und das Glück) von Führungskräften elementar wichtig.

Es ist erstaunlich, wie isoliert viele Führungskräfte ihr Dasein bestreiten. Natürlich, sie „kontakten" und „netzwerken" den ganzen Tag. Sie arbeiten in Teams, führen viele Gespräche mit Mitarbeitern, verhandeln mit Kunden und vielleicht geht es – dank offener Tür – in ihrem Büro zu wie in einem Taubenschlag. Aber leben sie auch Beziehungen, die nicht von ihrer Führungs- und Arbeitsrolle geprägt sind? Die sich vielleicht auszeichnen durch Intimität, Vertrautheit, Nähe, einem wirklich „offenen" Austausch und emotionaler Unterstützung. Durch Wertschätzung, die nicht an Bedingungen geknüpft ist – oder Beziehungen die geprägt sind von gegenseitiger Zuneigung und Liebe. Den meisten Führungskräften, mit denen ich zusammenarbeite, würde ich ein unzureichendes oder gestörtes privates Beziehungsnetz attestieren. Im Durchschnitt haben sie zwei gute Freunde, die sie – realistisch betrachtet – zweimal im Jahr sehen. Ansonsten haben sie das private Beziehungsmanagement an ihre Frau abgetreten (delegiert), zu der sie aber auch keine offene, nahe Beziehung pflegen. Letzteres gilt auch für ihre Kinder. So vereinsamen sie, ohne es zu merken, und – was viel schlimmer ist – sie gewöhnen sich daran, ihre zwischenmenschlichen Bedürfnisse in den Hintergrund treten zu lassen, was dazu führt, dass sie die zwischenmenschlichen Bedürfnisse ihrer Mitarbeiter auch nicht mehr wahrnehmen und wertschätzen können.

Wir haben oben darüber gesprochen, dass wir Menschen uns nur in der Beziehung zu anderen Menschen weiterentwickeln können. Selbstverständlich können wir einiges alleine lernen. Aber dabei handelt es sich meist um Fertigkeiten. Persönlichkeitswachstum ist aber nur in Beziehung zu anderen möglich. Damit ahnen Sie die Konsequenz: Ein fehlendes privates Netzwerk, ohne reale, tiefe und langfristige Beziehungen, führt nicht nur zu Einsamkeit und zum Verkümmern von Bedürfnissen, sondern blockiert die gesamte Entwicklung der Persönlichkeit. Letztere ist aber, wie wir oben festgestellt haben, der zentrale Baustein in der Entwicklung von Führungskompetenz und Führungsqualität.

Eine weitere Folge dieses „emotionalen Autismus" ist, dass Führungskräfte, die so leben – und das sind, wie gesagt, nicht wenige – zwar kommunikativ authentisch und flexibel sein können – aber meist nur bis zu einer bestimmten „Nähestufe". Ab einer bestimmten Nähe zu Menschen – und dummerweise werden die meisten zwischenmenschlichen Bedürfnisse in diesem Nähebereich befriedigt – werden sie unsicher oder ängstlich und verlieren ihre souveräne Beweglichkeit. Was noch weiter dazu führt, dass sie diesen Bereich meiden. Und das geht am besten, in dem man sich einredet, keine Bedürfnisse oder Sehnsüchte zu haben oder dass zumindest keine Zeit dafür zur Verfügung steht. Eine Weile geht das gut. Aber irgendwann „verhärtet" sich die Führungskraft so, dass sogar Kommunikationsprobleme im Distanzbereich entstehen können. So begegne ich oft Führungskräften, die, ohne es verbalisieren zu können[94], emotional völlig „ausgehungert" sind. So machen sie sich dann, von Einsicht und Zuversicht getragen – Letztere muss oft mühsam erarbeitet werden – auf den Weg, alte Beziehungen wiederzubeleben und neue Beziehungen zu finden, was natürlich wiederum einige Zeit in Anspruch nimmt.

Um es noch einmal deutlich zu sagen: Um wirklich erfolgreich arbeiten zu können und sich weiter entwickeln zu können, benötigt jede Führungskraft ein privates Netzwerk aus vertrauten, nahen Beziehungen. Ich betone das Private so deutlich, weil ich vielen Führungskräften begegne, die es mit der Trennung zwischen beruflichen und privaten Beziehungen nicht so genau nehmen. Dies geht immer auf Kosten der privaten Seite. Das heißt, die beruflichen Beziehungen sind grundsätzlich (mit wenigen Ausnahmen) hinsichtlich ihrer „Tiefe und Nähe" begrenzt.

Mir persönlich war es und ist es bis heute immer wichtig, dass man mir – beispielsweise auf einer Party im Kontakt mit Menschen, die mich nicht kennen – nicht sogleich meine spezifische, berufliche Beschäftigung als Coach oder Berater anmerken kann. Ich kann daran ablesen, wie viele der beruflichen Plattitüden in meinen normalen, zwischenmenschlichen Umgang Einzug gehalten haben.

Wie wir oben schon besprochen haben, erlaubt uns die berufliche Funktion und Rolle immer nur einen Ausschnitt der Persönlichkeit zu leben. Dieser Ausschnitt entwickelt sich prächtig, da er jeden Tag trainiert wird und wir viel Zeit damit verbringen an den Feinheiten „herumzufeilen". Kein Wunder, dass dieser Teilbereich unserer Persönlichkeit andere Bereiche unserer Persönlichkeit hinsichtlich der Weiterentwicklung – oder nennen wir es ruhig „reifen" – um Längen hinter sich lässt. Diese Diskrepanz macht Angst und verführt die Führungskraft wiederum dazu, sich möglichst im sicheren Terrain ihrer beruflichen Rolle aufzuhalten und zu bewegen. Ein „ganzer Mensch" werden oder bleiben Sie aber nur, wenn Sie dafür sorgen, dass viele andere Bereiche Ihrer Persönlichkeit „gelebt" werden. Und dies ist wiederum nur sicherzustellen, wenn Sie sich in einer privaten Umgebung bewegen, die dies fordert.

Ein weiteres schwieriges Thema ist das Vater- oder Muttersein. Ich bin mit Steve Biddulph[95] einer Meinung, dass es nicht nur für Mütter, sondern auch für Väter sehr schwierig ist, die eigene Karriere voranzutreiben und gleichzeitig der Vaterrolle, hinsichtlich dessen, was die Kinder wirklich von ihrem Vater brauchen, gerecht zu werden. Der Knackpunkt liegt hierbei aber in der Definition dessen, was man glaubt, was die Kinder brauchen, um gut aufzuwachsen und um eigenständige kompetente und beziehungsfähige Persönlichkeiten werden zu können. Ich glaube, Biddulph hat sogar Recht, wenn er sagt, dass Karriere und eine angemessene Vaterrolle sich ausschließen. Das klingt hart und erbarmungslos, aber was wollen wir drum herum reden. Trotzdem wird die Realität so sein, dass angemessene Kompromisse gesucht werden müssen. Das Problem dabei ist, diesen Kompromiss offen und ehrlich mit sich selber auszuhandeln, damit das „schlechte Gewissen" nicht ständig untergründig herum-

---

94 Auch die Fähigkeit emotionale Prozesse zu verbalisieren schwindet, wenn man sie nicht regelmäßig benutzt.
95 Steve Biddulph, 2000

nörgelt. Der dann erarbeitete Kompromiss kann allerdings immer nur mittelfristig definiert sein, denn im Laufe der Zeit werden natürlich die Ansprüche an die Vater- oder Mutterrolle je nach Persönlichkeit, Alter und Umfeldbedingungen des Kindes variieren. Um diesen Kompromiss zu finden, benötige ich aber wieder eine hohes Einfühlungsvermögen (Empathie) und einen direkten und klaren Zugang zu meinen eigenen Gefühlen und Werten. Und das wiederum kann ich nur sicherstellen, wenn ich den damit erstmals verbundenen internen und emotional spürbaren Konflikt aushalten kann. Keine leichte Aufgabe.

Eigentlich gehören an diese Stelle einige ausführliche Ausführungen zum Thema Partnerschaft (Ehe, etc.) – wobei einige wenige Aspekte bisher schon angesprochen wurden. Denn der Zusammenhang ist wechselseitig: Zum einen benötigen Führungskräfte, um erfolgreich arbeiten zu können, eine spezifische Qualität an Beziehung in der Partnerschaft. Und zum anderen hat die Arbeit als Führungskraft erhebliche Auswirkungen auf die langfristige Partnerschaft und bietet einige Gefahren. Aber leider ist das Thema so groß, dass es eher in einem eigenen Buch behandelt werden müsste. Wechseln wir zu einem mehr „Job-operativen" Thema:

Von Jägern und Farmern – oder:
Von Ackerjägern und Dschungelbauern

Tom Hartmann[96] hat eine interessante Kategorisierung von menschlichen Fähigkeiten gefunden, die – auch wenn er sie für einen ganz anderen Zusammenhang benutzt hat – für unsere Betrachtung von Managementkompetenzen interessant ist. Er unterscheidet Hunter (Jäger) und Farmer (die Nahrung produzieren – also eigentlich Bauern). Zwei Fähigkeitsbereiche, die in der Geschichte der Menschheit für den zweifellosen Erfolg hinsichtlich der Ausbreitung und der Weiterentwicklung unserer Spezies meist abwechselnd eine entscheidende Rolle gespielt haben. Zuerst entdeckten und eroberten die Hunter neue Regionen auf diesem Planeten, dann folgten ihnen die Farmer, die das Land „lebbar" und fruchtbar machten – es kultivierten. Erst fanden und erfanden die Hunter neue Problemlösungen und Techniken; dann verfeinerten die Farmer das Entdeckte oder Erfundene und machten es für viele nutzbar. Nicht nur in der Besiedelung von neuen „Räumen", sondern auch in den verschiedenen Wissenschaften, den unterschiedlichsten Kulturbereichen, immer waren es die Hunter-Typen, die unerschrocken und zielstrebig neue Wege gingen, gefolgt von den Farmer-Typen, die sich mit der breiten Anwendbarkeit, der Pflege und der Verfeinerung beschäftigten.

Es ist leicht einzusehen, dass man für diese beiden „Jobs" höchst unterschiedliche Fähigkeiten benötigt. Hunter müssen zielstrebig, mutig, unerschrocken und risikobereit sich den „unbekannten Gefahren" stellen. Ihre Themen sind „durchkommen", „siegen" und „überleben". Sie sind auf der Suche nach neuen Herausforderungen und Problemlösungen. Sie gehen Pfade, die bisher niemand gegangen ist und brauchen dafür bestimmte Haltungen und Kompetenzen. Sie können es sich nicht leisten, viel Rücksicht auf andere zu nehmen, denn das hält

---

[96] Tom Hartmann, „ADHS", Schmidt-Römhild Verlag, Lübeck 2004

auf. Eine komplexe und sensible Eigenwahrnehmung ist eher kontraproduktiv für das „sich festbeißen" in einer bestimmten Aufgabe oder in der Suche nach einer neuen Lösung – es führt nur zu Schmerzen. Sie freuen sich nicht an den kleinen, sondern brauchen die großen Erfolge. Hunter-Typen sind gut, wenn es um Krisen geht, um Sanierungszusammenhänge und um die Entwicklung neuer Räume, Strategien und Methoden. Man kann sie losschicken als Entdecker, Entwickler und „Veränderer".

Farmer-Typen sind anders. Sie beschäftigen sich mit der Stabilisierung, Pflege und mit dem langfristigen Wachstum. Sie „halten den Boden fruchtbar" und entwickeln „im Feinen" neue Möglichkeiten. Sie sind offen für Störungen und in der Lage, geduldig auf Effekte zu warten. Sie schaffen die Bedingungen, in denen sich alles „hält" und weiterentwickeln kann. Sie arbeiten in und mit der Gemeinschaft. Ihre Fähigkeiten sind Geduld, Beharrlichkeit und Weitsicht. Sie sind in der Lage, die Routine zu ertragen und wissen, dass sie sich mit anderen vernetzen müssen. Ihre Stärke ist nicht die schnelle, punktuelle Anwesenheit, sondern das lange „durchtragen" und die Sicherheit gebende, langfristige Anwesenheit.

Will man ein Geschäft aufbauen oder tiefgreifend verändern, braucht es Hunter-Fähigkeiten und -Haltungen. Geht es darum, ein eingeführtes, bestehendes Geschäft zu sichern, zu halten und weiterzuentwickeln, sind Farmer-Fähigkeiten und –Haltungen notwendig. Kommen diese beiden Typen miteinander zurecht? Nein, natürlich nicht, dafür sind sie zu unterschiedlich.

Nun glaube ich nicht an die verführerische Einfachheit von Kategorisierungen. Und da, wo es sich um Menschen handelt schon gar nicht, denn dafür sind Menschen zu vielschichtig und zu komplex. Dennoch glaube ich, dass manche Führungskräfte sich sehr einseitig auf ein Hunter- oder Farmer-Profil festgelegt haben. Diese Festlegung ist in Ordnung, wenn die Aufgaben dazu passen. Sind die Aufgaben diametral zur Profilstruktur, entsteht ein gravierendes Problem. So erwartet die Geschäftsleitung, dass die „Hunter-Führungskraft" nach den vielen Sanierungen endlich mal in der Lage ist, eine größere, stabile Organisation langfristig zu führen und diesbezüglich ein mitarbeiterorientierteres Verhalten zeigt. Und vielleicht erwartet sie von der „Farmer-Führungskraft", dass sie endlich risikofreudig neue Geschäftsfelder entwickelt und dafür in der Organisation „härter durchgreift".

Jetzt könnte man sagen, Profil ist Profil, da ist nichts zu ändern oder man könnte sich aufmachen, die jeweilige andere Seite in sich selbst zu suchen und zu finden. Ich rate zu Letzterem. Natürlich hat das seine Grenzen aber die wirklichen „durch und durch „Hunter- oder Farmer-Typen" sind selten. Meist handelt es sich um pure Gewohnheit bzw. darum, dass man die Fähigkeiten der „anderen Seite" bis heute schlicht weg nicht zu entwickeln brauchte. So geht es beim Hunter-Typen darum, die Bindungsfähigkeit zu erhöhen, die soziale Kompetenz zu vertiefen und die Ausrichtung an bisherige, spezifische Zielkontexte zu verändern. Beim Farmer-Typen geht es darum, die Fähigkeit zur Fokussierung, den Mut zum Risiko und die Eigenständigkeit zu entwickeln. Der Hunter muss sich mit seinen Ängsten vor Kontakt, Nähe und Eingebundensein beschäftigen, der Farmer mit seinen Ängsten vor Neuem, Unerwartetem, vor dem Alleinsein und der Angst, Entscheidungsverantwortung zu übernehmen.

Teams führen – oder: Viel Glück!

Den größten Teil unseres Arbeitslebens verbringen wir in Gruppen – Abteilungen, Arbeitsgruppen, Projektgruppen, Teams, Meetings, Gremien, informellen Netzwerken etc. Aber auch unser Privatleben ist voller Gruppen. Die Familie ist eine bedeutsame Gruppe. In Freundeskreisen, Vereinen, Nachbarschaften, Kindergärten und Schulen agieren – und vor allen Dingen „leben" wir – in Gruppen.

Heute rückt die Fähigkeit, sich beruflich in Gruppen erfolgreich bewegen zu können immer mehr auf einen der oberen Plätze der Kompetenz-Prioritätenliste für Führungskräfte. Gruppen zu steuern und in Gruppen zu arbeiten ist eine selbstverständliche Anforderung – ein selbstverständliches Arbeitsinstrument. Leider ist es so selbstverständlich geworden, dass in vielen Unternehmen noch nicht einmal die dafür notwendigen Kompetenzen bei den eigenen Führungskräften entwickelt werden. Ähnlich, wie eingangs für die Führungsaufgabe insgesamt besprochen, ist die Erwartung vorhanden, dass man entweder ein „Gruppendynamik-Gen" besitzt, die notwendigen Sozialkompetenzen schon in der Kindheit oder Jugend erworben hat oder eben sich die erforderlichen Fähigkeiten nebenbei – leider mit den üblichen „trial- and error-Schmerzen" – aneignet.

So kämpfen viele Führungskräfte mit Aufgaben, für die sie keinerlei Ausbildung und damit Unterstützung haben. Ich bin der Meinung, dass jede Führungskraft, wenn sie Gruppen steuern soll, eine mehrtägige Ausbildung in Gruppendynamik benötigt, welche sie in die Lage versetzt, Gruppen hinsichtlich ihrer Prozesse zu verstehen und ziel- oder ergebnisorientiert „bewegen" zu können. Aber, wie schon gesagt, in der Führungsrealität vieler – zumindest deutscher – Unternehmen wird der Komplexität von Gruppen- oder Teamprozessen wenig Rechnung getragen und die spezifische Kompetenz, die hierfür erforderlich ist, vielerorts ignoriert.

Die Begriffe „Team" und „Teamwork" gehören mittlerweile zum Arbeitsalltag. Dabei hat sich der englischsprachige Ausdruck „Team" für das deutsche Pendant „Gruppe" seit vielen Jahren etabliert, weil er die sportlich, kämpferische Gemeinsamkeit und Verbundenheit hinsichtlich eines Zieles – im Wettbewerb mit anderen Gruppen – betont. Aber nicht jede Gruppierung ist solch ein „Team". Die Sozialforscher unterscheiden Phänomene wie Menge, Masse, Institution, Organisation, Netzwerk, Gesellschaft, Großgruppe und Kleingruppe. Jedes dieser „Sozialgebilde" funktioniert anders. Zum letzten – der Kleingruppe – gehört, als Sonderform einer Kleingruppe, das Team.

Teams haben eine eigene Dynamik und „funktionieren" nicht als Summe ihrer Mitglieder. Man kann sie eher als ein jeweils „eigenes Wesen" betrachten, welches Realität individuell erlebt, individuell auf Dinge reagiert, unterschiedlich gestimmt sein kann und eine eigene Biographie – aber vor allen Dingen – auch einen eigenen Charakter hat. Jedes Team gibt es kein zweites Mal und die komplexen Erfahrungen in einem Team lassen sich so kein zweites Mal wiederholen. Teams sind einmalig.

Diese „sozial-biologischen-Einheiten" (die Teams) besitzen genau wie einzelne biologische Einheiten (ein Mensch) ein Unbewusstes. Das heißt, viele Vorgänge in einem Team sind den

Mitgliedern des Teams nicht bewusst und damit hinsichtlich der Reflexion nicht zugänglich. Alleine dies macht schon deutlich, dass Teams im eigentlichen Sinne nicht steuerbar sind. Zu vielschichtig sind die Prozesse, die eine Gruppe ausmachen. Das, was man steuern oder besser einen Steuerungsversuch nennt, ist eine Intervention in ein unüberschaubares Beziehungs- und Interaktionsgeflecht. Trotzdem gibt es natürlich Möglichkeiten, eine Gruppe oder ein Team in eine bestimmte Richtung zu manövrieren. Aber auch hier ist die Demut vor der Komplexität eine Erfolg versprechende Haltung.

Wenn man als Führungskraft ein Team führt, ist man kein Mitglied des Teams. Diese Tatsache ist für viele Führungskräfte und Projektleiter schmerzlich – aber nicht zu ändern. Diese Tatsache aber zu ignorieren führt Teams in die Verwirrung, lähmt die Effizenz der Arbeitsgruppe und führt zu einer massiven Störung in der Arbeitsbeziehung zwischen Gruppe und Leiter. Die Funktion des „Teamleiters" ist eine koordinierende, beurteilende und oft mit Macht und der Vergabe von Sanktionen ausgestattete – eben „leitende" – Funktion. Man kann sie eher mit einer „elterlichen" Position vergleichen. So wie Sie als Vater oder Mutter, kontextbezogen, mit ihren Kindern spielen können und dabei „gleichberechtigter" Spielkamerad sind, so haben Sie dennoch jederzeit die volle Verantwortung für das, was passiert. Das heißt, Sie sind immer in beiden Positionen gleichzeitig. Zum einen in der „Mitspielerposition" und zum anderen in der „Überwacher-Position" bezüglich der Werte, Regeln und Normen. Und wenn es zu einer Regelüberschreitung kommt, sind Sie schneller als Sie es sich vielleicht gewünscht haben wieder „Elternteil" und regeln die Konsequenzen.

Teamleiter verfügen niemals über die gesamten Informationen, die dem Team intern zur Verfügung stehen. Dafür können sie aber (wenn sie es gelernt haben) die Prozesse von „außen" besser überschauen. Das Wesentliche an Teamprozessen ist, dass sie aus komplexen Interaktionen in einem noch komplexeren emotionalen Beziehungsgeflecht bestehen. Das heißt, das interaktive Geschehen in einem Team ist nicht nur durch die verabredeten Aufgaben und Ziele, sondern durch viele andere Themen, die wiederum mit unterschiedlichsten Bedürfnissen und Emotionen, beziehungsweise der realen und intendierten Beziehungen der Teilnehmer untereinander verbunden sind, bestimmt.

Teams haben, genau wie einzelne Menschen, ein Selbstbild, welches nicht immer mit der realen Position und Wirksamkeit deckungsgleich ist. Auch hier gibt es „Selbstbild", „Fremdbild" und das „wahre Selbst". Oft haben Teams in ihrem Selbstbild Mythen, die ähnlich funktionieren wie die über Generationen hinweg vererbten „Familienmythen", die in der Biographie von manchen Führungskräften auftauchen und eine wichtige Funktion (meist einschränkend) im Leben dieses Menschen erfüllen. Ein Mythos ist eine von allen anerkannte Verdrehung, Verschleierung, Vertuschung – also Entstellung der Realität, die irgendwann einmal als „wirkliche Realität" gehandhabt wird. Die Mystifizierung hilft, den Gruppenselbstwert aufrechtzuhalten. Sie ist also oftmals mit einer Überforderung, sich mit der Realität auseinanderzusetzen, verbunden.

Eine ähnliche Bedeutung wie die Mythen haben die Tabus in Gruppen. Tabus beziehen sich auf Geschehnisse oder allgemeiner: Informationen, die zwar für die Dynamik der Gruppe eine zentrale Bedeutung haben aber von den Gruppenmitgliedern nicht offen „benutzt" (zum

Beispiel ausgesprochen) werden dürfen und deren offene Verwendung mit Sanktionen belegt sind. Ähnlich wie die Mythen verdecken und entstellen sie die Realität.

Eines der spannendsten Phänomene in Gruppen sind meines Erachtens die Normen und Werte sowie ihre Entstehung. Sie regeln im wahrsten Sinne des Wortes das gesamte Interaktionsgeschehen innerhalb der Gruppe und damit ebenfalls die Interaktion der Gruppe nach außen. Sie entstehen in Hochgeschwindigkeit und oft ohne – es gibt offene und verdeckte Normen – dass man sie bewusst wahrnimmt. Normen geben Orientierung, können aber auch massiv die Möglichkeiten eines Teams einschränken.

> „Das gruppendynamische Verständnis geht davon aus, dass die Mitglieder einer Gruppe ihre Produktivität dann erhöhen können, wenn sie ihre Normen ins Gespräch bringen und auf ihre Funktionalität hin überprüfen können. Manchmal ist dies nur möglich, wenn eine Norm gebrochen und damit als solche überhaupt erst sichtbar wird". [97]

> Und: „Für das bessere Verständnis einer konkreten Gruppe und des Verhaltens ihrer Mitglieder lohnt es sich zu untersuchen, welche expliziten offenen, oder von der relevanten Umwelt (der Gruppe)[98] vorgegebenen bzw. vereinbarten Normen es gibt, und welche impliziten, unausgesprochenen oder im Prozess der Gruppe entstandenen Normen gelten, und vor allem, in welchem Verhältnis zueinander die beiden Normwelten stehen."[99]

Das, was für die Normen einer Gruppe gilt, betrifft ebenfalls die Rollendifferenzierung in einer Gruppe. Schnell ordnen die Mitglieder einer Gruppe die Zuständigkeiten für bestimmte Aufgaben oder die Funktionen für einen erstrebten Kommunikationsprozess in Rollenfestschreibungen. Auch diese geben Orientierung und sichern das Vorhandensein von notwendigen oder gewünschten Verhaltensweisen, Kompetenzen oder Beziehungen. Dabei besteht die Gefahr, dass diese Rollenzuschreibungen zu starr erhalten bleiben und so die Entwicklung jedes Einzelnen und damit die Entwicklung der gesamten Gruppe blockieren. Je flexibler eine Gruppe die verschiedenen Rollenübernahmen gestaltet, desto mehr kann sie das gesamte Potenzial ihrer Mitglieder nutzen. Es gibt einige interessante Theorien darüber, wie die Normwelt und die Rollendifferenzierung in einer Gruppe entstehen und welche Rollen für die erfolgreiche Arbeit eines Teams notwendig sind. Dies ist aber zu komplex, um es an dieser Stelle angemessen erörtern zu können.[100] Bezogen auf das Letztere sei aber an dieser Stelle gewarnt vor den vielen immer wieder gern zitierten und zumindest einmal benutzten (danach merkt man, dass es nicht funktioniert) Vereinfachungen hinsichtlich der Konzepte der notwendigen Rollen in einem Team. Einfache Konzepte sind immer gefährlich, es sei denn, sie

---

[97] O. König u. K. Schattenhofer, „Einführung in die Gruppendynamik", Carl-Auer-Verlag, Heidelberg 2006, Seite 46
[98] Anmerkung des Verfassers
[99] ebenda, Seite 45
[100] Überhaupt hat das gesamte Buch eher die Funktion eines „Aperitifs" – also „speisen" Sie in einem gruppendynamischen Workshop.

bilden die Realität ab. Die ist aber meist irrsinnig komplex und schwer zu durchschauen. Also ist auch hier wieder weniger (vermeintliche) Sicherheit mehr Kompetenz.

Schauen wir uns das ideale Team an: Es bringt, hinsichtlich der anstehenden Aufgaben die Fähigkeiten jedes einzelnen Mitgliedes zur vollen Entfaltung. Jeder hat seinen Platz und jeder Platz ist wichtig aber niemand wird auf seine Rolle festgelegt. Die Interessen der Mitglieder decken sich mit den anvisierten Zielen. Es existieren keine „hidden agendas". Die Teammitglieder begegnen sich mit Wertschätzung und Offenheit. Die Gruppe sorgt für Transparenz der Beziehungen und Interaktionen. Störungen und Konflikte werden direkt, offen und respektvoll angegangen. Die Teamleitung ist akzeptiert und führt deutlich, nachvollziehbar und orientiert an den aktuellen wie an den beabsichtigten Ergebnissen. Die Grenzen nach außen sind klar, aber durchlässig. Belastungen und Rückschläge werden gemeinsam getragen und Erfolge gemeinsam gefeiert. Die Geschichten und „Sagen" über die Vergangenheit der Gruppe sind kraftvoll und positiv aber „entstellen" nicht die Realität. Ausfälle und Einschränkungen eines Teammitgliedes werden empathisch und solidarisch unterstützt bzw. ausgeglichen. Die „Energie" ist hoch (lustvoll) und die Teilnehmer haben ein ausgeprägtes Interesse aneinander. Es macht ihnen Spaß, miteinander umzugehen. Der „Konkurrenzlevel" bleibt „anregend" und behindert nicht die Arbeitsprozesse. Die Subsysteme haben ebenfalls keine starren Grenzen und wechseln. Die Teammitglieder fühlen sich im Team wohl – sie können ohne Einschränkungen leisten und entspannen.

Soweit das Ideal. Alle davon abweichenden Teams sind von mehr oder weniger beeinträchtigenden Störungen geplagt. Wobei aber erstens nicht jede Störung schädlich ist. Manchmal steht der Aufwand, sie zu bearbeiten, in keinem Verhältnis zum Ergebnis. So wie Menschen, haben alle Teams ihre „Macken". Die Frage ist, wie einschränkend die jeweiligen Macken für den gemeinsamen Weg zu den gemeinsamen Zielen sind. Darüber hinaus muss die Annäherung an den Idealzustand erarbeitet werden und, er ist nie statisch. Teams – oder Gruppen überhaupt – entwickeln sich. Denn, zweitens: Wie in den meisten zwischenmenschlichen Beziehungen sind es gerade die Störungen und Konflikte, die ein Team vor ein Entwicklungspotenzial stellen. So betrachtet sind Phasen der Auseinandersetzungen, verschiedene „Tiefpunkte", das in Frage stellen des Miteinanders und des Ziels und viele andere zunächst als Störungen empfundene Konflikte für die Entwicklung des Teams notwendig und unabdingbar. Gerade hier können unerfahrene Führungskräfte beträchtliche Fehler machen, indem sie diese Prozesse be- und verhindern – in dem Glauben, sie müssten das Ende der Zusammenarbeit verhindern oder die Gruppenharmonie retten. Ohne die Auseinandersetzung mit Störungen und Konflikten sind Teams in ihrer Entwicklung blockiert. Genau wie einzelne Menschen lernen Teams und begegnen der gleichen Anforderung beim zweiten Mal auf einem höheren Entwicklungs- und damit Kompetenzniveau.

Teams haben also eine eigene „innere Welt" und eine Umwelt. Und hinsichtlich der Vernetzung ihrer Mitglieder in verschiedene andere „Welten" (zum Beispiel private Lebenswelten) eigentlich viele Umwelten, von denen nicht alle für alle Teammitglieder gleichermaßen sichtbar sind. Die Frage ist, wie diese Umwelten und die Gruppen-Innenwelt miteinander korrespondieren und welche Möglichkeiten und Einschränkungen sie sich gegenseitig setzen. So kann die arbeitsbezogene Beziehung, die ein Kollege zu einer Kollegin in einem Team eingeht, hinsichtlich der Nähe und Distanz abhängig sein von den Normen oder den aktuellen Konflikten in der privaten Ehebeziehung des Kollegen.

Die Interaktion – also das Geschehen in einer Gruppe – findet auf verschiedenen Ebenen gleichzeitig statt. Wir haben die Sachebene, welche die Auseinandersetzung mit der verabredeten Aufgabe oder den Zielen eines Teams beschreibt. Darüber hinaus findet diese Auseinandersetzung in einem komplexen Beziehungsgeschehen statt. Drittens agieren in einem Team einzelne Menschen mit ihren unbewussten Motiven, Prozessen und Konflikten. Diese unbewussten Dynamiken greifen in das Beziehungsgeschehen ein bzw. werden von ihm aktualisiert. Gleichzeitig ist das Beziehungsgeschehen überhaupt den Mitgliedern nur zu einem kleinen Teil bewusst. Die Sachebene wird also sowohl von den bewussten und unbewussten Beziehungsdynamiken wie auch durch die bewussten und unbewussten Anliegen der einzelnen Teilnehmer bestimmt. Alles drei beeinflusst sich gegenseitig.

Für unser Thema der Selbstreflexion ist vor allen Dingen dieser psychodynamische Einflussfaktor wichtig. Das heißt: Auch hier existiert ein uns bekannter verhaltensbestimmender Zusammenhang: die „Übertragung" oder anders ausgedrückt: eine „Aktualisierung biographischer Erfahrungen". Wir verhalten uns in Teams so, wie wir uns in unserer Geschwister- oder Peer-Group „bewegt" haben. Und auch der erfahrenste Manager wird, wenn er wirklich emotionale Beziehungen in einer Arbeitsgruppe eingeht, sich früher oder später bei Verhaltensweisen wiederfinden, die er gut aus seinem früheren Geschwisterleben, seiner Spiel-Peer-Group oder seiner Kindergarten- oder Schulzeit kennt. Leider handelt es sich dabei nicht nur um die konstruktiven, erfolgreichen Verhaltensstrategien. Von daher macht es Sinn, sich (bevor man an einer wichtigen und intensiven Arbeitsgruppe teilnimmt) damit zu beschäftigen, welche Muster einen diesbezüglich bestimmen. Wie Sie sich vorstellen können, passen diese auf konkrete Erfahrungen beruhenden Muster nur selten. Erstens war der Kontext ein anderer, zweitens war man Kind und nicht erwachsen und drittens sind die persönlichen Ressourcen und Verhaltensoption heute wesentlich vielschichtiger und kompetenter – was unser Unbewusstes, wie wir jetzt schon wissen, in keinster Weise stört oder gar interessiert. Es hinterlegt gnadenlos die „alten Filme" – auch wenn es sich dabei um das Genre „Horror", „Krieg" oder „Drama" handelt.

Der zweite „Übertragungsbereich" ist noch erstaunlicher: Wir behandeln Gruppen wie unsere Mütter und zwar dann, wenn die Beziehungen so intensiv sind, dass wir emotionale Bedürfnisse und deren Befriedigung mit der Gruppe verknüpfen. Und das tun wir, ob wir wollen oder nicht oder ob wir es glauben oder nicht, erstaunlich oft. Das heißt, wir übertragen in die Beziehung zur gesamten Gruppe (also zum „Gruppenwesen") unsere Muster aus unserer Beziehung zu unserer Mutter. Dies geschieht zum Beispiel in der Gruppe mit unseren direkten Kollegen mit denen wir vielleicht eng und intensiv – zum Beispiel in Projekten – zusammenarbeiten. So kommt es dann vor, dass diese Zusammenarbeit von Konflikten geprägt ist, die uns in ihrer emotionalen Intensität bekannt vorkommen. Es geht um Themen wie: „Werde ich gesehen, getragen und versorgt?" oder „Kann ich mich „verschmelzen" oder selbstständig sein?". Diese „Basis-Themen" führen dazu, dass die Geschichten von Teams in manchen Unternehmen wie Stoff für eine TV-Daily-Soap wirken.

Neben den psychodynamischen Betrachtungen kann man die Beziehungsgeschehnisse in Gruppen mit drei Parametern beschreiben: Drinnen/Draußen, Oben/Unten, Nähe/Distanz. Das „Drinnen/Draußen-Thema" beschäftigt sich mit der Zugehörigkeit in der Gruppe. Nicht alle Mitglieder sind immer im gleichen Maße zugehörig. Und es besteht die Gefahr, die Zugehörigkeit zu verlieren oder eingeschränkt zu bekommen. Das „Oben/Unten-Thema" bezieht sich auf die Machtverhältnisse in Gruppen. Wer hat warum welchen Einfluss auf was? „Nähe und Distanz" beziehen sich auf den Grad der Intimität von Beziehungen. Das heißt jedes Gruppenmitglied regelt diese drei Parameter ständig im Rahmen seiner Interaktion in der Gruppe. Und die jeweilige Interaktion bzw. das Verhalten eines Gruppenmitgliedes ist nur unter Einbeziehung dieser drei Parameter verstehbar. Aber das schwierige – zumindest für den Beobachter von außen – ist, alle Mitglieder einer Gruppe tun das gleichzeitig und immer. Denn, „man kann nicht nicht kommunizieren". Und so kommunizieren immer alle gleichzeitig und verhandeln den System-, Subsystem- oder Einzelsystem-Zustand dieser drei Parameter. Und dass eine „Interpunktion" (die Definition von Ursache und Wirkung) in diesem vielschichtigen Interaktionsgeschehen willkürlich ist, haben wir ja schon oben, beim Thema Kommunikation, besprochen.

Kurt Lewin hat die Dynamiken in einer Gruppe durch zwei Bewegungen beschrieben, nämlich Differenzierung und Integration. Es handelt sich dabei um zwei widerstrebende Kräfte, die das Geschehen in eine Gruppe maßgeblich gestalten.

> „Die grundlegende Annahme dieses Modells ist es, dass Gruppen aller Art sich dann weiterentwickeln, wenn größere Ausschläge in beide Richtungen, also mehr Integration *und* mehr Differenzierung gleichermaßen möglich werden."[101]

„Integration" meint dabei die Ausbildung von Gemeinsamkeiten und „Differenzierung" das Zulassen von Unterschieden. Integrationsbewegungen sichern die Kohäsion der Gruppe und damit deren Erhalt. Differenzierungsbewegungen ermöglichen die Reifung einer Gruppe. Beides kann nicht gleichzeitig stattfinden; die Gruppe bewegt sich abwechselnd in die eine oder andere Richtung und wächst damit sozusagen als „Persönlichkeit" in dieser „Zick-Zack-Bewegung".

Was in Teamprozessen als günstig oder ungünstig gewertet werden kann, hat aber auch zunächst ganz profan mit der Aufgabe zu tun. „Kreativität entwickeln", „Entscheidungen fällen", „Informationen austauschen", „Probleme lösen" sind Aufgaben, die ein Team nicht gleichzeitig erfüllen kann und die sich hinsichtlich der Vorgehensweise und der dafür notwendigen Teambedingungen sogar widersprechen. Diese Tatsache lähmt die Prozesse bis zur völligen Erstarrung, wenn sie vom Teamleiter nicht ausreichend berücksichtigt wird. Ein Team, welches kreativ sein möchte, braucht eine Reduktion der Strukturen und der festgelegten Abläufe. Es benötigt eine offene und von schnellen Bewertungen freie Kommunikation bzw. die dafür notwendigen Beziehungsqualitäten, wie zum Beispiel einen bestimmten Grad an Vertrautheit und Nähe. Ganz anders muss ein Team, das Entscheidungen fällt, Regeln und

---

[101] O. König und K. Schattenhofer, 2006, Seite 58

vorher definierte Abläufe einhalten, damit die Entscheidung keine willkürliche oder von momentanen Machtbedingungen geprägte Entscheidung wird.

Eine Gruppe zu leiten oder sie als Mitglied quasi „von innen heraus" gemeinsam mit anderen weiterzuentwickeln setzt voraus, dass man nicht nur in Agenden, sondern vor allen Dingen in Beziehungen denken kann. Die Voraussetzung dafür ist, dass man Beziehungen bewusst wahrnehmen kann. Schauen wir uns deshalb das Phänomen „Beziehung" noch mal etwas technischer an:

Eine Beziehung zwischen zwei Menschen besteht zunächst aus der Tatsache, dass diese beiden Menschen Informationen austauschen. Aber wie wir im Rahmen des Themas „Kommunikation" schon gesehen haben, werden gleichzeitig sehr unterschiedliche Informationen ausgetauscht. Die eine Art von Informationen bezieht sich auf ein Objekt oder ein Phänomen, welches für beide in irgendeiner Form bedeutsam ist. Die andere, zweite Art der Informationen gibt Aufschluss darüber, wie die beiden Kommunizierenden sich gegenseitig als Person und in Bezug auf den jeweils anderen verstehen bzw. jeweils verstehen wollen und sollen. Es werden also Identitätskonzepte und deren Verzahnung miteinander ausgehandelt und definiert. Das macht Beziehungen manchmal so dramatisch. Die Informationen beziehen sich zum einen auf etwas Drittes und zum anderen auf sich selbst – aber in der Bedeutung für den Anderen. Letzteres von beiden Seiten. Das heißt der andere definiert mich in meiner Bedeutung für ihn und ich definiere mich in meiner Bedeutung für ihn. Und dies ebenfalls hinsichtlich der Identität des anderen in seiner Bedeutung für mich. Der Prozess selbst und die jeweiligen Ergebnisse haben ihre individuelle Bedeutung, die sich durch Befindlichkeit und in damit einhergehenden Emotionen und weiteren personinternen Prozessen ausdrückt. Auch diese individuellen Bedeutungen wirken wieder auf den Selbstkonzept-Definitions-Prozess und gestalten ihn mit. Gleichzeitig enthalten die Informationen Hinweise darüber, wie wir beide – aber in dieser vorher definierten Aufeinanderbezogenheit – zu dem „Dritten" stehen. Dabei strukturiert die beschriebene zweite Art von Information den Inhalt der ersten Art.

Von einer langfristigen Beziehung sprechen wir, wenn wir diese Konzepte nicht immer neu aushandeln müssen, sondern das gemeinsam „Erarbeitete" als Grundlage wieder verwenden und die Gemeinsamkeit in der Bezogenheit aufeinander eine Entwicklungsgeschichte beschreibt. Dies bedeutet auf der einen Seite Verbundenheit und Stabilität, bedeutet aber auf der anderen Seite ebenfalls Starrheit und Eingrenzung.

In Beziehungen denken zu können meint, die Informationen der zweiten Art (auf die Beziehung bezogen) wahrnehmen und verstehen zu können und das eigene darin Verwobensein zu erkennen und reflektieren zu können. Das was ich nun gerade für eine Beziehung zwischen zwei Menschen erläutert habe, geschieht in Gruppen natürlich gleichzeitig zwischen mehreren Menschen.

Die bis hierhin gezeigten gruppendynamischen Betrachtungen sind natürlich nicht vollständig. Gruppendynamik ist eine Wissenschaft für sich und beschreibt noch viele wiederkehrende Phänomene, wie Gruppen funktionieren und welche Prozesse dafür verantwortlich sind. Daraus resultierend ergeben sich die Aspekte der Gruppensteuerung.

Um diese Zusammenhänge für die Praxis wirklich nutzbar zu lernen, macht es zugegebenermaßen wenig Sinn sie schriftlich erklären zu wollen. Die einzige Lösung: praktische Erfahrungen mit professioneller Reflexion, also: Workshop oder Seminar. Manches muss man eben erfahren, um es zu verstehen. Denn leichter sind diese Zusammenhänge mit der rechten Gehirnhälfte zu verstehen und, die damit verbundenen Verstehensprozesse benötigen das Tun, verbunden mit den sinnlichen und emotionalen Erfahrungen. Sprache (und besonders geschriebene Sprache) fordert mehr die Verarbeitung in der linken Gehirnhälfte. Für dieses vielschichtige, dynamische Phänomen ist aber der ausschließlich „linkshemisphärische" Verarbeitungsprozess zu digital.

Auf jeden Fall sollten sich Führungskräfte um ihre dementsprechenden Fähigkeiten kümmern, denn wegen mangelnder Kompetenz und mangelnder Erfahrung unbeherrschbare Teamdynamiken können richtig teuer und wahnsinnig frustrierend werden. Und wie Sie sehen, kann man sehr vielfältig über Teams und die darin stattfindenden Prozesse nachdenken. Getreu dem Motto: „ Es gibt mehr, als man glaubt". Also, viel Spaß im „Teamdschungel" – achten Sie auf die „Schönheit der Natur" und die „Schlangen".

Zusammenfassung und Ausblick

*„Die Fragen, nicht die Antworten
machen das Wesen des Menschen aus."*

[Erich Fromm]

Zusammenfassung

Natürlich könnten wir uns nun mit noch vielen weiteren „sinnvollen Betätigungsfeldern für die Selbstreflexion" beschäftigen. Denn es ergeben sich zum einen weitere Fähigkeitssektoren für Führungskräfte, die ebenfalls jede Menge „weiche Anforderungen" stellen und so der Selbstreflexion bedürfen: Präsentation, Projektmanagement, Unternehmensintegration, Changemanagement, Verhandlungsführung, Gesprächsführung – um nur einige zu nennen.

Zum anderen würde es sich sicher lohnen, einige Berufsgruppen (Techniker, Wissenschaftler, Vertriebler, Personalentwickler, Controller, Producer, Ärzte etc.) hinsichtlich ihrer spezifischen Situation und den damit verbundenen spezifischen Persönlichkeitsanforderungen gesondert zu betrachten.

Drittens haben auch unterschiedliche Branchen spezielle Kulturen (Film- und Fernsehindustrie, Werbung, Gesundheitswesen, Industriegüter, etc.), die eine Einzelbetrachtung, bezogen auf die nicht fachlichen Anforderungen an Führungskräfte, sinnvoll machen.

Versuchen wir uns die wichtigsten Aspekte noch einmal „vor Augen zu führen":

1. Nur authentisches (kompetentes) Führen garantiert Führungsqualität.
2. Dafür ist nicht nur ein Wachstum in den individuellen Fertigkeits- und Fähigkeitsbereichen, sondern auch hinsichtlich der persönlichen Haltungen, Werte – der Persönlichkeit schlechthin – notwendig.

   Die Gesichtspunkte waren hier:

   – Führen als eigenständiges Wissens- und Fachgebiet
   – Die (unangemessene) Vorbereitung auf die Führungsaufgabe
   – Über Fähigkeiten, Haltungen und das Lernen
   – Das Anforderungsprofil für die Führungsaufgabe
   – „Das Führungswissen" als „Haltungs- und Selbstverständnisübersicht"
   – Wie lässt sich Führen eigenständig lernen?

- Die Authentizität in der Führungsrolle
- Die „Drei Modi des Seins"

3. Ausgangspunkt dieser Entwicklung ist zunächst eine Optimierung der Orientierung in drei Grundbereichen: die Orientierung in der Führungsrolle, die Orientierung in der eigenen Person (Selbstreflexion) und die Orientierung hinsichtlich der „inneren Welt" des Interaktionspartners (Empathie).

4. Voraussetzung für eine „optimierte Orientierung" ist das Verständnis der grundlegenden Aspekte und Zusammenhänge in diesen drei Bereichen.

Diesbezüglich standen zur Orientierung „in" der Führungsrolle folgende Aspekte im Focus:

- Führen als Organisationssteuerung
- Das Anforderungsprofil an Führungskräfte
- Das Verständnis der Funktionen
- Das Delegieren von Verantwortung
- Die Zusammenarbeit mit „selbstständigen" Mitarbeitern
- Ziele und Zielvereinbarungen
- Die „Eitelkeit" der Führungskraft
- Das Informationsmanagement
- Das unternehmerische Selbstverständnis
- Kulturen gestalten und entwickeln
- Die spezifischen Beziehungsaspekte in der Beziehung zum Mitarbeiter
- Der „Masterplan"
- Das Schnittstellenmanagement
- Die „zwei Haltungen" (Prozessoptimierung und Lebenswelten)
- Die notwendige Beziehungsfähigkeit von Führungskräften
- Der Job als „Pädagoge"
- Die spezifischen „Übertragungsthemen" in der Beziehung zwischen Führungskraft und Mitarbeiter
- Das Wertschätzen und das „Mögen"
- Der Prozess der Mitarbeiterentwicklung
- Die Bedingungen der Führungswirkung und der Führungsautorität
- Die Einsamkeit der Führungskraft
- Das 36-Punkte-Arbeitsprogramm
- Der Anspruch der Authentizität
- Die Gleichzeitigkeit der Führungsintervention in verschiedenen „Räumen"

Die Blickwinkel im Rahmen der Selbstreflexion und der Empathie waren:

- Der Zusammenhang zwischen Selbstreflexion und Empathie
- Die „Targets" der Selbstreflexion
- Die Faktoren, welche die Selbstreflexion behindern aber auch ermöglichen
- Die Spiegelneuronen und ihre Bedeutung für die Empathie

- Die vier Vorteile einer erhöhten Selbstreflexion
- Die Unannehmlichkeiten der Selbstreflexion
- Die Bedeutung der individuellen Biographie (Episode 5-1)
- Das individuelle Realitätsmodell und die Individualität des menschlichen Gehirns
- Die Wirksamkeit persönlicher Wahrnehmungs-, Denk-, und Verhaltensmuster
- Die realitätsverzerrenden Prozesse der „Projektion" und der „Übertragung"
- Das „Unbewusste" und sein Eigenleben
- Instinktmäßiges Verhalten unter Stress; Aggression als Schutz
- Wie lernt und arbeitet das Gehirn
- Die gebrauchsorientierte Plastizität des Gehirns
- Die kränkenden Tatsachen, an denen aber leider nichts zu ändern ist
- Die emotionalen Prozesse und die Bedeutung und die Funktion von Gefühlen
- Die Bindungs-, Beziehungs- und Kontaktkompetenz von Führungskräften
- Die Gefahr eines (arbeits-) fremdbestimmten Lebens
- Selbstwert und Selbstachtung
- Der innere Dialog
- Selbstbild und Fremdbild
- Die Gefahr von (falscher) Kontrolle und Komplexitätsreduzierung
- Das angemessene Problembewusstsein
- Die Grundängste und die Funktion von Angst

5. Zum Schluss haben wir unser Augenmerk auf besondere Kontexte gerichtet, die hinsichtlich der Selbstreflexion spezifisches Wissen erfordern und besondere Anforderungen stellen.

Die Themen waren hier:

- Der Umgang mit Konflikten
- Die menschliche Kommunikation
- Die Tücken des Zeitmanagements
- Die Bedeutung der privaten Netzwerke für die Führungsqualität
- Hunter- und Farmertypen
- Teams und Gruppen steuern und entwickeln

Geht das eigentlich alles alleine – oder: „Der eigene Virusscanner findet nur die Viren, die er kennt"

Wenn wir bisher davon gesprochen haben, worüber es sich als Führungskraft lohnt, zu reflektieren, stellt sich die Frage, ob das eigentlich (in brauchbarer Qualität) alleine geht. Die Antwort: nur bedingt. Das liegt – wie schon gesagt – daran, dass es Menschen sehr schwer fällt, sich in einer anderen, dem Selbstbild nicht entsprechenden, Art und Weise wahrzunehmen. Meist benötigen wir Anstöße „von draußen", die uns vor das Problem stellen, eine Diskrepanz zwischen Selbst- und Fremdbild zu verarbeiten oder zu „integrieren". Oder wir benötigen Anstöße, die uns Fragen stellen, auf die wir selbst hinsichtlich unserer Person nicht gekommen wären. Darüber hinaus brauchen wir auch Interaktionen um uns selbst zu erfahren. Bewegen wir uns in immer ähnlichen Interaktionszusammenhängen, erleben wir von uns selbst auch nur einen Teil unserer tatsächlichen Persönlichkeit. Wir haben oben schon ausführlich darüber gesprochen.

Das optimale Programm für die Ausbildung zur Führungskraft wäre:

- ein „Literaturstudium" der notwendigen Theorien und Konzepte und einen Austausch darüber mit anderen, auch erfahrenen, Führungskräften;
- Selbsterfahrungsworkshops, in denen angehende Führungskräfte sich selbst besser kennen lernen können;
- ein mindestens dreistufiges Führungsseminar, in dem die Rolle als Führungskraft reflektiert werden kann und in dem Führungskonzepte und Führungsinstrumente erlernt und der individuellen Persönlichkeit „angepasst" werden können – also coachingorientiert;
- Kommunikationsworkshops zur Kommunikation an sich sowie zu verschiedenen Spezialthemen (Präsentieren, Verhandeln etc.) um Interaktionskontexte besser verstehen und gestalten zu können;
- gruppendynamische Workshops, die erlebbar machen, wie Gruppen und Teams funktionieren;
- eine Anleitung oder Ausbildung in der Moderation und Leitung von Teams;
- Coachingworkshops, in denen die individuelle Führungs- und Kommunikationskompetenz und die persönliche Selbstmanagementkompetenz weiterentwickelt werden kann;
- und das Wichtigste: Feedback – soviel wie möglich. Regelmäßig, vom Vorgesetzten, von den eigenen Mitarbeitern, von Kollegen, von Freunden (Verwandte sind nicht immer geeignet) und vor allen Dingen vom Lebenspartner. Voraussetzung: danach fragen!!! Ungefragt kommt es meist nur, wenn es schon zu spät ist.

Selbstverständlich muss alles nicht sofort und gleichzeitig in Angriff genommen werden. Aber ein Fünf-Jahres-Zeitbudget sollte es nicht überschreiten. Ich rede hier vom Optimum. Wie die Realität für Führungskräfte ausschaut – nun gut. Aber ohne das Optimum zu kennen, kann ich meinen „Ausbildungsweg" als Führungskraft nur schwer hinsichtlich Quantität und Qualität verorten.

Coachingprozesse

Lassen Sie mich abschließend noch ein paar Worte zur Qualität von Coachingprozessen sagen. Der Begriff „Coaching" sowie die Berufsbezeichnung „Coach" sind in Deutschland nicht geschützt, was Nach-, aber auch Vorteile hat. Denn die Definition, was richtiges Coaching ist, einem Verband zu übertragen ist meiner Meinung nach immer ein Wagnis und gerät

Coachingprozesse

leicht in die Grabenkämpfe berufspolitischer Auseinandersetzungen. Der Nachteil aber ist, dass sich hinter diesen Begriffen auch unterschiedliche Kompetenzen und Qualitäten verbergen.

Ich glaube, man könnte die sinnvolle Coachingarbeit für Führungskräfte in drei Levels beschreiben:

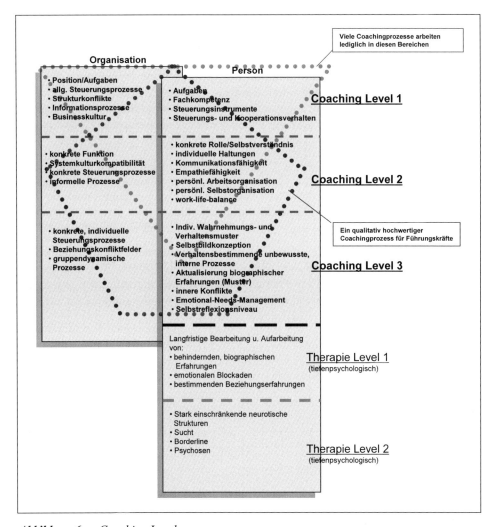

Abbildung 6: Coaching Level

Im Level 1 geht es um Wissen, Techniken und "Werkzeuge". In Level 2 stehen schon die Haltungen und Interpretationsmuster im Vordergrund. Und auf Level 3 geht es um die Persönlichkeitsentwicklung. Das Fünfeck zeigt die Schwerpunkte und die Verteilung des Aufwandes in den verschiedenen Levels, bezogen auf einen entwicklungseffizienten Coachingprozess für Führungskräfte. Leider arbeiten die meisten Coachingprozesse eher in den Bereichen, die das Dreieck zeigt.

Es ist schwierig für Führungskräfte, die Qualität und Effizienz eines Coachingprozesses einschätzen zu können. Es fehlen meist die Vergleichsmöglichkeiten. Und viele Führungskräfte sind auch eher dankbar, wenn das Coaching nicht allzu verwirrend ist und neben ein paar interessanten Hinweisen mehr aus Bestätigung besteht.

Das viel größere Problem ist aber, den eigenen Bedarf einschätzen zu können. Es ist besonders schwierig, wenn man einem kaum vorhandenen oder einem sehr sparsamen Feedback durch seinen Vorgesetzten und seinen Kollegen ausgesetzt ist. Viele Firmen lassen ihre Führungskräfte deshalb intern durch ein 360° Feedback oder durch Experten von außen, im Rahmen eines Managementaudits, -appraisals oder Assessments beurteilen. Diese Beurteilungen führen, wenn sie kompetent durchgeführt werden, zu konkretem Feedback und im Rahmen der Analyse und der Auswertung zu empfohlenen Entwicklungsmaßnahmen.

Das aller Effizienteste und Beste, um den Entwicklungs- und vielleicht Coachingbedarf einer Führungskraft zu definieren, ist und bleibt ein kompetenter, an der Entwicklung und der Karriere seiner Führungskräfte interessierter Vorgesetzter. Vor diesem Hintergrund ist sicher auch die Suche nach einem unterstützenden Paten oder Mentor eine gute Idee. Wenn Sie durch solch eine Person Unterstützung erfahren, nutzen Sie es, so oft und so viel es geht.

Ziel eines Coachingprozesses muss es aber sein, neben der Bearbeitung von aktuellen Persönlichkeits- und Kompetenzanforderungen einen Selbstreflexionsprozess zu etablieren, mit dessen Hilfe die Führungskraft ihren Führungsalltag begleiten und optimieren, sich in der Führungsrolle orientieren und an der Weiterentwicklung der Sozialkompetenz wie der Persönlichkeit arbeiten kann.

Metalog: „Abschließende Überlegungen"

(F = Führungskraft, B = Berater)

B: Na, wie denkst du jetzt über die ganze Sache?

F: Ich bin etwas verwirrt – ganz schön komplex und vielschichtig.

B: Diese Komplexität ist sogar noch komplexer als es hier vermittelbar ist.

F: Auf jeden Fall verstehe ich jetzt, warum Navigation notwendig ist. Und in diesem Zusammenhang scheint die Selbstreflexion für Führungskräfte ein zentraler „Baustein" zu sein.

B: Aber es gibt ein Problem dabei.

F: Welches?

B: Um die eigenen Defizite sehen zu können, was ja die Voraussetzung dafür ist, sich an dieser Stelle weiterentwickeln zu können, braucht man einen einigermaßen gesunden Selbstwert, Selbstbewusstsein, die innere Erlaubnis, Fehler machen zu dürfen und zu lernen und: Mut. Letzteres ist vielleicht vorhanden, aber die anderen genannten Voraussetzungen sind ja oft das Problem. Da beißt sich die Katze in den Schwanz.

F: Na und jetzt?

B: Das bedeutet, dass nicht jede Führungskraft in der Lage ist, das Führen effektiv zu lernen.

F: Aber du hast doch gesagt, Führungskompetenz ist lernbar.

B: „Wo keine Tür, da kein Eingang". Ohne die Bereitschaft, an der eigenen Persönlichkeit zu arbeiten, ist eine Entwicklung der Führungsqualität nicht leistbar. Schon gar nicht von außen. Deshalb machen oft viele Trainingsseminare, die flächendeckend in Unternehmen versuchen die Führungsqualität zu entwickeln, wenig Sinn.

F: Was macht denn Sinn?

B: Zwei Dinge sind notwendig: Erstens Prozesse, die wirkliches Feedback für die Führungskraft generieren und damit konkrete Lern- und Entwicklungsfelder bestimmen. Hier ist, wie gesagt, das Gespräch mit dem engagierten Vorgesetzten, der vorher seine Beurteilungskompetenz entwickelt hat, der „goldene Weg"; vielleicht flankiert mit Instrumenten wie dem 360° Feedback oder einem kompetent durchgeführten Audit. Die Voraussetzung hierfür ist aber zweitens eine Kultur im Unternehmen, in der Führungsqualität einen hohen Stellenwert hat und in der mit hohen Ansprüchen Freude am Lernen und an der individuellen Entwicklung gelebt wird; verbunden mit einer offenen Kommunikationskultur, in der Lernen und sich entwickeln quasi selbstverständlich oder gar gefordert ist. Dies ermöglicht erst die Bereitschaft, sich auch der manchmal unangenehmen Arbeit an den persönlichen Defiziten zuzuwenden. Hier kommt in jedem Unternehmen der obersten Führung in ihrer kulturprägenden Rolle eine besondere Bedeutung zu.

F: Du meinst die jeweilige Unternehmenskultur bestimmt, ob eine bestimmte „Tiefe" oder Qualität von Lern- und Entwicklungsprozessen möglich ist oder nicht?

B: Ja, sie setzt die Ansprüche, die Möglichkeiten und die Grenzen.

F: Ist diese Kultur denn gestaltbar und wenn, von wem?

B: Natürlich ist sie gestaltbar und damit auch jederzeit veränderbar – vielleicht nur nicht so schnell, wie man manchmal möchte. Sie ist am leichtesten zu Verändern von der obersten Führung. Aber auch einzelne Führungskräfte können, je nach Größe des Unternehmens, durch ihr Tun die Kultur des Unternehmens weiterentwickeln. Eine besondere Rolle haben hier natürlich auch die HR-Kollegen, die als Experten in beide Richtungen wirken können.

F: Na, dann los!

Anhang

Text 1

Vielleicht kann ein interessantes „Mäuseexperiment" das Gesagte verdeutlichen:

> „Die Wechselwirkung zwischen genetischer Disposition und den sowohl pränatalen als auch postnatal herrschenden Rahmenbedingungen lässt sich besonders gut mit einer Technik untersuchen, die als Cross-Fostering bezeichnet wird. Um zu untersuchen, welche Bedeutung die intrauterinen Entwicklungsbedingungen für die Herausformung von bestimmten Verhaltensmerkmalen haben, vertauschten die Forscher (...) die unmittelbar nach der Befruchtung entstandenen Embryonen" ... von Mäusen ... „Ausgewählt wurden für diese Untersuchung Mäusemütter, die aus zwei Inzuchtstellen mit unterschiedlichen Verhaltensmerkmalen stammten. Die Tiere des einen Stammes verhalten sich angeborenermaßen in einer neuen Umgebung vorsichtiger und brauchen mehr Zeit, um sich dort zurechtzufinden. Die Tiere des anderen Stammes zeichnen sich dadurch aus, dass sie sich räumlich besser orientieren können und eine gut ausgeprägte Impulskontrolle aufweisen. Wurden nun die Embryonen unmittelbar nach der Befruchtung vertauscht, also durch Embryotransfer den weiblichen Tieren des jeweils anderen Stammes eingepflanzt, so verhielten sich die Nachkommen später, wenn sie geboren oder erwachsen geworden waren, genau wie die Maus, die sie ausgetragen und aufgezogen hatte, und nicht so wie die Tiere des Stammes, von denen sie eigentlich abstammten (Francis et al. 2003, Crabbe u. Phillips 2003). Das scheinbar genetisch bedingte und programmierte Verhalten eines Mäusestammes, in einer neuen Umgebung ängstlich zu sein, Orientierungsschwierigkeiten zu haben und schlechter zu lernen, ist also offenbar durch frühe intrauterine Erfahrungen und Entwicklungsbedingungen bestimmt."[102]

Offen bleibt bei diesem Experiment, wie groß der jeweilige Anteil der prä- oder postnatalen Erfahrung zwischen Mutter und Kind für die veränderte Haltung in einer neuen Situation war und ist. Dennoch macht es deutlich, dass die Prägung oder das Lernen durch *frühe* Erfahrungen äußerst bedeutsam für die weitere Entwicklung ist.

---

[102] Gerald Hüther, „Pränatale Einflüsse auf die Hirnentwicklung", in: Inge Krens u. Hans Krens (Hrsg.), 2005, Seite 56 – 57

Text 2

Heiner Hastedt[103] hat das, was emotionale Prozesse sind, komplex beschrieben. Er benutzt als Oberbegriff das Wort: „Gefühle" und schlägt in seiner Betrachtung dieses Phänomens folgende Kategorisierung vor:

1. Leidenschaften: ..."starke Gefühle, die uns antreiben und die Welt in ein neues Licht tauchen." ... (sie) ..."prägen uns ganz und können sich bis hin um Rausch entwickeln. Auch wenn sie vielfach Aktivität steigern oder doch begünstigen, steht ihnen das Subjekt mit einem Element von Passivität gegenüber, und manchmal ist der Anteil des Leidens an ihnen ebenfalls nicht zu übersehen."[104]

Als Beispiele für Leidenschaften nennt er: Begeisterung, Eifersucht, Enthusiasmus, Hass, Liebe, Erotik, Zorn.

2. Emotionen: ..."sind langwellige Grundtönungen der Existenz und der Weltwahrnehmung, die sich punktuell in Leidenschaften äußern können, ohne das dies zwingend ist. Zwar haben Emotionen oft einen körperlichen Bezug, dieser wird aber nicht als das Zentrale dieser Gefühle erlebt. Wer sich beispielsweise freut, schwingt mit dem ganzen Körper mit; gleichwohl dominiert die Tönung der Weltwahrnehmung gegenüber dem Körperlichen."[105]

Angst, Freude, Liebe, Melancholie, Trauer, Vertrauen nennt er als Beispiele für diese Kategorie des Fühlens.

3. Stimmungen: ..."haben – wie die Emotionen – den Charakter von Tönungen. Sie beziehen sich allerdings auf einzelne Situationen, in denen sie ein Element des Überindividuellen haben, auch wenn ein Einzelner sie durchaus an sich wahrnehmen kann. In Gruppen wirkt zwar jeder an ihnen mit, aber einer allein kann Gruppenstimmungen nicht von sich aus schaffen. Stimmungen können sehr unterschiedlich erlebt werden, ihnen kommt überhaupt eine merkwürdige Ungreifbarkeit zu."[106]

Beispiele: Fröhlichkeit, eine frostige Stimmung.

4. Empfindungen: "sind Körpergefühle ... und "... werden"..."... häufig als Wahrnehmungen nach innen verstanden. Was bei allen Gefühlen mitschwingt, nämlich die leibliche Beteiligung, steht bei den Empfindungen im Zentrum der Aufmerksamkeit. In einer Welt des kognitiven Funktionierens kommen viele Empfindungen als Störungen der Normalität daher. Daher ist es ein Kunststück, Empfindungen (und sinnliche Wahrnehmungen) als tägliche Bereicherung des Lebens zu erschließen."[107]

---

[103] Heiner Hastedt, „Gefühle", Reclam Verlag, Stuttgart 2005
[104] ebenda, Seite 13
[105] ebenda
[106] ebenda, Seite 14
[107] ebenda, Seite 15

Beispiele sind für ihn: Ekel, Scham, Schmerz, Sexualität, Wohligkeit.

5. Sinnliche Wahrnehmungen: „Es ist begrifflich nicht eindeutig, ob die Wahrnehmungen unserer fünf Sinne ... (...) ... selbst als Gefühle zu bezeichnen sind. Das erlebte Spüren von Wahrnehmungen führt zu Empfindungen; deshalb werden die sinnlichen Wahrnehmungen vorsorglich mitaufgenommen ... (...). Auch wenn die Unterscheidung von innen und außen selbst dikussionswürdig ist, so verweisen Wahrnehmungen begrifflich auf Äußeres und Empfindungen auf inneres."[108]

6. Wünsche: ..."sind besonders wichtig bei der Untersuchung von Handlungen. Hinter jeder Handlung lässt sich ein Wunsch rekonstruieren. Der Wille ist ein Wunschsortierer, ein Wunsch zweiter Ordnung. Bei Bedürfnissen und Interessen haben wir es ebenfalls mit Begriffen aus der Kategorie der Wünsche zu tun, der kognitive Anteil ist jedoch höher als bei einfachen Wünschen."[109]

Als Beispiele für Wünsche nennt er: Bedürfnisse, Interessen, Lust, Neigungen.

7. Erkennende Gefühle: „Gefühle – keineswegs nur Verstand und Vernunft – können erkennen oder zumindest die Erkenntnis erweitern. Erkennende Gefühle zeigen ohne große Begrifflichkeit Sachverhalte auf, erahnen den Charakter von Personen und führen zu Erkenntnissen, wo der Verstand noch ohne Ergebnisse bliebe."[110]

In diesem Zusammenhang erwähnt er die emotionale Intelligenz, die Intuition, sowie die Phantasie und die Kreativität

8. Gefühlstugenden: „Anders als eine sich rein kognitiv verstehende Ethik behauptet, haben die traditionellen ebenso wie die modernen Tugenden einen starken Gefühlsanteil. Es wäre jetzt übertrieben zu sagen, dass alle Tugenden selbst Gefühle sind. Dies gilt für die Kardinaltugenden Weisheit, Tapferkeit, Mäßigung und Gerechtigkeit sicher nicht durchgängig. Für die Tapferkeit, vielleicht sogar für die Mäßigung durchaus. Auch für die Tugenden der Ehre, des Mutes, des Fleißes und der Geduld – heute oft als altmodisch verstanden – spielen Gefühle eine große Rolle. Dies gilt ebenso für Laster, deren Gefühlsanteil manchen Tugenden nicht nachsteht."[111]

Hier führt Hastedt den Geiz, das Gewissen und das Mitleid als Beispiele an.

Und zusammenfassend sagt er: *„Es ist nicht möglich, keine Gefühle zu haben. Gefühle prägen uns immer. Was irrtümlich als gefühllos daherkommt, sind im Grunde andere Gefühle, nämlich solche der Disziplinierung, der Distanz, des unterdrückten Gefühlsausdrucks."*[112]

---

[108] ebenda, Seite 16
[109] ebenda
[110] ebenda, Seite 17
[111] ebenda
[112] ebenda, Seite 19

Anders als der Philosoph entwickelt der Psychotherapeut Philipp Lersch[113] eine Klassifikation der unterschiedlichen Gefühle. Er unterscheidet zunächst *Affekte,* die sich direkt als Reaktion auf sich selbst oder ein äußeres Objekt beziehen und hinsichtlich des inneren Erlebens und hinsichtlich der daraus resultierenden Handlung, überwältigenden Charakter haben. Im Gegensatz dazu sind *Gefühle* nicht unmittelbar bezogen, auf einen äußeren oder inneren Gegenstand. Demgegenüber sind *Stimmungen* in ihrer Bezogenheit noch undeutlich und zeigen eher Bereitschaften an.¹ Rudolf zitiert die Gefühlsklassifizierung von P. Lersch, welche die „große Bandbreite" des „gefühlshaften Erlebens" verdeutlicht:

- „Gefühlsregungen des lebendigen Daseins:
  Schmerz – Lust – Langeweile – Überdruss/Widerwille – Ekel/Abscheu – Vergnügen – Ärger – Freude – Trauer – Entzücken – Entsetzen
- Gefühlsregungen des individuellen Selbstseins:
  Erschrecken – Aufregung – Wut – Furcht – Vertrauen – Misstrauen – Zufriedenheit – Unzufriedenheit – Neid – Eifersucht – Triumph – sich geschmeichelt fühlen – sich verletzt fühlen – Genugtuung – Schadenfreude – Dankbarkeit – Minderwertigkeitserleben – Scham – Selbstachtung – Selbstverachtung – Reue
- Mitmenschliche Gefühlsregungen:
  Sympathie – Antipathie – Achtung – Verachtung – Verehrung – Spott – Mitfreude – Mitleid – Grausamkeit – Brutalität – Schadenfreude – Herzlichkeit – Liebe – Ehrfurcht
- Schicksalsgefühle:
  Erwartung – Hoffnung – Enttäuschung – Befürchtung – Sorge – Resignation – Verzweiflung
- Gestimmtheiten:
  Heiterkeit – Lustigkeit – Traurigkeit/Schwermut – Missmut/Verdrossenheit – Angst – Ekstase – gehobene Selbstwertgefühle – Minderwertigkeitsgefühle – Ernst – Optimismus – Pessimismus – Nihilismus – Humor[114]

Jetzt muss man die spezifischen Kategorisierungen nicht unbedingt teilen aber sie verdeutlichen das Spektrum des emotionalen Erlebens.

---

113 Philipp Lersch, „Aufbau der Person", Johann Ambrosius Barth Verlag, München 1964
114 Philipp Lersch, zusammengefasst in: Gerd Rudolf, „Strukturbezogene Psychotherapie", Schattauer Verlag, Stuttgart 2006, Seite 39

Literatur

ADAM, KLAUS-UWE: „Die Psyche der Deutschen", Patmos Verlag, Düsseldorf 2007

ANSERMET, FRANCOIS/MAGISTRETTI, PIERRE: „Die Individualität des Gehirns", Suhrkamp Verlag, Frankfurt am Main 2005

BANDLER, RICHARD/GRINDER, JOHN: „Metasprache und Psychotherapie", Junfermann Verlag, Paderborn 1980

BATESON, GREGORY: „Ökologie des Geistes", Suhrkamp Verlag, Frankfurt am Main 1985

BATTEGAY, RAYMOND: „Der Mensch in der Gruppe", Bd. III, Hans Huber Verlag, Bern 1972

BAUER, JOACHIM: „Warum ich fühle, was du fühlst", Hoffmann und Campe Verlag, Hamburg 2005

BAUER, JOACHIM: „Prinzip Menschlichkeit", Heyne Verlag, München 2008

BERGER, PETER L./LUCKMANN THOMAS: „Die gesellschaftliche Konstruktion der Wirklichkeit", S. Fischer Verlag, Frankfurt am Main 2004

BIDDULPH, STEVE: „Männer auf der Suche", Beust Verlag, München 2000

BRYSON, BILL: „Eine kurze Geschichte von fast allem", Goldmann Verlag, München 2003

ELHARD, SIEGFRIED: „Tiefenpsychologie", W. Kohlhammer Verlag, Stuttgart 1975

FREUD, SIGMUND: „Die Traumdeutung", Studienausgabe, Bd.II, S. Fischer Verlag, Frankfurt am Main 1972

FROMM, ERICH: „Authentisch leben", Herder Verlag, Freiburg im Breisgau 2000

GOLEMAN, DANIEL: „Emotionale Intelligenz", Deutscher Taschenbuch Verlag, München 1995

HARTMANN, TOM: „ADHS", Schmidt-Römhild Verlag, Lübeck 2004

HASTEDT, HEINER: „Gefühle", Reclam Verlag, Stuttgart 2005

HARVARD BUSINESS MANAGER: manager magazin Verlagsgesellschaft, Hamburg, März 2006

HEIDEGGER, MARTIN: „Sein und Zeit", Max Niemeyer Verlag, Tübingen 2001

HÜTHER, GERALD: „Bedienungsanleitung für ein menschliches Gehirn", Vandenhoeck & Ruprecht, Göttingen 2002/2001

KANTOR, DAVID/LEHR, WILLIAM: "Inside the Family", Jossey Bass, San Francisco, 1977

KERNBERG, OTTO, F./HARTMANN HANS-PETER: „Narzissmus", Schattauer Verlag, Stuttgart 2006

KETS DE VRIES, MANFRED R. R.: „Chefs auf die Couch", in: Havard Business Manager, April 2004

KÖNIG, OLIVER/SCHATTENHOFER, KARL: „Einführung in die Gruppendynamik", Carl-Auer Verlag, Heidelberg 2006

KOHUT, HEINZ: „Die Heilung des Selbst", Suhrkamp Verlag, Frankfurt am Main 1979

KRENS, INGE/KRENS, HANS (HG.): „Grundlagen einer vorgeburtlichen Psychologie", Vandenhoeck & Ruprecht, Göttingen 2005

KRENS, INGE/KRENS, HANS (HG.): „Risikofaktor Mutterleib", Vandenhoeck & Ruprecht, Göttingen 2006

LAING, RONALD D.: „Phänomenologie der Erfahrung", Suhrkamp Verlag, Frankfurt am Main 1975

LAY, RUPERT: „Über die Kultur des Unternehmens", Econ, Düsseldorf und München 1997

LERSCH, PHILIPP: „Aufbau der Person", Johann Ambrosius Barth Verlag, München 1964

LORENZ, ADOLF: "Delegation von Kompetenz und Verantwortung - Prinzip eines neuen Unternehmensverständnisses", in: "Vorteil Unternehmenskultur", Heft 3, Bertelsmann Stiftung u. Hans-Böckler-Stiftung (Hrsg.), Verlag Bertelsmann Stiftung, Gütersloh, 1996

MAHLER, MARGARET S./PINE, FRED/BERGMAN, ANNI: „Die psychische Geburt des Menschen", Fischer Verlag, Frankfurt am Main 2003

MOHN, REINHARD: „Die Eitelkeit im Leben des Managers", Verlag Bertelsmann Stiftung, Gütersloh 2002

MOHN, REINHARD: „Erfolg durch Partnerschaft", Siedler Verlag, Berlin 1986

MINUCHIN, SALVADOR: „Familie und Familientherapie, Theorie u. Praxis struktureller Familientherapie", Lambertus-Verlag, Freiburg im Breisgau 1981

OPHER-COHN, LILIANE U. A. (HRSG.): "Das Ende der Sprachlosigkeit? – Auswirkungen traumatischer Holocaust-Erfahrungen über mehrere Generationen", Psychosozial Verlag, Gießen 2000

PALAZZOLI, SELVINI MARA U. A.: "Hinter den Kulissen der Organisation", Klett-Cotta Verlag, Stuttgart 1984

RIEMANN, FRITZ: „Grundformen der Angst", Ernst Reinhardt Verlag, München 1975

ROTH, GERHARD: „Aus Sicht des Gehirns", Suhrkamp Verlag, Frankfurt am Main 2003

RUDOLF, GERD: „Strukturbezogene Psychotherapie", Schattauer Verlag, Stuttgart 2006

SACKMANN, SONJA A.: „Erfolgsfaktor Unternehmenskultur", Gabler Verlag, Wiesbaden 2004.

SATIR, VIRGINIA: „Selbstwert und Kommunikation", Klett-Cotta, Stuttgart 1975

SCHEITLER, CHRISTINE: „Soziale Kompetenz als strategischer Erfolgsfaktor für Führungskräfte", Peter Lang Verlag, Frankfurt am Main 2005

SHORE, ALLAN: Vortrag während der internationalen Konferenz „Humanistische Medizin" in Garmisch-Partenkirchen im November 2002, überarbeitetes und gekürztes Transkript der Übersetzung von Wolf Büntig

STANGL, WERNER: „Der Begriff der sozialen Kompetenz in der psychologischen Literatur" (Version 2.0). p@psych e-zine 3. Jg.; www.paedpsych.jk.uni-linz.ac.at/PAEDPSYCH/SOZIALKOMPETENZ/, 2001

WATZLAWIK, PAUL/BEAVIN, JANET H./JACKSON, DON D.: „Menschliche Kommunikation: Formen, Störungen, Paradoxien", Hans Huber Verlag, Bern 2000

YALOM, IRVIN D.: „Existenzielle Psychotherapie", Andreas Hohlhage Verlag, Bergisch Gladbach 2005

YALOM, IRVIN, D.: „Liebe, Hoffnung, Psychotherapie", btb-Verlag, München 2004

Danksagung

Zunächst danke ich allen meinen Kunden, Klienten, Seminarteilnehmern und Kollegen, die es mir ermöglicht haben, die komplexe Thematik der „Führung" und der „Organisationssteuerung" aus den unterschiedlichsten Perspektiven mitzuerleben. Ich danke für ihr Vertrauen und die gemeinsame lehrreiche Suche nach Lösungen und Wegen. Ich danke Peter Anders-Hoepgen (2005†) und Traudel Anders-Hoepgen, die mir auch nach vielen Jahren des „Wissens" die grundlegenden Zusammenhänge zwischenmenschlicher Interaktion und intrapsychischer Entwicklung erst „greifbar" gemacht haben. Rita Bollig, Thomas Weigelt und vor allem Nicola Bartels haben mich während des „Abenteuers" der Veröffentlichung immer wieder ermutigt und unterstützt – vielen Dank dafür. Ich danke Andrea Tenorth für die technische Unterstützung, Dr. Christina Kanyarukiga für die engagierte Überarbeitung und auch meiner Lektorin Stefanie Winter für die professionelle Zusammenarbeit und Unterstützung sowie für den behutsamen Umgang mit meiner Person.

Über den Autor

Adolf Lorenz studierte Pädagogik, Soziologie und Psychologie in Köln und Münster und absolvierte mehrere Therapieausbildungen. Von 1983 bis 1990 war er als Psychotherapeut und Supervisor in der Krisenberatung tätig. 1990 wechselte er in die Wirtschaft, lernte Betriebswirtschaft im Universitätsseminar der Wirtschaft (Schloss Gracht) und arbeitete sechs Jahre als Managemententwickler in einem großen, internationalen Medienkonzern.

1997 gründete er die Firma LORENZ CONSULTING. Sie berät Unternehmen unterschiedlichster Branchen in Fragen der Strategieentwicklung, der Organisationsentwicklung und des Human-Resource-Management. Als Coach unterstützt er Unternehmer, Vorstände, Geschäftsführer und Führungskräfte in deren Aufgaben, Organisationen zu steuern und zu entwickeln, Menschen zu führen, die individuellen Kommunikationsmöglichkeiten zu erweitern und das persönliche Selbstmanagement zu optimieren. Im Rahmen verschiedener Lehraufträge bereitet er Führungskräfte aus unterschiedlichen Berufsbereichen auf ihre Führungsaufgabe vor.

Kontakt:

a.lorenz@lorenz-consulting.de
www.lorenz-consulting.de

Mitarbeiter erfolgreich führen

So motivieren, delegieren und kritisieren Sie mit Erfolg

In kurz lesbaren Abschnitten vermittelt das Buch solide Fertigkeiten im Motivieren, Delegieren und Kritisieren. Es liefert hilfreiches Wissen, um die Leistungsfähigkeit und -bereitschaft der Mitarbeiter mit der richtigen Führungspraxis nachhaltig zu entfalten sowie sich selbst und andere zu motivieren. Der Autor bietet zudem Lösungen für schwierige Führungssituationen und Praxiserprobtes zum Mitarbeitergespräch, das auch Problemfelder wie Kontrolle und Kritik eingängig erschließt.

Matthias Dahms
Motivieren – Delegieren – Kritisieren
Die Erfolgsfaktoren der Führungskraft
2008. 176 S. Br.
EUR 29,90
ISBN 978-3-8349-0758-5

25 Bausteine für eine gesunde Autorität

Wer sich als Führungskraft wünscht, an Souveränität, Durchsetzungskraft und persönlicher Stärke zu gewinnen, für den ist dieses Buch geschrieben. Es zeigt, wie es gelingt, eine positive Autorität aufzubauen, durch natürliches Charisma zu überzeugen und Ziele erfolgreich umzusetzen. Ein radikales Buch, das zum Führen ermutigt. Mit vielen wahren Beispielen.

Winfried Prost
Führen mit Autorität und Charisma
Als Chef souverän handeln
2008. 256 S.
Geb. EUR 32,90
ISBN 978-3-8349-0551-2

Worauf es beim Führen wirklich ankommt

Was zeichnet gute Führung aus? Welche Führungsansätze sind wichtig und praxisnah? Daniel F. Pinnow, Geschäftsführer der renommierten Akademie für Führungskräfte, zeigt in diesem Kompendium, worauf es wirklich ankommt.

Daniel F. Pinnow
Führen
Worauf es wirklich ankommt
3. Aufl. 2008. 321 S.
Geb. EUR 39,90
ISBN 978-3-8349-0766-0

Änderungen vorbehalten. Stand: Februar 2009.
Erhältlich im Buchhandel oder beim Verlag.
Gabler Verlag · Abraham-Lincoln-Str. 46 · 65189 Wiesbaden · www.gabler.de

Managementwissen: kompetent, kritisch, kreativ

Lebendigkeit im Unternehmen freisetzen und nutzen

Lebendigkeit ist der fundamentalste Wettbewerbsvorteil eines Unternehmens. Denn durch einen hohen Grad an Lebendigkeit entsteht alles andere: Spitzenleistung, Innovationskraft, Veränderungsbereitschaft, Dynamik und Tempo. Dieses Buch zeigt, wie diese hohe Lebendigkeit in Unternehmen erreicht werden kann.

Matthias zur Bonsen
Leading with Life
Lebendigkeit im Unternehmen freisetzen und nutzen
2009. 273 S.
Geb. EUR 39,90
ISBN 978-3-8349-1353-1

Besser führen mit Humor

Mit Humor erträgt sich vieles leichter. Wie man mit Humor besser führt, zeigt Gerhard Schwarz in dieser spannenden und aufschlussreichen Lektüre. Ein echtes Lesevergnügen. Der Autor unterscheidet folgende Formen des Komischen: Ironie, Schadenfreude, Satire, Sarkasmus, Zynismus und Humor. Jetzt in der 2., überarbeiteten Auflage. Neu sind nützliche Ergänzungen zur Rolle des Humors bei der Konsensfindung in Gruppen und Organisationen sowie zur reinigenden Funktion des Humors in stark emotional aufgeladenen Situationen.

Gerhard Schwarz
Führen mit Humor
Ein gruppendynamisches Erfolgskonzept
2., überarb, Aufl. 2008. 220 S.
Geb. EUR 29,90
ISBN 978-3-8349-0815-5

Leistungsfähigere Mitarbeiter durch alternative Führungsmethoden

In der Gesellschaft und in den Unternehmen gibt es ein beschädigtes Menschenbild. Nur wenn man sich dessen bewusst wird, ist es möglich, es durch ein gesundes Menschenbild zu ersetzen. Sowohl die Neurologie als auch die Gesellschaftslehre und die Psychoanalyse zeigen dieses andere Menschenbild. Es ist gesünder, leistungsfähiger und vermittelt mehr Befriedigung. Es erfordert aber auch eine alternative Praxis im Umgang mit und im Denken über den Menschen. Diese Praxis wird in diesem Buch vorgestellt.

Helmut Geiselhart
Die neuen Grundlagen der Führung
Auf dem Weg zu einem neuen Menschenbild im lernenden Unternehmen
2008. 208 S.
Geb. EUR 34,90
ISBN 978-3-8349-0922-0

Änderungen vorbehalten. Stand: Februar 2009.
Erhältlich im Buchhandel oder beim Verlag.
Gabler Verlag . Abraham-Lincoln-Str. 46 . 65189 Wiesbaden . www.gabler.de

Wissen für die Unternehmensführung

Verantwortung neu denken

Eine einmalige Darstellung von guter Unternehmenspraxis basierend auf der umfangreichsten Sammlung mittelständischen Engagements in Deutschland. Zehn Erfolgsgeschichten erzählen, wie Unternehmer sich in ihrer Region gesellschaftlich engagieren und wirtschaftliche Nachhaltigkeit erzielen. Lösungsorientiert und praxisbezogen werden CSR-Gestaltungshinweise abgeleitet, die konkrete Tipps und Unterstützung geben.

Bertelsmann Stiftung (Hrsg.)
Mit Verantwortung handeln
Ein CSR-Handbuch
für Unternehmer
2008. 212 S.
Mit zweifarbigen Abb.
und Illustrationen
Br. EUR 39,90
ISBN 978-3-8349-0777-6

Alle Geschäftsabläufe systematisch im Griff - mit Checklisten und Fallbeispielen

Eva Best und Martin Weth zeigen wie eine kontinuierliche Leistungsmessung implementiert und innerbetrieblicher Widerstand konstruktiv genutzt werden kann. Zahlreiche Beispiele, quantitative Tools, Checklisten zur Reorganisation und viele Praxistipps machen das Buch zu einem einzigartigen Werkzeug für effektive Prozessoptimierung. Die 3., überarbeitete Auflage liefert neben aktuellen Beispielen praxiserprobte Methodenchecklisten am Ende jedes Kapitels.

Eva Best | Martin Weth
Geschäftsprozesse optimieren
Der Praxisleitfaden für erfolgreiche Reorganisation
3., überarb. u. erw. Aufl. 2009.
236 S.
Geb. EUR 49,90
ISBN 978-3-8349-1384-5

Praxiserprobte Methoden und Beispiele für effiziente Wissensarbeit

Wertschöpfung durch Wissen wird die Hauptquelle unseres Wohlstands. Dieser Wohlstand lässt sich nur halten, wenn er auf produktiver und kreativer Wissensarbeit beruht. Dieses Buch stellt praxiserprobte Methoden und Beispiele für effiziente Wissensarbeit vor.

Klaus North | Stefan Güldenberg
Produktive Wissensarbeit(er)
Antworten auf die Management-Herausforderung des 21. Jahrh.
Mit vielen Fallbeispielen
2008. 280 S.
Geb. EUR 44,90
ISBN 978-3-8349-0738-7

Änderungen vorbehalten. Stand: Februar 2009.
Erhältlich im Buchhandel oder beim Verlag.
Gabler Verlag · Abraham-Lincoln-Str. 46 · 65189 Wiesbaden · www.gabler.de